学術選書 055

聖書と殺戮の歴史

ヨシュアと士師の時代

秦　剛平

KYOTO UNIVERSITY PRESS

京都大学学術出版会

口絵１●（第１章）エリコの陥落、ジャン・フーケ『古代誌』の挿絵、1452年作、パリ国立図書館

口絵２●（第１章）エリコの陥落、ジェイムズ・ティソ、1896年ころ作、ユダヤ美術館、ニューヨーク

口絵３●（第２章）ヤエル、デボラ、バラク、サロモン・デ・ブレイ、1635年作、Museum Catharijneconvent, ユトレヒト（オランダ）

口絵４●（第２章）水辺でのギデオンの兵士たち、制作年不明、(web, public domain)

口絵5●（第 3 章）御使い、サムソンの誕生をマノアとその妻に告げる、ペトルス・コメストル『聖書物語』（1372 年版）の挿絵、作者不詳、(web, public domain)

口絵6●（第 3 章）サムソンとデリラ、パウル・ルーベンス、1609 年ころ作、ナショナル・ギャラリー、ロンドン

口絵7●（第３章）夏（ルツとボアズ）、ニコラ・プーサン、1660–64 作、ルーブル美術館、パリ

口絵8●（第４章）サムエルに語りかける祭司エリ、コプリー・ジョン・シングルトン、1780 年作、ワッヅワース・アテーネウム、ハートフォード（アメリカ）

聖書と殺戮の歴史◉目　次

目　次

はじめに　i
第1章……イスラエルの子らのカナン侵入と征服……9
ヨシュア記の内容　11
ヨシュア、偵察隊員をエリコの町に送り込む　13
偵察隊員の報告　20
ヨルダン川の徒渉　25
ヨルダン川の西側に住む王たちの反応　30
イスラエルの子ら、過越の祭を祝う　32
神によって引き渡されたエリコの町　33
崩れ落ちた後のエリコの町は　36
カナンの町の攻撃　41
アイの町の征服　45

ギブオンびととの契約　50
近隣の王国の攻撃　53
カナンの土地の北部地方　58
ヨシュア、シェケムに祭壇を建てる　62
土地の測量と割り当て　67
逃れの町について　72
土地の分配終わる　74
ヨセフスの再話はトーンダウン？　76
ヨシュア、告別の言葉を述べる　78
ヨルダン川東に住む者たち、祭壇を建立し、川西に住む者たちの誤解を招く　84
ヨシュアとエルアザルの死　90
第2章……士師時代（1）……97
士師記について　97
カナンの南部地域の制圧　101

アドニ・ベゼクとの交戦　103
ユダの子らによるエルサレム攻撃　106
ユダの子らによるヘブロンの地ほかの攻撃　108
モーセの義父、居住地を与えられる　113
ユダが攻め取った地域と攻め取れなかった地域　115
ベニヤミンの子らは？　エフライムの子らは？　117
主の御使いの発した警告　121
イスラエル人の生活の弛緩と堕落　124
部族間の醜行と蛮行　126
イスラエルの子ら、犯人の引き渡しを要求する　133
ベニヤミン部族制裁のための戦争　136
ベニヤミン部族の敗北　138
ベニヤミン部族との和解と娘たちの拉致　138
ダン部族の移動　146
オトニエルの物語　147

モアブびとの王とエフドの登場　151
異変に気づいたエグロンの側近たち　157
シャムガルの登場　159
カナンびとの王アビトスの登場　159
女預言者デボラとバラクの登場　162
デボラ、バラクとともに出陣する　163
ミディアンびとの侵入　167
ミディアンびとら、イズレエルの平原に集結する　170
主、ギデオンの軍勢を減らす　171
エフライムの男たち、ギデオンに抗議する　173
アビメレクの登場　175
アビメレク、王になる　179
神、アビメレクとシェケムの有力者の間を裂く　182
ヤイルの統治　183
アンモンびととペリシテびとの支配下のイスラエルの子ら　185

エフタへの呼びかけと悲劇　186
エフタ、エフライム部族と戦う　190
イブツァンの治世、エロンの治世、アブドンの治世　192

第3章……士師時代（2）……193

1　サムソン物語　193
イスラエルの子ら、ペリシテびとの支配下に置かれる　193
主の御使い、マノアの妻に男子の誕生を告げる　196
サムソンの誕生　204
サムソン、ライオンを殺す　206
サムソンの謎かけ　212
サムソン、ペリシテびとの畠を荒らし回る　218
サムソンの大殊勲　220
ガザでのサムソン　224
デリラ、サムソンを引き渡す　226

サムソンの最後 230
2 ルツ物語 233
ルツ記の時代設定 234
ナオミ、主人と二人の息子を失う 235
脱穀場でのボアズとルツ 241
ボアズとルツの結婚とその孫たち 245
第4章……サムエル物語（1）……251
前置き 251
（ラールフス編） 254
（ルキアノス版） 261
エリの二人のダメ息子の非道と不正 269
エリ、ハンナに男子の誕生を告げる 271
サムエルの誕生と神への奉仕 275
サムエルへの神の啓示 280

ペリシテびとの勝利　287
大祭司エリの死　291
ピネハスの妻の死　293
大祭司の後継者　294

第5章……サムエル物語（2）……299

契約の箱のたらい回し　299
ペリシテびとの協議とその結果　307
契約の箱、ベト・シェメシュの村へ帰る　311
契約の箱に触れた村民たちの死／契約の箱、アミナダボスの家に移される　314
サムエル、イスラエルびとを励ます　318
イスラエルの子ら、ペリシテびとに勝利する　322
サムエル、被征服地を回復する　326
士師としてのサムエル　327
サムエルの息子たちの堕落　328

イスラエルの子ら、王を要求する　330
王政（王制）になったならば　334
あとがきに代えて　340
参考文献　350　索引　355　図版一覧　359

聖書と殺戮の歴史

はじめに

旧約聖書の一書、申命記の最終章である第三四章によれば、主なる神はモーセを「ネボ山、すなわちエリコの向かいにあるピスガの頂」に立たせ、そこから全地を彼に眺望させたそうである。その日、視界良好であれば、彼の目には、「ダンまでのギレアドと、ナフタリの全地と、エフライムとマナセの全地と、最果ての海に至るユダの全地と、荒れ野と、ツォアルに至るなつめ椰子の町エリコの周辺地域」(三四・一―二)の全部とはいわないまでもその一部が飛び込んできたはずである。これらの土地は、主がアブラム(後のアブラハム)に向かって、「わたしはおまえとおまえの子孫に、おまえの仮寓の地であるカナンの土地を永遠の所有(地)として与える。そして、わたしが彼らの神となる」(創世記一七・八)と約束した土地である。「永遠の所有」としてである。

現代のパレスチナの土地紛争の視点からすれば、この「永遠の所有」こそは旧約聖書の中の最大の問題箇所のひとつである。神はアブラムに向かって「一時的な所有として与える」とでも約束しておけばよかったものを、「永遠の所有」として彼に約束してしまったからである。福音書の中では、イエスを十字架に架けたユダヤ人とその子孫は「永遠に」呪われなければならぬ存在とされたとあるが、こちらを福音書に見られる最低・最悪の記述だとすれば、創世記に見られる神の約束についての記述は旧約聖書の中の最低・最悪の記述のひとつであろう。どちらの記述も言葉の重みを感じさせないものであるが、それがもたらした結果、それがもたらし続ける結果は重たい悲惨なものである。

神がアブラムに与えると約束した土地は広大無辺のものではない。日本で言えば、それは四国の面積に相当すると言われている。しかしそこがいかに狭い土地であれ、そこには先住民族が住んでいる。そこに押し入って、「おいこら、どけ、どけ」と尊大な態度で彼らを蹴散らすわけにはいかない。先住民は先住民で自分たちの生存の権利を主張するに違いないからである。彼らは自分たちの権利を主張して聞き入れられなければ、団結して侵入者を相手に戦うしかない。もしかしてこういう場合、侵入者の方が戦いを彼らに仕かけるかもしれない。侵入者が先住民に勝利すれば、彼らは先住民の土地を取り上げて、その土地の新しい主人となる。

われわれ日本人は「聖書の民」ではない。

そのわれわれ日本人に分からないのは、カナンの地の先住民もまた、たとえ創世記に見る神の創造の直接の産物でなかったとしても、遡ればその祖先も主なる神の創造に与った「男と女」、すなわちアダムとエバに辿り着くはずであるが、ヨシュア記の著者（または編者）は歴史を遡ってみることに関心を示すことはない。彼らが先住民として住み着いた土地もまた神の天地創造でつくられたものであるから、われわれは、同じアダムとエバの末裔として、少しは話し合いか何かをしてもよさそうなものをとお節介なことを考えるが、神はイスラエルの子らや先住民たちにそれを求めたりはしない。

主なる神は、自分が天地創造の主であり、人類を誕生させた行為者であることをきれいさっぱりとお忘れのようである。

「モーセ物語」やそれにつづく「ヨシュア物語」を読む者は、信仰の自由をもとめてイングランドやヨーロッパ大陸を離れ、大西洋という大きな「紅海」を苦難の末に横断して新大陸に上陸し、そこを自分たちの土地としたピューリタンと呼ばれる者たちと先住民族であるアメリカ・インディアンとの関係を思い起こすはずである。彼らピューリタンにとっては、彼らの信仰だけが唯一のキリスト教信仰であったが、彼らは新大陸の先住民にもまた彼らの信仰とは異なる信仰があることを認識することはなかった。彼らは新大陸の先住民をカナンの地の先住民と見なしたのであり、新大陸の彼らの土地を奪取するためには、カナンの地の先住民と同じく、彼らを殺戮の対象として構わないものであったはずである。彼らは先住民を殺戮し、その土地を奪取してはじめて、「神の栄光」が新大陸に燦然《さんぜん》と輝くと信じたのである。信教の自由、迫害からの自由をもとめて新天地に渡った者にとって、その自由を享受できるのは自分たちだけであり、先住民の信仰の自由や、生存の権利、迫害からの自由などはどうでもよかったのである。彼ら先住民は人間ではなかったからである。彼らはたんなる虫けらに過ぎなかった。彼らは人間のように「息をする虫けら」に過ぎなかったのである。人間以下と見なされた虫けらは殺しても構わない。ただカナンの地とは異なり、新大陸では大虐殺は起こらなかった。その理由は簡単である。新大陸はカナンとは違って広大な土地だったからである。そこはカナンとは違って「乳と蜜」がウソ偽りなく至る所に流れていたからである。

もっともアメリカの歴史を少しばかり詳しく調べてみると、先住民を虫けら扱いせず、人間として扱った者たちも少数ではあるがいた。たとえば、大陸会議の高等行政官にして、ギリシア語訳聖書を米語に翻訳したチャールス・トムソン（一七二九―一八二四）である。彼だけは先住民と土地問題では一方的に争わず、つねに話し合いをもとめ、先住民族の信頼を勝ち取っていった（この人物の詳細は、拙著『乗っ取られた聖書』［京都大学学術出版会］の第九章「近代語訳から現代語訳へ」参照）。

カナンの土地に入って行くヨシュアの一行に、チャールス・トムソンのような人物はいなかったのだろうか？

ひとりもいなかったのである。

ヨシュアは、連日、「先住民は殺しまくれ」と鏖殺《おうさつ》の喇叭《らっぱ》を高らかに吹きまくり、そのため彼の一行は「殺しの唄」をうたう者たちの殺人集団となる。それもそのはず、神がこの侵略と征服の総指揮官をつとめていたからである。神がヨシュアとその一行に、先住民など「みな殺しにせよ」と煽りに煽っていたのである。その結果、彼らは先住民の住む土地を次つぎに無人の土地、ゴーストタウンとしていく。

われわれはヨシュア記ではじめて、それまで知らなかった「聖書的一神教」の恐怖の一面を知ることになる。しかしそればかりか、ヨシュア記はまた、後の歴史理解を知る上でこの上もなく大切なものになる。なぜならば、ユダヤ教やキリスト教は、とくに後者は非常にしばしば、他民族にたいする自分たちの蛮行や他民族の文化破壊の正当性をこの一冊の書物にもとめてきたからである。それゆえモーセ物語につづくヨシュア物語の理解なくしては、ユダヤ教やキリスト教が関わる歴史の理解は非常に困難なものとなる。そのためわれわれはヨシュア記を読まねばならないし、それを再話したヨセフスの『ユダヤ古代誌』は必読・必携の書となるのである。

第1章……イスラエルの子らのカナン侵入と征服

わたしたちは、前書『書き替えられた聖書──新しいモーセ像を求めて』（京都大学学術出版会）で、ヨセフスの再話する「モーセ物語」を取り上げました。

この物語は旧約聖書の最初のハイライト部分です。

ヨセフスが渾身の力を振り絞ってローマに住む異教の聴衆や読者に向かって語りかけたものです。もちろん、そこにはローマ在住の同胞のユダヤ人たちもいたかもしれません。ローマのユダヤ人カタコンベから知られる事実は、彼らユダヤ人の多くが石棺にヘブライ語やラテン語ではなくてギリシア語で銘文などを刻んだことです。彼らはアレクサンドリアのユダヤ人たちと同じく、ギリシア語を母国語以上に操ることができたのです。ですから、ヨセフスがギリシア語で著作した『ユダヤ戦記』（以下『戦記』と略記）や『ユダヤ古代誌』（以下『古代誌』と略記）の理解に不自由があったとは思われません。「どれどれ、われわれの同胞がローマでこんなものを書いた」と、ローマの公共図書館で好奇心からヨセフスの著作を手にする者もいたに違いありません。

「モーセ物語」の再話に続くのは「ヨシュア物語」と「士師物語」です。この二つの物語も非常に重要です。前者は土地なき無産の放浪の民が、モーセの後継者であるヨシュアに率いられてカナンの地に入り、その地の先住民族を武力制圧して彼らの土地を奪取するという話です。

物語の背景となるのはシナイの荒れ野ではなくてカナンの土地です。

目に飛び込んでくる風景はガラリと変わります。

そこは「乳と蜜が流れる」と喧伝される土地です。なにやら不動産屋のチラシに見る誇大広告のようですが、正直言って、これはよく分からないメタファーです。

「何の乳かい？」

「何の蜜かい？」

「どこから流れてくるのかい？」

と立て続けに半畳を入れたくなります。

カナンの土地はモーセの一行が彷徨《さまよ》ったシナイの荒れ野ではありません。これだけは確かです。至る所が山地ですが、緑もあるのです。西には海があります。海とは地中海のことですが、その海を指して「西」と呼ぶようになります。東↓海↓南↓北、というわけです。東にはヨルダン川があります。

それはガリラヤ湖（ガリラヤの海）から南下して死海へ注ぎます。カナンの地にはその支流がいくつかあります。ヤボク川はそのひとつです。ヤコブはその浅瀬で「神の人」とおぼしき幻と格闘したそうです（創世記三二・二四）。

緑があり水があれば、そこにはすでに先住民がいることを意味いたします。この土地のシェケム（ナブルス）と呼ばれる場所は、イスラエルの子らの太祖の第一号アブラム（アブラハム）とその一族郎党がはるか昔に一時的にせよ滞在した場所です（図1）。そして彼らは、「乳と蜜の流れる」はずだったカナンの地が飢饉に見舞われると、そこから食糧を求めてエジプトに下って行きました。しかし彼らはカナンの地へ戻ってくるのです。

ヨシュア記の内容

これから語る物語は旧約聖書のヨシュア記にもとづくものですが、最初にその内容について紹介しておきます。

ヨシュア記をパラパラとめくっていただきたいのですが、この書物は全体が二四章から構成されております。第一章と第二章では、モーセの後継者であるヨシュアによるヨルダン川徒渉の準備と、彼が送り出した斥候によるエリコ偵察の話です。第三章から第一二章までは「殺せや、殺せ」のカナン

図1●ナブルス

侵攻の話です。そこでの総指揮官は主なる神です。第一三章から第二二章までは先住民を殺して奪い取ったカナンの地の分割物語です。そして第二三章と第二四章では、ヨシュアの遺言、契約の更新、ヨシュアの死、エジプトから携えたヨセフの遺骨の埋葬、アロンの子エルアザルの死などが語られます。ヨセフスはこのヨシュア記を『ユダヤ古代誌』の第五巻の一節から一一九節までで再話いたします。

ヨシュア記のヘブライ語テクストとギリシア語訳の間に大きな差異が認められるときがあります（図2）。それはそのつど指摘したいと思います。

ヨシュア、偵察隊員をエリコの町に送り込む

モーセはヨルダン川の東のネボ山でこれから一行が入って行くことになるカナンの地を望遠した後、亡くなりました。ネボ山の高台はヨルダン王国の首都であるアンマンから車を飛ばせば一、二時間で行けるところです。そこから死海沿いに南下すれば、ヘロデ王の建設したマカイロスの要塞（『戦記』一・一六一以下、七・一六四以下）に達することができます。そこは洗礼者ヨハネが首をはねられたとする伝説が生まれた場所です（『古代誌』一八・一一九）。

ヨシュアの一行はモーセの死で三〇日間服喪いたします。民数記二〇・二九によれば、モーセの兄

図2●ヨシュア記の最古のギリシア語写本、２世紀後半

のアロンが亡くなったときも、イスラエルの子らは三〇日間喪に服しております。

ヨセフスは『自伝』で、ローマ軍を相手にヨタパタと呼ばれるガリラヤの町で戦っていたとき、自分が戦死したという誤報がエルサレムに流され、そのためエルサレムの人びとは彼の死を悼んで三〇日間喪に服したと述べておりますが、そこでのヨセフスの気分はモーセなのです。アロンなのです。三〇日の服喪はよほどの人の死にしか与えられない服喪期間です。

服喪の期間が終わると、ヨシュアはただちに行動を起こします。ゆっくりと休んだりしているわけにはいきません。なにしろ、ヨルダン川のすぐ向こうに「乳と蜜の流れる」土地があるからです。しかも、モーセが死んでも後方からの支援を約束する主なる神は、次のように言って、ヨシュアがただちに行動を起こすことを期待するからです。

ここから先で使用するヨシュア記のギリシア語訳は未刊のものですが、断り書きのないかぎりわたしの翻訳です。

「わがしもべモーセは死んでしまった。さあ、おまえは今、おまえとこの民はみな、立ってヨルダン川を渡り、わたしが彼らに与える土地に入るがよい。わたしがモーセに告げたように、おまえたちがおまえたちの足の裏で踏むすべての場所、わたしはそれをおまえに与える。荒れ野と、アンティリバノスから大河エウフラテース川まで、そして西の端にある海まで、それがおまえたちの国境となる。おまえが生きている間、誰もおまえたちの前に立ちはだかりはしない。わたしは、モーセと一緒にいたように、おまえとも一緒にいるであろう。わたしはおまえを見捨てはしないし、おまえを見放すこともしない。強く、男らしくあれ。わたしがおまえたちの父祖たちにたいし彼らに与えると誓った土地を、おまえがこの民に分かつからである。さあ強く、男らしくあれ。わがしもべモーセがおまえに命じたとおりに、(戒めを)守り実践するために。それらから右にも左にも曲がってはならない。おまえが行うすべてのことで、おまえが賢くあるためである。この律法の書がおまえの口から離れることがあってはならず、おまえは昼も夜もそれを学ぶ。書き記されていることすべてを知り行うためである。そのときにおまえの道は開かれ、おまえはおまえの道を開き、そしてそのときにはおまえは賢くなるであろう。

見よ、わたしはおまえに命じる。強く、男らしくあれ。逡巡してはならないし、恐れてもならない。おまえが行くすべて(の道)で、おまえの神・主はおまえと一緒に(いる)からだ。」(一・二―九)

ここでは何と「強く、男らしくあれ」が三度も繰り返されております。この檄《げき》はヨシュアが率いる下役たちの口の端にも置かれます(一・一八)。ですから、都合四度も繰り返されている、と言う方が正確なのですが、面白いことに、この檄はヨセフスの再話では見あたりません。

わたしたちはその理由をさっそく詮索しなければなりません。想像される理由はただひとつです。それはヨシュアに約束した神の言葉の中に「アンティリバノスから大河エウフラテース川」までが入っているからだと思われます。ヘブライ語テクストではアンティリバノスはリバノス、すなわちレバノン山です。問題はここでの「大河エウフラテース川まで」です。

創世記によれば、アブラム（後のアブラハム）と契約を結んだ主は彼に向かって、彼の子孫に「エジプトの川から大河エウフラテース川に至るまで」（一五・一八）の土地を与えると約束しております。申命記によれば、主はモーセに向かって「カナンびとの土地と、レバノン、大河エウフラテースまで」を取得するように命じております。さらにその同じ主は、モーセに向かって「荒れ野からアンティリバノスまでと、大河エウフラテース川から西の方の海までがおまえたちの領地となる」（一一・二四）と約束しております。

ヨセフスは創世記にはじまるここまでの再話では、その起点がどこであれ、「大河エウフラテースに至るまで」の神の壮大な約束にはただの一度も触れておりません。

何だか奇妙な事態です。

ヨセフスの時代のレバノン山からエウフラテース川までの広大な地域は、実は、ローマ帝国とパルティア帝国が分有している土地なのです。ローマ帝国はアンティオキアの郊外を流れるオロンテス河畔の土地にローマの正規軍団を常駐させて、パルティア帝国の地中海進出を牽制しているのです。ヨセフスはここに出てくる地名のアンティリバノス（レバノン）にも敏感に反応したはずです。なぜならば、対ローマのユダヤ戦争（六六―七〇）では、ウェスパシアヌスにしてもその息子ティトスにしても自らが率いてきたローマ軍の正規軍をプトレマイス（現在のアッコ）に集結させ、アンティオキア経由で南下したときに彼らの目に飛び込んできたのはレバノン山であったはずです。ローマの読者となるウェスパシアヌスやティトスにとっては、レバノン山から大河エウフラテース川までの土地が、わけの分からぬユダヤ民族の神によってイスラエルの子らに約束された先祖伝来の土地であるなどと主張されたらたまったものではありません。彼らが激怒するのは間違いのないところです。ヨセフスにとっては、この広大な土地に言及できない以上、ここで四度も繰り返されることになる神の「檄」に触れない方が無難なのです。

ヨシュア記二・一以下によれば、ヨシュアはヨルダン川を渡る準備をただちに開始すると同時に、その川の西側の町の住民の動向を探るために偵察隊員を送り出します（図3）。モーセもすでに一二部族からそれぞれ選抜した一二人の斥候を送り出してヨルダン川西の土地を探らせております（民数記一三・二―一七）。ヨセフスによると、ヨシュアはただちに、「五万の完全武装の兵士を率いてアベレー（アベル・ハ・シッテム）を発ち、ヨルダノス（ヨルダン）から六〇スタディオンの地点まで進出した」（五・四）そうです。一スタディオンを約一八五メートルとして換算すると、六〇スタディオ

図3●ヨシュア、斥候を送り出す

ンは一一キロメートルです。ギリシア語訳によれば、完全武装の兵士は「四万」で、ヘブライ語テクストでは「約四万」です。数字の違いに、わたしたちはヨセフスの誇張を見るべきなのでしょうか、それとも彼の使用したギリシア語テクストに「五万」の数字があったのでしょうか？

ヨシュア記のギリシア語訳は一行の兵士が向かった先を「エリコの町」とし、ヘブライ語テクストは「エリコの平野」とします。ヨセフスは兵士たちが幕舎を設営した場所を「ヨルダン川から六〇スタディオンの地点」（五・四）とします。

偵察隊員の報告

ヨシュア記の第二章は、帰隊した二人の偵察隊員の報告話に費やされます。

それによれば、偵察隊員となった二人の若者はラハブと呼ばれる娼婦の館に入りますが（図4）、エリコの王に「今夜、イスラエルの何者かがこの辺りを探るために忍び込んできました」と告げる者がいたそうです。そのため王はラハブの館へ人を遣わして二人を引き渡すように命じますが、二人は彼女の機転で館の屋上に上り、亜麻の茎束の中に匿《かくま》われます。そして二人は王から遣わされた者が去ると、彼女の館から脱出いたしますが、その際彼らはラハブに、ヨシュアの率いるイスラエルの子らの軍勢がエリコの町を攻め落とすときには、彼女とその一族の者は救われると約束します。もちろん、

図4●ラハブ、斥候に挨拶する

彼女の館を他の者たちの家と区別するために、彼女の館の窓に、目印として、「赤いひも」が垂らされることになります。ここで少しばかり余計な、しかし大切なことを申し上げます。ヨーロッパにおける赤線地区（レッド・ライト・ディストリクト）の「赤」の由来はここでの「赤いひも」の「赤」に求められるそうです。後学のためにも、覚えておきたいものです。

さて、二人の若者は山の中で三日間過ごした後、ヨシュアのもとへ戻ると、遂行した任務を報告し、主はヨルダン川の西の土地をヨシュアの手に引き渡されたと告げるのです。

ヨセフスは偵察隊員（カタスコポイ）を複数扱いにしておりますが、二人には特定しておりません。ヨシュア記のギリシア語訳やヘブライ語テクストによれば、偵察隊員が身を隠した場所は「娼婦ラハブの館」、すなわち売春宿です（二・一）。ヘブライ語テクストによれば、そこは「城壁の側にあり、彼女は城壁の上に住んでいた」（二・一五）そうです。ヘブライ語テクストだけでは分かりにくい光景ですが、ギリシア語訳ではこの箇所は大きく欠落しております。ギリシア語訳の訳者は、ヘブライ語テクストが何を言っているのかよく分からないため、すっ飛ばしたのかもしれませんが、わたしたちは、城壁に接している建物の一階部分が売春宿で、ラハブは城壁に接続する二階に住んでいたとでも想像しましょう。偵察隊員たちは一階のビジネス・エリアではなくて、二階のラハブのプライベート・エリアに導かれたと想像しましょう。

ギリシア語で遊女をポルネー、ヘブライ語でイシャー・ゾナーと申しますが、ヨセフスはなぜかこのギリシア語を避けているような印象をわたしたちに与えます。確かに彼がこの語を使用しているかもしれないと思われる箇所が一つだけあります。それは『古代誌』九・一一八ですが、写本によってはポルネーが欠落しておりますので、ヨセフスは全著作を通じて、この言葉の使用を回避していると指摘できます。この言葉を回避する彼の物書きとしての心理を知りたいものです。娼婦の館に泊まったら、偵察隊員の「聖なる使命」は汚されるとでも思っているのでしょうか？　娼婦の館こそ町の広場の縮図ではないでしょうか？　そこは人びとが無警戒になれる場所ではないでしょうか？　そこは町の貴重な情報がもたらされるインフォメーション・センターかもしれないのです。

ヨセフスの娼婦にたいする態度は複雑なものがあるように思われます。『自伝』によれば、彼はエルサレムの祭司一族の生まれです。ハスモン王朝に連なる家系です（『自伝』三以下参照）。娼婦などを相手にすることなどできない身分の高さが彼にはあります。しかし、それを誇れるのはパレスチナの特殊な宗教都市であるエルサレムにおいてだけなのです。ローマの都の路地裏という路地裏には娼婦がいて、客の袖を引いていたはずです。彼が都ローマに住んですでに二〇年以上たちます。ですから、彼はポルネーというギリシア語を何の躊躇もなく使用できたはずですが、それができないのです。不思議です。

ヨセフスは娼婦の館を宿屋（カタゴーギオン）に改めて、次のように申します。

「夕方、彼らは夕食のために城壁近くの宿屋に入った。そして（彼らが）表に出ようとしたとき、ある者がヘブル人の宿舎からこの町に偵察にきた者たちがラアベー（ラハブ）の宿に入り、ひとに悟られないよう非常に警戒している、と同じく夕食をとっていた王に通告した。王は、彼らを捕えてくるよう（命じ）、彼らが何のためにやって来たか拷問を加えて確かめねばならぬと言って、ただちに（男たちを）差し向けた。」（五・七―八）

ヨシュア記のヘブライ語テクストにある一文「今夜、イスラエルの何者かがこの辺りを探るために忍び込んできました」から、ヨセフスは偵察隊員が宿屋に入った時刻を「夕方」とし、宿屋に入るその目的を「夕食のために」とし、彼らの所在が王に通告された時刻を「同じく夕食をとっていた」時刻とします。王の命令の内容は、テクストにはない一文「彼らが何のためにやって来たか拷問を加えて確かめねばならぬ」が加えられて具体性が増しますが、ヨセフスにとっては捕まえた敵兵たちや偵察隊員などの扱いはガリラヤで経験済みの手慣れたものであったに違いありません。『戦記』や『自伝』によれば、ヨセフス自身、情報収集のためであれば、恫喝を加えた上で、片腕のひとつくらいは切り落としていたからです。拷問は戦時における日常的行為です。

ヨセフスは、ヨシュア記のギリシア語訳にもとづいて、この後の物語を要約的に語りますが、ラハブが匿ってやった二人に向かって吐いた言葉を、「主がこの土地をあなたたちに与えられたこと、エリコの町の者たちは、主が葦の海の水を干上がらせたことや、ヨルダン川東の二人の王シホンとオグを滅ぼしたことを知ってすでに恐怖心に襲われていることなど、彼女はすでに、神から与えられた数かずの前兆で知っていた」（五・一二）の一文で括《くく》ってしまいます。しかし、読者はここで「数かずの前兆」が何であるのかを教えられておりませんから、戸惑いを覚えるはずです。ヨセフスは、帰隊した偵察隊員たちは、ラハブとの間に交わした、エリコの町を陥落させるときには彼女とその家族を救うと約束した誓約を「大祭司エレアザロス（エルアザル）とゲルーシア（の長老たち）に報告した。両者はこの誓約を承認した」（五・一五）と再話いたします。これはテクストにはない詳細ですが、この手続きは読む者を納得させるものです。なお、余計なことを申し上げますが、ここでのゲルーシアというギリシア語はローマの人が耳にすれば、「元老院」の存在を間違いなく頭に思い浮かべるものです。ヨセフスはそのことを承知でこの言葉を使用しているのです。なおこの言葉は『古代誌』の著作目的の理解にとって非常に重要なキーワードのひとつとなるものなので、これから先この言葉が使用される箇所に遭遇すれば、そのつど少しばかり論じようと思います。

ヨルダン川の徒渉

いよいよヨルダン川（図5）の徒渉です。

徒渉では奇跡が起こります。ヨシュア記三・一一―一三によれば、ヨシュアはイスラエルの子らに向かって「全地の主の契約の箱を担ぐ祭司たちの足がヨルダネース（ヨルダン川）の水の中でひと休みするとき、ヨルダネースの水嵩《みずかさ》は減り、（川）下へ流れる水は（壁のように）立つであろう」と告げるのです。

ときは刈り入れの季節で、川の水が岸辺に溢れんばかりになるこの時期に、水は堰き止められるというのです。すなわち契約の箱を担ぐ祭司たちが川の中州の干上がった河床敷《かせんじき》で立ち止まっている間に、イスラエルの子らは全員川を渡り終えることができたというのです（図6）。

これはどこかで読んだ覚えのある奇跡です。

これはモーセとその一行がエリュトラ海（紅海）を徒渉したときの奇跡です。違うのは、あちらではモーセの一行を追尾するファラオとエジプト兵たちがいたのにたいし、こちらではヨシュアの一行を追尾する者たちがいないことです。しかしどちらでも、水嵩は一時的に減じております。実際ヨシュア記のヘブライ語テクスト四・二三も、そのギリシア語訳も、そこでの奇跡は、主の力を民に知らしめるために行ったエリュトラ海の奇跡と同じであると言っております。

ヨセフスにとって、ヨルダン川は熟知の川です。

「えっ、あんな所で奇跡が？」という気持ちでしょう。だからと言って彼はここでの奇跡物語を再話し、その後で、「信じるも自由、信じないも自由」の定式を持ち出したりすることはしません。彼

図5●現代のヨルダン川
図6●ヨルダン川を渡る契約の箱

はこの奇跡を「神の約束」とし、イスラエルの子らが徒渉するときには、神は「予告したことをなされた」（五・一八）として、水嵩が減ったこととそれが元に戻ったことをたんたんと述べます。

ヨセフスは、川を渡ったヨシュアの一行がそこから「五〇スタディオン前進し、イェリクース（エリコ）から一〇スタディオンの地点に幕舎を張った」（五・二〇）と申します。ここでの五〇スタディオン（九・二キロメートル）とか一〇スタディオン（一・八キロメートル）はヨセフスが補足した距離ですが、このような補足は、すでに見たように、『古代誌』五・四でもなされておりました。この補足はこの辺りの土地勘のあるヨセフスならではのものでしょうが、その距離が正確なものである保証はどこにもないのです。

ヨシュア記四・一以下によれば、ヨルダン川を渡るとき、主の命令により、部族ごとに一人ずつ計一二人の男が石を拾います。そして彼らは、エリコの東の境にあるギルガルと呼ばれる場所で宿営したとき、その石でもって徒渉を記念する祭壇のようなものをつくるのです（図7）。わたしは今「祭壇のようなもの」と申し上げましたが、ヨシュア記四・二〇は明確に祭壇とは言っておりません。「人びと」（ギリシア語訳では「ヨシュア」）がギルガルに一二の石を立てたと言っているだけですが、ヨセフスは創世記に見られる、ハランの地に向かうヤコブが道中で夢を見た場所に石で祭壇を築いた話を思い出したからでしょうか、それを「祭壇」（ボーモス）といたします。ヨシュア記四・六以下は、それが後世のイスラエル人にとって川が堰《せ》き止められた記念碑にされるとヨシュアが長々と重複

図7●12の石を積み上げるヨシュア

的な仕方で説明しますが、ヨセフスは簡単に「それは川の流れが堰き止められたことを記念するためだった」（五・二〇）と申します。彼が使用する「祭壇」を意味するギリシア語のボーモスは異教的な響きのする言葉で、その上で犠牲が捧げられる場所を指すものです。実際、ヨセフスは、ヨシュア記には見られない細部を想像して「……その上で犠牲を捧げた」（五・二〇）と言うのです。

ヨルダン川の西側に住む王たちの反応

ヨシュア記五・一以下によれば、ヨルダン川の西側に住む諸民族の王たちは、主がイスラエルの子らの前でなした奇跡を聞いて「悄然《しょうぜん》とし、愕然《がくぜん》とした」そうです。「え、なんでこんなつくりばなしでそんなに愕然とするの？」は現代のわたしたちの正しい反応でしょうが、彼らにとってはヨルダン川を干上がらせた神の奇跡の衝撃はそれほど大きかったようです。

主はこのときヨシュアに向かって、すべてのイスラエルの子らに割礼を施すように命じます（図8）。エジプトを脱出したすべての男子はすでに荒れ野で亡くなっておりますが、割礼を施されておりました。しかし、荒れ野で生まれた新しい世代の男子はまだ割礼を施されていなかったのです。このときイスラエルの子らは全員割礼を受けることになりますが、ヨセフスはこの割礼の記事にはいっさい触れません。すでに前著『異教徒ローマ人に語る聖書――創世記を読む』（京都大学学術出版会）

図8●ヨシュアの命令で割礼を受けるイスラエルの子ら

で指摘しているように、彼は割礼についての著作を計画していると宣言しておりますから、そちらの著作でここでの記事を取り上げる予定だったと思われます。

イスラエルの子ら、過越の祭を祝う

ヨシュア記五・一〇―一二によれば、ギルガルに宿営することになったイスラエルの子らは、その地で過越の祭を祝います。ヨセフスもこの祭に言及します（五・二〇―二一）。

ヨシュア記五・一三―一五は、主の軍勢の長《おさ》が抜き身の剣を手にしてヨシュアの前に現れたと報告しますが、この記事は誰が読んでもよく分からない代物《しろもの》です。しかもそこでは、出エジプト記三・五で見られたホレブ山に入った羊飼いモーセに向かって主が口にした人語「おまえは履き物を脱ぐがよい。おまえの立っている場所は聖なるところであるから」が繰り返されております。ヨセフスはモーセ物語の再話では出エジプト記の燃える茨《いばら》を語りますが、「履き物を脱げ」といった細部は無視しておりますす。そこでの無視がここでも繰り返されているようですが、なぜ彼はこの細部を無視するのでしょうか？　その理由を知りたいものです。「履き物を脱ぐ」は隠語だったのでしょうか？

神によって引き渡されたエリコの町

エリコの町（図9）の城門は、イスラエルの子らの攻略を前にして、固く閉じられます。しかし主なる神はヨシュアにエリコの町とその王、そして町の勇士たちを彼の手に引き渡すと約束します。その引き渡しの仕方は神がかり的です。わたしの言葉で言えば、出来の悪いフィクションの世界のものです。イスラエルの子らは六日の間毎日一回エリコの町の城壁を経巡り、そのさい七人の祭司が雄羊の角笛を吹きながら契約の箱の前を進む。そして七日目にはイスラエルの子らは町を七回経巡り、祭司たちが角笛を吹くと、民が鬨《とき》の声を上げる。するとエリコの町の城壁は自然に崩れ落ちるというのです（図10）。

ヨセフスは合理主義者です。

彼はこの類の神がかり的な出来事を好みません。しかし彼は、エリコの攻略を再話するにあたりこの物語を避けて通ることはできません。そこで彼は、七日目には「（町の）城壁が労せずして自然に崩れ墜ち、神が彼らの手に町を引き渡されるというのである」（五・二五）と、神の言葉を伝聞形式に改めます。ついで彼は、ヨシュア記が語る城壁が崩れ落ちた後の出来事から、町の城壁に破れ目ができて町に侵入したときのイスラエルの子らの行動について次のように記すのです。

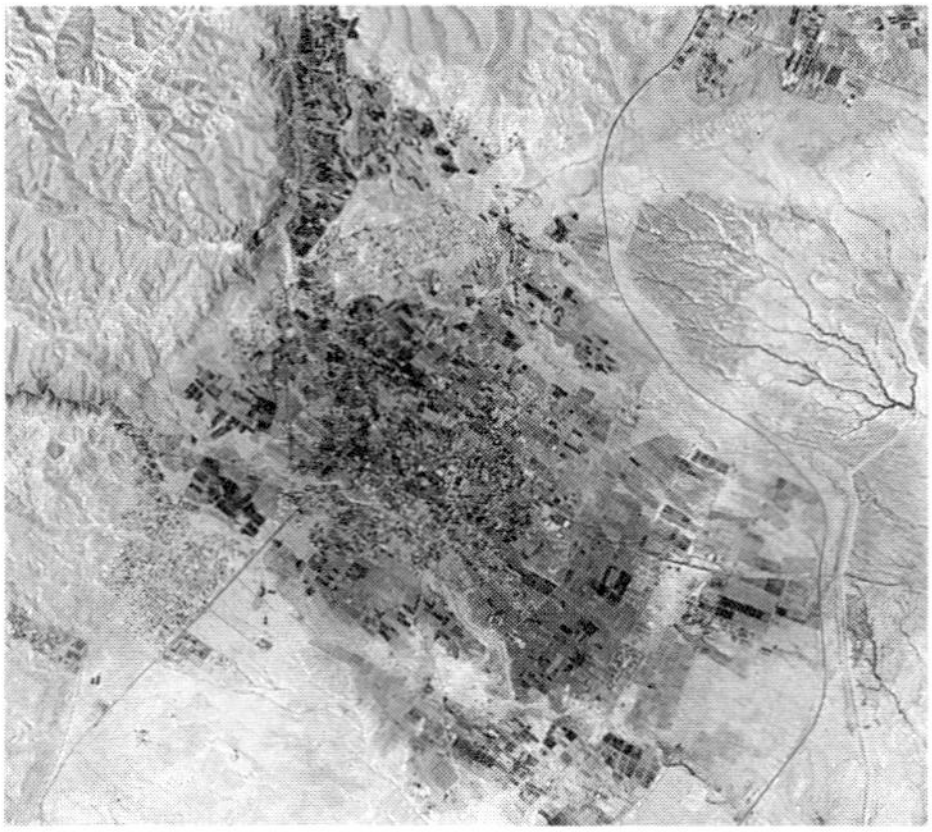

図9●エリコの空中写真
図10●主の箱を担いでエリコの周辺を経巡るイスラエルの子ら

「そしてイェースース（ヨシュア）は、捕まえた者を全員殺戮《さつりく》し、疲れたといって殺戮を止めたり、敵に同情して助けたり、また略奪に夢中になって彼らを取り逃がしたりすることがないよう厳命した。私利私欲を捨て、生き物はすべて殺してまわればよいが、銀や金でつくられたものは拾い集めて保管するように命じた。最初に占領した町から得た勝利の初穂として、それらを神に奉献するためである。（そして）ラアベー（ラハブ）とその家族だけは、間諜《かんちょう》たちの与えた誓約によって、救うよう（命令された）。」（五・二五—二六）

エリコの町の住民は、ラハブとその一族の者たちは除いて、ひとり残さず殲滅《せんめつ》の対象とされたのです。

最初の町を徹底的に殲滅するのは戦闘でのイロハかもしれません。なぜなら、そうすることでこれから相手にしなければならない近隣の町や村の住民に恐怖心を植え付けることができるからです。彼らは戦う前に降伏するかもしれないからです。コスト・パフォーマンスの上では殲滅作戦は当然のことなのです。

崩れ落ちた後のエリコの町は

ヨセフスは、城壁が崩れ落ちた後の出来事を次のように再話いたします。

「ヘブル人の軍隊はイェリクース(エリコ)に侵入し、城壁の奇跡的な崩壊で茫然自失して身を守る気力を失った全住民を虐殺しはじめた。住民は路上で喉をかっ切られ、屋内では不意打ちをくらわされた。彼らを救ってくれるものは何もなく、(実に簡単に)殺されていった。女も子供もすべての者が殺され、それらの屍体が町中にうず高く積まれた。逃れられた者は一人もなく、町と(周辺の)土地を含むすべてが焼き払われた。」(五・二八―二九)

繰り返しますが、エリコの町は徹底的に破壊されたのです(図11)。この破壊の徹底はモーセにとっても喜ばしいものであったに違いありません。ヨセフスによれば、モーセは敵を包囲し勝利をした暁の敵の扱いを述べておりますが、彼はそこで「さて戦争に勝ったら、抵抗した者は容赦なく殺し、残りは生かしておいておまえたちに貢納するように命じるのだ。ただし、カナンびとは例外である。彼らには無差別の虐殺あるのみ」(四・三〇〇)と言っているからです。これは申命記二〇・一三のパラフレーズです。

ヨセフスはここで、対ローマのユダヤ戦争(六六―七〇)でのいくつかの場面を想起しながら、こ

図11●エリコ陥落

の一文を書いているように見えます。

たとえば、戦争の最初の場面です。

彼は言います。ウェスパシアヌスはガリラヤに侵攻すると、最初に攻略したガバラの町を徹底的に破壊いたします。

「彼は町に入ると、成年男子をすべて虐殺した。ローマ軍は……老若を問わずすべての者に一片の憐憫《れんびん》の情も示さなかった。この町に火を放った上、さらに周辺の村や小さな町もひとつ残らず焼き払った。それらの村や町の多くはすでに人影はなく全くさびれていたが、そうでない村や町の住民は奴隷にされた。」（『戦記』三・一三二―一三四）

たとえば、戦争の終わりの方の場面です。

ヨセフスはエルサレムの城壁に近づくと、その上に立って自分に向かって投石する同胞たちに、「おまえたちは完全に包囲されている。無駄な抵抗はやめてただちに降伏するのだ」と呼びかけております。ローマ軍の兵士は、城内に立て籠もる者たちがその呼びかけに応じないことを知るや、ティトスの命令下に一気に城内に突入します。

ヨセフスがここで再話する光景は、城壁の破れ口から堰《せき》を切ったようにして城内に雪崩《なだ》れ込んだローマ軍と、彼自身がそのとき目撃した阿鼻叫喚《あびきょうかん》の光景であったはずです（図12）。

ヨセフスはここでヨシュア記にもとづいて、この大虐殺の最中に娼婦ラハブとその一族の者たちが救われたことに言及いたします（図13）。そのさい彼は、ヨシュアが自分の前に連れてこられたラハブにたいして「ただちに土地を与え、いろいろな配慮も加えてやった」（五・三〇）とします。ヨシュアが彼女に土地を与えたとする詳細は、そのとき救われた彼女が以後「イスラエール（イスラエル）のうちに住むようになった」（六・二五）とする一文にもとづくものだと思われますが、ヨセフス自身は戦争が終わったときにローマ軍のティトスからエルサレムに土地を与えられたり、さまざまな特典を与えられております（『自伝』四二二）。それをこの記述の背後に読みとるべきかもしれません。

ヨシュア記六・二四によれば、エリコの町の略奪物である「銀と金、それに青銅と鉄の器」は「ヤハウェの家」に奉納されます。

ここでイスラエルの子らの神に最初に捧げ物をしたのは誰だったのかをわたしたちは思い起こせるでしょうか？　創世記四・三によれば、それはアベルとカインです。アベルは羊の群れの中の初子を捧げました。カインは土の実りの中の初穂を捧げ物として祭壇に携えました。次に捧げ物をしたのはノアです。創世記八・二〇によれば、箱船がアララテ山に漂着して彼とその一族の者が救われたとき、彼が箱船の外に出て最初にしたことは祭壇を築いて献げ物を捧げることでした。その献げ物は箱船に乗せていた清い家畜と清い鳥でした。神への献げ物は最初は動物の初子か農作物の初物で十分であったはずですが、今や献げ物は、戦いで敵どもから略取した金目の物なのです。血糊《ちのり》がべったりと付着

図12●エルサレムの破壊、フランチェスコ・ハイエッツ、1867 年
図13●ヨシュア、ラハブとその一族の者の救出を命じる

したものでも構わないのです。神はこのあたりで「戦闘の神」に成り上がった、いや成り下がったようです。

それはともかく、ここでの「ヤハウェの家」は何を指しているのでしょうか？

聖書での「家」は聖所や神殿を指して使用されますが、それを背景にして考えると首をかしげてしまいます。ここまでの記述では、ヨシュアの一行はまだ聖所や神殿をもっていないからです。ヨセフスは略奪物を「祭司たちに引き渡し、宝庫の中に収めさせた」（五・三二）と述べて宝庫を複数形で記しますが、ヨシュア記のヘブライ語テクストもヨセフスの再話もどこか不自然です。ヨシュアの一行にはアロンに連なる者やピネハスに連なる祭司はいたとしても、ここまでの記述では、彼らが祭司の組を組織していたとは書かれていないからで、またこれからヨルダン川の西の地域に移動する一行に略奪物を奉納する宝庫などがあったとは思われないからです。なお、ヨシュアの一行の中のアカンと呼ばれる男（ヨセフスの読みではアカロス）が略奪物の一部をかすめますが、その悪事は露顕いたします。

カナンの町の攻撃

ヨシュア記七・二以下によれば、ヨシュアはエリコの陥落後、アイの町を攻撃いたします。彼は三〇〇〇の兵士を送り込みますが、アイびとの抵抗に遭って敗北し、三六人の兵士を失います（図14）。この戦いでは、主なる神は総指揮官ではなかったようです。帰隊した者やそこにヨシュアと一緒に留まっていた者は衝撃を受けます。

ヨシュアは主に向かって「ヨルダン川の向う側に留まっていればよかったのに」と見苦しい泣き言を口にいたします（七・七—九）。出エジプトをしたものの、荒れ野で食べ物がなく、そのため、「エジプトにとどまっておればよかったのに」と泣き言を口にしたモーセの一行が想起されます。ヨセフスはヨシュア記に見られるヨシュアの短い言葉を次のように書き改めます。

「（神よ、）わたしたちは、自信をもってこの土地の武力占領に乗り出したのではありません。それはあなたのしもべであるモーセース（モーセ）の強い勧めにしたがったからです。しかも、あなたがモーセースに数かずの証拠を示し、この土地をわたしたちに征服させてやろうと約束し、わたしたちの軍隊が武器で敵を圧倒できると保証されたからです。事実、あなたが約束されたように順調にいったときもありましたが、今度はそういきませんでした。わたしたちは思いがけない敗北を喫し、軍隊の一部さえ失いました。

わたしたちはこうした出来事のために、あなたの約束やモーセースの予言を確実なものとして信じてよいかどうか、すっかり戸惑っております。第一回の出撃ですらこのような目にあうのであれば、今後はさらにつらい困難が(数多く)待ち受けているのではないかと考え、すっかり意気消沈しているのです。

主よ、このわたしたちの窮状を打破して下さる力をもっているのは、あなただけです。どうか、わたしたちに勝利を与えて現在の苦悩を祓いのけ、わたしたちの将来への絶望感を払い去って下さい。」(五・三九―四一)

軍団の指揮官たる者は勝利したときには兵士の慢心を戒め、また略奪物をかすめる者がおれば、それを戒める演説を兵士たちの前でしなければなりませんが、それればかりでなく敗北を喫して意気消沈している兵士たちに向かっては、彼らを励ます言葉をかけてやらねばなりません。

ここでのヨセフスは兵士たちに成り代わって主に向かって現在の窮状を訴えているのです。主は略奪物を盗み取った者を一行の中から取り除き、一行を清めることを求めます。

イスラエルの子らは、主の前に破廉恥なことをした人物がアカンであることを突き止めると、彼を処刑して軍団を清めます(図15)。これもまた軍団の規律維持のためには必要なことかもしれません。殲滅と同じく、すべては見せしめのためです。しかしここでは神学的な意味が付されます。

ヘブライ語ヨシュア記七・二五に、「全イスラエルは、彼らを石打ちにして殺し、それら(=盗み取ったもの? 家族の者?)を火で焼いた。そして彼らは石を投げつけた」とあります。ギリシア語訳

図14●アイでの敗北
図15●アカン、軍団から追放される

では「それらを火で焼いた」は欠落しております。彼らの使用したヘブライ語テクストにそれがなかったのか、それとも処刑の仕方が過激すぎると判断して訳者が勝手にその部分を省略したのか、そのどちらかでしょうが、もしわたしたちがここでレビ記二四・一五―一六からアカンの行為を瀆神的行為だと理解すれば、なぜ彼が石打ちにされたのかが理解できるようになります。

レビ記には主がモーセに与えた戒めとして、「神を冒瀆する者は誰でも、その罪を負う。……共同体全体が彼を石で撃ち殺す」とあるからです。ヨセフスは「彼はただちに処刑され、夜になると、このような犯罪者にふさわしい不名誉な仕方で葬られた」(五・四四)と、少しばかり曖昧な仕方ですが、処刑と埋葬措置に言及します。彼が『古代誌』四・二〇二で、瀆神に関する規定を「神を冒瀆した者は石で打たれ、一日の間木にかけられた後、不名誉で人目につかない仕方で埋葬される」と述べていることから判断すると(使用されている用語の一致を活かすために、訳文を少しばかり改める)、彼がここで「少しばかり曖昧な仕方で」記述したとはいえ、その記述の背後にはこのレビ記の規定があるようです。

アイの町の征服

ヨシュアは軍を清め終わると、主なる神は彼にアイの町への出撃を許可いたします(図16)。ヨシ

図16●主なる神、アイの町への攻撃を許す

ュア記のギリシア語訳によれば、そのさい神は次のように申します。

「恐れてはならないし、びくびくしてもならない。戦闘要員たるすべての男子を手元におき、立って、ガイ（アイ）へ（攻め）上るのだ。見よ、わたしはおまえの手にガイの王とその土地を与えた。おまえはイェリコー（エリコ）とその王になしたように、ガイにたいして行う。おまえは家畜の群れをおまえ自身のために略奪してかまわない。……」（八・一―二）

ここでの主なる神は、指揮官ヨシュアの上に立つ総指揮官です。ここから先ではヨシュアの軍勢は総指揮官である神の軍勢に変貌します。そのメタモルフォーシスのスピードは生半可《なまはんか》のものではありません。一瞬です。

ヨシュアは伏兵を使ってアイの町の兵士たちをおびきだします。彼らは町の城門を開けたまま、ヨシュアの一行を追尾しますが、この間にヨシュアの伏兵は町に入り、アイの王を生け捕りにするのです。

ヨシュア記八・二四―二九によれば、ヨシュアの軍勢は、その日アイの町の全住民「男と女合わせて一万二〇〇〇」を殺戮いたします。そしてヨシュアはアイの町に火をかけ、そこを完全に焼き払うのです（図17）。ヨシュアはさらにアイの王を夕方まで木にかけた上で降ろし、投げ捨てます（図18）。王もここでは生ゴミ扱いです。可哀想に。粗大ゴミ扱いです。気の毒に。ヘブライ語ヨシュア記によ

図17●火をかけられるアイの町
図18●アイの王の処刑

れば、その投棄先は「町の城門の入り口」ですが、ギリシア語訳では、訳者がいくらなんでもと思ったのでしょうか、それは「坑」の中です。

わたしたちはすでに『書き替えられた聖書――新しいモーセ像を求めて』（京都大学学術出版会）で、モーセが主の言葉として「殺してはならぬ」（出エジプト記二〇・一五）を紹介しながら、その後彼が同胞たちをさんざん殺害しているのを見て、首をかしげましたが、十戒の一項はどうやら「都合のいい状況倫理」の指針にすぎなかったようです。それにここでは主なる神がヨシュアの軍団の総指揮官ですから、ヨシュアには何の遠慮もいらないのです。主が「殺せや、殺せ」の進軍喇叭《しんぐんらっぱ》を吹いてくれるからです。

ヨセフスもヨシュア記にしたがって、彼なりの仕方でここでの戦闘の場面を記述しますが、さすがに彼は、ヨシュアの軍勢がアイの町の全住民を殺戮したことには触れません。ヨシュア記が挙げる数字「一万二〇〇〇」は、女も入っているとはいえ、それはローマの正規軍の二軍団の兵員の数なのです。彼はその数がどれほどのものかを知っているはずです。もしかして彼はそこに誇張を見ているのかもしれません。そこで彼はヨシュアがアイの町を全滅させたとは語らないで、「ナイティアノイ（アイびと）が遭遇した運命はこのようなものであった。（ヘブル人は）大ぜいの女子供や奴隷たちを捉え、その上、豊富な物資まで手にすることができた。……」（五・四八）と述べるにとどまりますが、ここにはヨシュア記に見られる殺戮や絶滅の勢いがなくなっております。残念。

ヘブライ語ヨシュア記八・三〇以下によれば、ヨシュアはアイの町を征服すると、シェケムの町の北側にあるエバル山に祭壇を建て、そこで絶えて久しかった供犠を行ったばかりか（図19）、石の祭壇の上に「モーセが書いた律法の写しを刻んだ」そうです。ギリシア語訳はこの重要な一文が九・二ａから二ｂに置かれ、死海文書のひとつ（4QJos/a）は五章に置くなどしてヘブライ語テクストの伝承上の混乱を示しておりますが、ヨセフスはここでは祭壇建立の記事には触れません。彼はそれを先に進んでから語ります。それはテクスト上の混乱に気づいたからではなくて、多分、カナンの土地の北部分が未征服の状態でエバルに祭壇を築く不自然さに気づいたからでしょう。

ギブオンびととの契約

ヨシュア記九・一以下によると、ヨルダン川の西側の山地や平地に住んでいる王たちは、アイの町を殲滅させたヨシュアとその軍勢を恐れ、一致団結して戦おうとします。しかし、ギブオンの住民たちが遣わした使節は、ギルガルの陣営にいるヨシュアのもとへ策を弄してやって来ると（図20）、自分たちは遠方からやって来た者だと偽って彼と契約を結び、彼らの町を攻め込まないようにさせます。後になって、彼らの町がエルサレムの近くにあり、彼らもまたカナンびとであることは見破られてしまうのですが、ヨシュアと結んだ同盟関係は同盟関係です。ヨシュアは彼らの町を攻め込むわけには

図19●ヨシュア、エバル山で献げ物をする

図20●ヨシュアのもとへ向かうギブオンの使いたち

いきません。相手にペテンにかけられた上での同盟関係であれば、即刻解消しても構わないはずですが、それはしません。物語だからです。

近隣の王国の攻撃

ヨシュア記一〇・一以下によれば、エルサレムの王は近隣の王四人に呼びかけてヨシュアの軍門に降ったギブオンびとを攻撃しようとしますが、ヨシュアは、同盟を結んだ以上、ギブオンびとが助けを求めて嘆願すれば彼らを助けないわけにはいきません（図21）。

ヨシュアは全軍を率いてこれら五人のアモリびとの王に立ち向かいます。もちろん、この攻撃には総指揮官の主もヨシュアに向かって「彼らを恐れてはならない。わたしがおまえの手の中に彼らを引き渡したからだ。彼らのうちのひとりとして、おまえたちの前に取り残されることはない」と言って、彼らを励まします。「彼らのうちのひとりとして、おまえたちの前に取り残されることはない」（一〇・八）とは、アモリびとの王たちと彼らの住民の殲滅を意味いたします。主は号令だけをかけたのではありません。主は天から「雹の石」を降らせ、アモリびとの一行に大きな打撃を与えたばかりか、ヨシュアの全軍が勝利できるようにと、天体の運行を遅らせ、太陽をその場所に留め、月の動きを静止させたというのです。ヨシュアはマケダの洞窟に逃げ込んだアモリびとの王をも捕らえます。主は

図21●助けをもとめてヨシュアに嘆願するギブオンびと

こんなこともできるのです。しかしこんな記述のため、後の時代の人びとは、神が天体の動きにまで関与すると信じ、惑星の出現や流れ星の出現に怯えたりするようになるのですから、これはこれで罪つくりな記述なのです。わたしたちはこんな記述に遭遇すれば、「へぇー本当?!」と笑い飛ばしておきましょう（図22）。

ヨシュアは自軍の指揮官たちに向かって「前に出て、おまえたちの足でこいつらの首を踏みつけるがよい」（一〇・二四）と命じ、その理由として、「この者たちを恐れてはならないし、逡巡してもならない。男らしく、強くあれ。主はおまえたちが打ち勝つおまえたちの敵すべてにたいして、このようにされるからである」（同上）と言うのです。彼はまた、部下たちに王たちの首を踏みつけさせたあと、彼らを殺し、彼らを木（クスロン）に吊るします（図23）。日が没すると、ヨシュアは部下の者たちに命じて王たちを木から降ろし、彼らが隠れていた洞穴の中に投げ込み、洞穴の入り口を大きな石で塞いでおかせます。ところで、イエスも木（スタウロス）に吊るされましたが、夕方になると、岩に掘られた穴（洞窟?）に収められ、その入り口には大きな石が転がされてあったというのです（マタイ二七・六〇ほか参照）。

記述の上で何か似ておりませんか?

新約学者であれば、ここでの類似の問題をすでに取り上げていろいろと論じていると思われますが、わたしは新約学者の仕事に関心がないためか、それをほとんど知りませんので、ここではこれ以上立

図22●アモリびとの敗北
図23●五人の王の処刑

ち入ることはしません。

ヨセフスもヨシュアが王たちの同盟軍を打ち破った話を語りますが、そこに見られる意想外な仕方での主なる神の介入を「そのとき（激しい）雷鳴と落雷が続き、普通には（見られ）ない大きな雹《ひょう》がそれにともなって敵を苦しめた」（五・六〇）と書き記すのにとどめ、天体の運行の直接的な摩訶不思議な現象にはふれず、ここでも「その日は一日が長く、ヘブル人の熱心（な追撃）が日暮れによって妨げられることがなかったので、……なお、その日が異常に長かったことは、神殿に保管されている諸文書でも明らかにされている」（五・六一）と言うのにとどめております。ヨセフスは出エジプト記で語られているモーセに関わる奇跡物語を語り終わったときには、自分が語った物語の真偽の程を読者の判断に委ねておりましたが、ここでの彼は物語を最小限化しようとしているように見えます。ヘブライ語のヨシュア記一〇・一三は、その日、日中の時間が長くなったことに関して、「これは『ヤシャルの書』に記されている」と記事の出所を明らかにしておりますが――本当にそんな書物があったのでしょうか？　怪しいものです――、ギリシア語訳にはこの一節は欠落しております。

ヨセフスはここでその日の異常が「神殿に保管されている諸文書に明らかにされている」と申し立てますが、彼がここでヘブライ語ヨシュア記をも手元において参照していることが明白になります。彼は『古代誌』三・三八でも、ラフィディンに到着したモーセがそこの岩を撃ったら水が湧出した話が「神殿に保管されている文書」に記されていると述べたり、同書四・三〇三でも「神殿に保存されている文書」という言い方をしております。もちろん、神殿はすでに七〇年の秋にローマ軍に焼き落とされておりますから、考えてみれば「神殿に保存されている諸文書」という表現もおかしなもので、正確を期すならば、「神殿陥落前にローマ軍兵士によって持ち出され、現在ローマのフラウィウス家の私設図書館に保管されている」とでも言うべきものかもしれません。もっともここの「フラウィウス家の私設図書館」をローマの「公共図書館」としてもよいかもしれません。エウセビオスの『教会史』(拙訳、講談社学術文庫)三・九・二によれば、そこは後になってヨセフスの著作が収められた所でもあるのです。

それはともかく、ヨシュアは(その日)、カデシュ・バルネアからガザまで、ユダ南部のゴシェンの地からギブオンに至るまでの土地を完全に征服したとされます。いずれの土地においても「その王を撃ち、そこにいた男や女の住民はすべて殺します」。ここで繰り返される表現上のパターンは「剣の刃にかけて住民たちを殺し、その中の息するいっさいのものを滅ぼし尽くした。生き残った者はそこにひとりもなく、逃げおおせた者もいなかった」(一〇・二八、三二、三五、三七)というものです。

カナンの土地の北部地方

カナンの土地の北部が未征服で残されております。

北部の地に住む王たちは団結して向かってきます。「さあ、大変」の事態ですが、ヨシュア記によれば、ここでも総指揮官である主なる神が登場して、ヨシュアに向かって次のように言います。

「彼らを前にして恐れてはならない。明日のこの時刻、わたしは彼らをイスラエール（イスラエル）を前に逃げ出した者として引き渡すからだ。おまえは彼らの馬の足の腱を切り、火をかけて彼らの戦車を焼き払うがよい。」（一一・六）

主はここでヨシュアに勝利の戦術まで伝授するのです。主の「入れ知恵」があれば、彼と彼の軍勢は勝利を矢継ぎ早に収めることができます。

カナンの土地の北部の町は絶滅です。ヨシュア記では、ここでも「剣の刃にかけて住民たちを殺し、……」の定式かそのヴァリアントが使用されます（一一・一一、一四、二二）。

これではカナンの南部から北部の至る所に屍の山が累々《るいるい》と築かれたと想像しなければなりません。「異教徒」の男や女は完全抹消です。耐えがたい死臭は地中海からの潮風が吹き流してくれたのかもしれませんが、カナンの地は「乳と蜜の流れる」前に、至る所で「異教徒の血が流れる」地になるのです。しかし、ヨシュアはカナンの全地を獲得するのです。

ヨセフスもカナンの北部制圧の物語を語ります。

ヨシュア記一一・四は、北から南下してきたカナンびとの王たちの同盟軍の数は「海辺の砂のように多かった。馬や戦車も非常に多数だった」としますが、ヨセフスは「全軍の数は、完全武装兵三〇万、騎兵一万、戦車二万」（五・六四）とします。ここで挙げられている兵力は物語に具体性をもたせるためにヨセフスが適当に創作したものですが、完全武装兵三〇万という数はローマの正規軍六〇軍団に相当します。この数はあまりにも多すぎます。ローマ軍の正規軍団は五五〇〇から六〇〇〇の兵士からなることを知れば、そしてヨセフスの時代、地中海世界に配備されていたローマの正規軍の数は確か二五箇軍団ですから、この三〇万がいかにべらぼうな数であるかが分かるというものですが、ヨセフスを責めるわけにはいかないと思います。なにしろヘブライ語のヨシュア記に「海辺の砂のように多かった」と書かれているからです。この誇張的表現はすでに創世記で頻出するものです。

ヨシュア記の第一一章は、総指揮官である主による勝利の約束がヨシュアになされてから、いつ彼が出撃したかを明らかにしておりません。もちろんそれは、彼らが「マルローン（メロム）の水の畔に宿営した」（一一・五）以降であることは明らかですが、それ以上のことは不明です。しかし、ヨセフスは、物語の展開に具体性をもたせるために、「この神の約束に勇気づけられたイェースース（ヨシュア）は、敵に立ち向かい、五日目に敵の不意を襲って激しい戦闘に入った」（五・六五―六六）と言うのです。三日目でも、四日目でも、五日目でも構わないのですが、「何日目に」と特定した言い方をすれば、物語が具体的になります。物語に具体性を与えることは、史実性を与えることになるからです。歴史の上での出来事らしく見せるには抽象的であってはならないのです。

ヨセフスは、一般的に言って、ヨシュア記に見られる大虐殺の強調を繰り返すことはしません。それには理由があったと思われます。

ヨセフスにはユダヤ民族の先祖であるイスラエルの子らをカナン（パレスチナ）の土地を占拠するにあたって蛮行を働いた危険きわまりない野蛮人として描くことができなかったはずです。ティトスは対ユダヤの戦争に勝利した後ローマに帰還しますが、そのさい彼はエジプトのヘーリオポリスにあるユダヤ人の神殿に立ち寄り、そこを閉鎖しているのです（『戦記』七・四二六以下参照）。彼はその地に住むユダヤ人たちの決起を恐れたからですが、もしそうでしたら、ユダヤ人の先祖の者たちが異民族にたいして徹底的に蛮行を働く者たちだったと語ることなどできなくなります。そのためヨセフスは、ヨシュア記が語るカナンの北部地域の征討物語を次の言葉で締めくくります。

「この戦いで殺された敵の数を聞いて信じる人はまずいないだろう。しかもイエースース（ヨシュア）の追撃が執拗をきわめたために、一部の者を除き——王は全員殺された——、敵の全軍が滅びたのである。イエースースは、殺す人間がいなくなると、馬を殺し戦車を焼き払い、何の恐れもなくその地方を蹂躪《じゅうりん》してまわった。もはや、あえて戦いを挑む敵が一人もいなかったのである。また彼は町々を包囲して占領し、捕まえたものはすべて虐殺した。」（五・六六—六七）

ヨシュア、シェケムに祭壇を建てる

すでに述べたように、ヨシュア記八・三〇以下はヨシュアがエバル山で主のために石の祭壇を築き、供犠をそこで捧げ、それればかりかその上にモーセの律法の写しを書いたと記しておりますが、ヨセフスはそれを物語の展開の当該箇所では語らず、ヨシュアによるカナンの北部掃討の物語の後に置きます。

聖書物語の再話では——聖書物語に限定されるわけではありませんが——「とき」を特定しない「そのころ」という表現がしばしば用いられます。しかしここでのヨセフスは、そのような曖昧な仕方で物語を展開させません。彼は、エバル山での祭壇に言及するにあたっては、次のように切り出すのです。「こうして五年目が過ぎた。堅固な城壁のおかげで逃げられた少数の者を除けば（その土地には）もはやひとりのカナナイア（カナン）びとも残っていなかった」（五・六八）と。

すでに見てきたように、ヨセフスは物語の史実性らしきものを高めるために、しばしば具体的な数字を想像します。ここでのフレーズ「五年目が過ぎた」の「五年目」も史実性らしきものを与えるための彼の想像の産物ですが、いずれにしても、イスラエルの子らに敵対する者がいない状況がつくりだされたわけですから、主なる神に捧げる祭壇を安心してつくることができるようになります。

ヨセフスは次のように申します。

「そこでイェースース（ヨシュア）は設営地をガルガル（ギルガル）から山地へ移し、シルース（シロ）の町に聖なる幕屋を設営した。神殿（あるいは聖所）ができるまでは、（景色の）よさからもその地が（最）適地と思われたからである。

彼はすべての民を率いてそこからシキマ（シェケム）まで進み、軍団を二分してその半分をガリゼイス（ゲリジム）山に、残りをヘーベーロス（エバル）山に配置した。そして後者――モーセース（モーセ）があらかじめ定めておいた地である――には祭壇も（築き）、レウィティコン（レビびと）と祭司たちも置いた。そして人びとは犠牲を捧げ、呪いを口にすると、それを祭壇にも彫りつけて、シルースに引き揚げた。」（五・六八―七〇）

ヨセフスは、最初のパラグラフで、ヨシュアがシロの町に幕屋を設営したとしております。彼はヨシュア記一八・一が述べているシロでの幕屋の設営を前倒しにしているのです。彼はここで祭壇に刻まれたのは「呪いの言葉」としておりますが、ヨシュア記八・三二によれば、祭壇に刻まれたのは「モーセの律法の写し」であり、「呪いの言葉」ではありません。ヨシュア記八・三四には、ヨシュアはその場所で「すべての律法の言葉、祝福と呪いの言葉を、すべて律法の書に記されているとおりに読み上げた」とあるだけです。読み上げる行為と刻む行為は違うものです。

ヨセフスはなぜシェケムでの律法の書の写しやそこでの朗読に言及しなかったのでしょうか？

申命記二七・一—三には次のように書かれております。

「モーセは、イスラエルのゲルーシア（長老、長老会）とともに、次のように言って命じた。『おまえたちは、わたしが今日おまえたちに命じるこれらの戒めすべてを守るがよい。おまえたちがヨルダン（川）を渡っておまえの神・主がおまえに与える地に入る日、おまえは大きな石をおまえ自身のために立て、それらに漆喰《しっくい》を塗る。おまえは（それらの）石の上に、この律法の書の言葉すべてを書き記すがよい。……』」

細部にこだわれば、こちらでは漆喰を塗った祭壇にモーセの律法を記すことが要求されているのにたいし、ヨシュア記ではそれを刻むことが要求されております。そうした違いはありますが、律法を石の祭壇の上に「記す」あるいは「刻む」ことがモーセの命令だったようです。それでもここでのモーセの命令には曖昧さが残ります。

モーセが口にする律法とは何を指すのでしょうか？

それは申命記第五章から第二六章までの、十戒をも含む膨大な量の律法なのでしょうか？　それとも第五章の冒頭で少しばかり変形されて語られている出エジプト記の「一〇の言葉」、すなわち十戒だけなのでしょうか？

曖昧さの残る命令です。

それはともかく、ここでのヨセフスの再話に律法云々が出てこない事実を理解するには、彼の時代のサマリア人とユダヤ人の仲の悪さを想起しておく必要があります。ヨセフスは『古代誌』の第九巻以降においてサマリア人に頻繁に言及しますが、彼はそこで彼らについて次のように糞味噌に言うのです。

「ヘブル人がクタびとと呼び、ギリシア人がサマリア人と呼んでいるこの者たちは、われわれと同じ慣習を現在も守ってきている。彼らはユダヤ人が繁栄しているのを見れば、自分たちはヨセフの子孫であるから、われわれと本来結び付いている、とわれわれを同族扱いするが、ひとたび困難な状況に置かれたわれわれを見ると態度を豹変させ、われわれとはいっさい関係がなく、われわれが彼らに友好を求めたり、種族関係を云々するのはもってのほかだと主張し、自分たちは他民族の移住者だと宣言する。この者たちについては、(他の)適当な場所で言及したい。」(九・二九〇)

ヨセフスは、ここで約束したとおり、他の場所、すなわち本書一一・一九以下、八八以下、一七四以下、三四〇以下、一二・二五七でもサマリア人が引き起こした出来事などに繰り返し言及しておりますが、ここでは一一・三四〇での文章に目をやってみましょう。そこでは所謂《いわゆる》「アレクサンドロス・ロマンス」――マケドニアの王アレクサンドロスがパレスチナを南下してエジプトに向かうさいにエルサレムの神殿に立ち寄って犠牲を捧げたとする民間伝承――が語られているのですが、ヨセフスはそこでアレクサンドロスにたいするサマリア人の態度について記します。糞味噌という点では前のものと同じ水準です。

「さてアレクサンドロスはエルサレムで百般の仕事を片付けると、近隣の町に軍隊を率いて行った。王が入城した町の人びとは、こぞって彼を友好的に迎えたが、サマレイタイ（サマリア人）だけは――当時その首都はガリゼイス（ゲリジム）山近くのシェケムで、ユダヤ民族の中の背教者が住みついていた――、アレクサンドロスがユダヤ人にかくも大きな名誉を与えたのを見ると、自分たちもユダヤ人であると公言するに至った。

すでにたびたび示してきたように、これがサマリア人の性格なのである。彼らは、ユダヤ人が災禍に苦しんでいると、ユダヤ人との近親関係を否定するが――実際、そのときの彼らはその事実を認めているのであるが――、ユダヤ人が何かすばらしい幸運にあずかっているのを見ると、今度は豹変《ひょうへん》してユダヤ人との近親関係を云々し、エフライメース（エフライム）とマナッセース（マナセ）の末裔を僭称《せんしょう》して、ユダヤ人との同族関係を持ち出すのである。」（一一・三四〇―三四一）

ユダヤ人とサマリア人の関係悪化がいつ頃に遡るのかはよく分かりませんが、ルカ福音書一〇・二五以下に見られる「よきサマリア人」のたとえからも窺えるように、両者の関係は一般に芳しいものでなかったと見ることはできるのであり、もしそうなら、ヨセフスがヨシュア記が言及している律法の写しや朗読に言及しなかった理由は明白になると思われます。彼はサマリア人に利するようになる事柄には触れたくなかったのです。エルサレムの神殿がすでに焼き落とされているときに、後になってサマリア人の神殿へと発展する「祭壇」にそれなりの「存在の正統性」などを与えることはできなかったのです。

土地の測量と割り当て

ヨシュアはカナンの地の南から北に至るまでの地域に住む王たちを一掃いたしました。ヨシュア記一二・九―二四は、三一人の王の個々の名を挙げませんが、彼らが支配する土地の名を明確にします。ヨセフスは「老境」に入ったヨシュアがシロの町に民を集めて行った演説の中で、「三一人の王」に言及いたしますが（五・七三）、彼にとっては、そこで記述されているカナンの町は、ローマ軍の北からの侵入を予想してエルサレムの臨時政府である「民会」（ト・コイノン）――本来の統治機関であるサンヘドリンは六六年の初夏には機能しなくなっております――から派遣された彼自身がガリラヤで目にした自然的環境とそこで行ったヨタパタやガムラのような有力な町々の要塞化の作業とダブったはずです。

ヨセフスは次のように言います。

「イェースース（ヨシュア）はすでに老境にあった。しかもカナナイア（カナン）びとの町々の攻略は容易な仕事ではなかった。ある町は嶮岨《けんそ》な要塞の地にあり、ある町は敵に攻略をあきらめさせるために自然の利を巧みに取り入れた堅牢な城壁で守られていた。それはイスラエール（イスラエル）人がエジプトを脱出したのは自分たちを絶滅するためだと聞いたカナナイアびとが、町の要塞化に狂奔していたからである。……」（五・七一―七二）

ヨセフスにとって「嶮岨な要塞」の地にあった町は「北のマサダ」と呼ばれるガムラです（図24）。「自然の利を巧みに取り入れた堅牢な城壁」で守られていた町はヨタパタ（現在のヨデファト）です（図25）。彼はその地でローマ軍に降伏しました。「町の要塞化」に狂奔していたのは、ローマ軍の北からの侵入で自分たちの町（や村）を破壊されるのを恐れたガリラヤの住民たちです。もちろんヨセフス自身も狂奔した者のひとりです。

ヨシュア記一三・一以下は、「多くの日数を重ねて老人」となったヨシュアに向かって語りかけた主の言葉を伝えます。そこでは未征服の土地の名前が挙げられ（図26）、その取得にあたっては自分がイスラエルの子らの前からペリシテびとなどを追い払うことを、主なる神はヨシュアに約束します。またしても総指揮官のお出ましです。ヨセフスはそこに見られるヨシュアへの主の語りかけの言葉を、イスラエルの子らへのヨシュアの激励の言葉に変えて――ただしその一部はヨシュアの言葉とされ

図24●ガムラ
図25●ヨタパタ

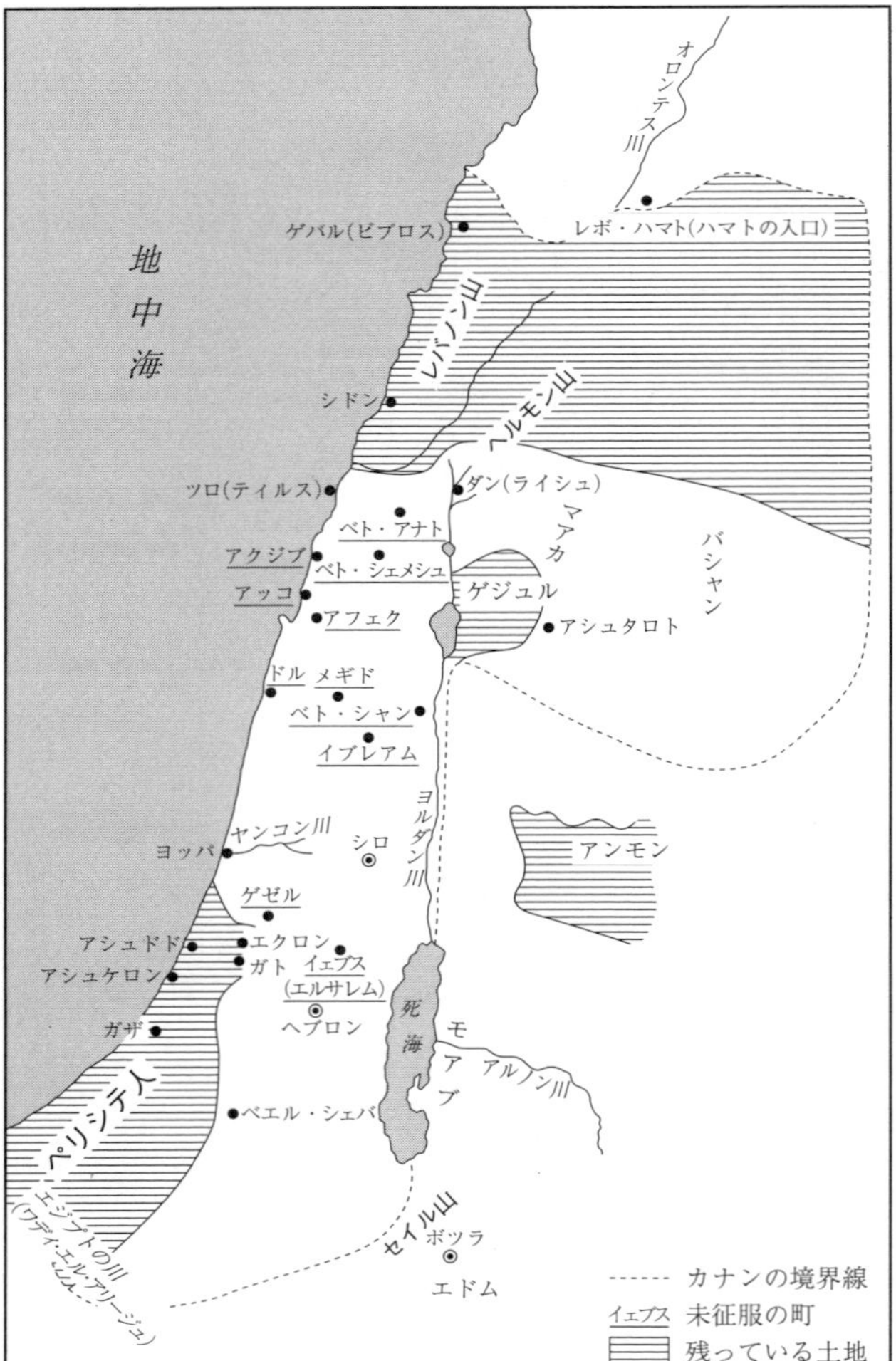

図26●未征服の土地と町

ます――、次のように申します。
「おまえたちはすでに数かずの成功をおさめ、功業をあげることができた。それはおまえたちが、それを与えて下さった神とおまえたちのしたがう律法の力にふさわしい立派な（戦士）だからである。おまえたちは、大胆にも戦いを挑んできた三一人の王のすべて首級をあげた。またおまえたちは戦力に満々たる自信をもっていた大軍を徹底的に打ち破り、その家族すらひとりも生かしておかなかった。
しかし、いくつかの都市は手中にできたが、残りは攻略に多くの日数と大規模な攻略戦が予想される。城壁が堅固で、住民もそれに自信をもっているからである。そこで、ヨルダノス（ヨルダン）の向こうからわれわれの戦争に参加し、われわれの近親者として危険を負担してくれた人びとにはその労を感謝し、このあたりで彼らに帰ってもらってはどうであろうか。そのさいには、忠実に土地を測定した結果を正直に報告してくれる徳の高い人物を、各部族から一人ずつ送り出したいと思う。」（五・七三―七五）
ここでヨシュアの言葉とされるものは、この引用した一文の最後部にある「各部族から一人ずつ送り出したいと思う」だけですが、それでもわたしたちはここで首をひねることになります。ヨシュア記一八・四によれば、ヨシュアはそこでイスラエルの子らに「一人ずつ」ではなくて、「おまえたちはおまえたちの中から、(各)部族から、三人の男を出すのだ」と強い命令口調で言っているからです。三(人)×一二(部族)＝三六であるのですが、ヨルダン川の東にルベンとガドとマナセの半部族が留まっておりますから(一二・一二以下)、それを差し引いて計算すると、三(人)×九・五(部族)＝二八・五と端数が出るややこしい計算になります。端数が出ないようにするためには、ヨルダン川の西に渡ったマナセの半部族をもひとつの単位と見なさなければなりません。そうすると全部で一〇人となります。「まあ、これくらいが適当か」とヨセフスは適当に考えて「各部族から一人ずつ送り出したいと思う」としたのではないでしょうか？

ヨセフスの再話は領地測量要員の派遣のため、ヨシュア記の第一八章に飛んでしまいました。途中の第一二章の前半部分、第一三章から第一七章まででは、そして第一八章から第一九章まででも、ヨルダン川東の土地で、ルベンやガドの者たちそしてマナセの半部族の者たちに割り当てられた領地や、他の部族に割り当てられた領地などが語られますが(図27)、ヨセフスはそれを『古代誌』五・八〇―八八で「九部族半の土地の割り当て」として簡潔に語ります。

逃れの町について

ヨシュア記の第二〇章は「逃れの町」について語り、それに指定された町の名を挙げております。

図27●土地の測量

「逃れの町」とは誤って人を殺した者が報復されないよう逃げ込むことが許される町です（図28）。この逃れの町はすでにモーセによって指定されていたもので、ヨセフスは『古代誌』四・一七三で、申命記四・四一―四三か民数記三五・九以下にもとづいて、逃れを必要とする者のために指定された町として、「アラビアの国境にあるボソラ、ガラデーノイ（ギレアデびと）の土地のアリマーン（ラモテ）、そしてバタナイア（バシャン）のガウラナン（ゴラン）」の名を挙げ、そして「（後にヘブルびとが）カナナイア（カナン）びとの土地を征服したとき、モーセース（モーセ）の命令によってさらに三つのレウィティス（レビびと）の町が加えられ、逃亡者が住むことを許された」と述べるわけですが、彼は先行箇所での自分の言葉を忘れていなかったかのようです。彼は、ヨシュア記二〇・七から新たに付け加えれた三つの町が「ユーダ（ユダ）部族に属するヘブローン（ヘブロン）、エフライメース（エフライム）に属するシキマ（シェケム）、ネフタリティス（ナフタリ）に属するケダサ（ケデシ）で、この最後の町は上ガリラヤにあった」と記します。

土地の分配終わる

ヨシュア記の第二一章は、レビびとに割り当てられた町の詳細を語りますが、ヨセフスは「レウィタイ（レビびと）はすでにアモライオス（アモリびと）の地に一〇の町をもっていたが、彼らには三八

図28●逃れの町での裁き

の町が譲渡されることになった」（五・九一）と述べるにとどめ、その詳細には立ち入りません。賢明です。読者を退屈にさせてはいけません。

さて、これでもってイスラエルの子らによるカナンの地への侵略と、武力で獲得したカナンの土地の全一二部族間での分配が終わったわけです。カナンの地を先住民から略取するにあたっては主なる神が、指揮官ヨシュアの上に立つ総指揮官でした。土地の略取では、その地の先住民をひとり残さずに殺すことでした。町の中の生き物も殺されました。町には火がかけられました。その結果、そこに町があった痕跡はすべて消されたのです。残されたのは異教徒の血糊《ちのり》が大地に残る、殺伐《さつばつ》たる風景であったに違いありません。

ヨセフスの再話はトーンダウン？

わたしたちは天地を創造した主なる神が人類の第一世代を洪水によって抹消したことを知っておりますが、ここでもまた「抹消」「抹殺」「鏖殺《おうさつ》」なのです。

ヨセフスの再話でもその抹消・抹殺・鏖殺は繰り返し語られてはいるものの、ヨシュア記と比較するとトーンダウンしているような気がしますが、どうでしょうか？　彼は次のようにしか言わないからです。「そしてイェースース（ヨシュア）は、捕まえた者を全員殺戮し、疲れたといって殺戮を止めたり、敵に同情して助けたり、また略奪に夢中になって彼らを取り逃がしたりすることがないよう厳命した。私利私欲をすて、生き物はすべて殺してまわればよいが……」（五・二五）、「ヘブル人の軍隊は……全住民を虐殺しはじめた。……それらの屍体が町中にうず高く積まれた。逃れられた者は一人もなく、町と（周辺の）土地を含むすべてが焼き払われた」（前掲書五・二八―二九）、「伏兵たちは（難なく）町を占領し、出会った者をすべて殺した」（五・四七）、「ガバオーニタイ（ギベオンびと）は、カナナイア（カナン）の全民族の殲滅をめざす好戦的な（イェースース）から、忍び得る条件を引き出せるはずがないと考えたのである」（五・四九）、「この戦いで殺された敵の数を聞いても信じるひとはまずいないだろう。……敵の全軍が滅びたのである。イェースース（ヨシュア）は、殺す人間がいなくなると、馬を殺し戦車を焼き払い、……また彼は町々を包囲して占領し、捕まえたものはすべて虐殺した」（五・六六―六七）、「またおまえたちは戦力に満々たる自信をもっていた大軍を徹底的に打ち破り、その家族する一人も生かしておかなかった」（五・七三）。

ほかならぬ主なる神が総指揮官として戦いを先導し扇動するのですが、その主がカナンの地の先住民の鏖殺を高らかにうたうヨシュア記のもつ強烈なインパクトの前には、さすがにヨセフスの饒舌も引き下がらざるを得ないのです。

ヨシュア、告別の言葉を述べる

ヨセフスの饒舌が最大限に発揮されるのはヨシュアの告別演説においてです（図29）。わたしたちはすでにヨセフスが出エジプト記に見られるモーセの告別演説を自在に書き改めたのを見ましたが（『書き替えられた聖書――新しいモーセ像を求めて』二九九頁以下参照）、ここでもそれを知るために、ヨルダン川東に定住することになったルベン族、ガド族、そしてマナセの半部族の者たちを呼び寄せて彼らに向かってなしたヨシュアの告別演説をヨシュア記のギリシア語訳で読み、次にヨセフスの演説を読んでみましょう。テクストはヨシュア記二二・一―五です。

「おまえたちは主のしもべモーセース（モーセ）がおまえたちに命じたすべてのことを聞いている。またおまえたちはわたしがおまえたちに命じたすべてのことでも、わたしの声に聞きしたがった。おまえたちは今日に至るまで、これら長い日々の間、おまえたちの兄弟たちを見殺しにすることがなかった。おまえたちはおまえたちの神・主の命令を守ってきた。

われわれの神・主は、今、彼らに言ったとおり、われわれの兄弟たちに安息を与えた。そこで今、おまえたちは向きを変え、おまえたちの家や、モーセースがおまえたちにヨルダネース（ヨルダン）川の向こうに与えたおまえたちの所有の地へ入って行くのだ。（五）しかしおまえたちは、主

図29●ヨシュア、告別演説を行う

のしもべモーセースが行うようにとわれわれに命じた戒めと律法を実行するようよく心がけ、おまえたちの神・主を愛し、その方のすべての道のために歩み、その方の戒めを守り、その方に付きしたがい、おまえたちのすべての思いをもって、またおまえたちの心を尽くしてその方に仕えるのだ。」

では、ヨセフスの演説はどうでしょうか？

彼は次のように申します。

「ヘブル民族の父にして主なる神は、この土地をわれわれが獲得するように与えて下さっていた。今やそれが獲得され、それをわれわれのものとして永遠に守って下さると約束された。

われわれは、神の命令にしたがって、諸君に支援を求めた。諸君がそれにいち早く応じ、すべてのことに情熱を傾けてくれたおかげで、われわれにはもはや大きな困難な仕事は残ってはいない。もうここまでくれば、諸君に休息してもらってもよいだろうと思う。われわれが諸君の情熱を再び必要とする緊急の時まで、それを大切に守ってほしい。今ここでいたずらに情熱を消耗させて疲労し、それが必要なときに遅れをとってはならないからである。

われわれは、諸君が今までわれわれとともに数かずの危険を分かち合ってくれたことに感謝している。それは今日だけのものではなく、われわれが友人を忘れず、諸君の奉仕を心にとめている限り、永久に消えることはない。実際、諸君はわれわれと労苦をともにし、われわれが今こうして神の加護で成果をあげるまで、幸福の享受を犠牲にし、それにあずかることを先にのばしてくれた。しかし今や諸君は、われわれと労苦をともにしたことによって、諸君の手にしている幸福にさらに大きな財産を加えることになった。諸君は、多くの戦利品や金銀を持ち帰る。その上、それには、何よりも貴重なわれわれの友情と、今後必要なときにはいつでも得られるわれわれの報恩の奉仕が含まれているのだ。それは諸君がモーセース（モーセ）の教えを無視したり、すでにこの世の人でないからといって彼の権威を侮辱することが少しもなかったからである。そのためわれわれは諸君にたいして十分感謝している。

わたしは、今喜んで、諸君に嗣業の地に向けて出発してもらおうと思う。諸君とわれわれのこの親密な間柄に、われわれはいかなる差別もしない。同様に、諸君も、（ヨルダノス）川で隔てられているからといって、われわれを（人種を）異にする者と見なしたり、ヘブル人ではないなどと考えないでほしい。われわれはどこに住もうと、ともにアブラモス（アブラハム）の（子孫）であり、われわれの父祖と諸君の父祖は、（ともに）一つの神によってこの世に導かれてきたのである。

諸君は神に敬意を払うことを怠らず、神がモーセースを介して与えてくれた統治原理を尊重してほしい。また諸君は次のことを確信して、すべて（の戒め）を守ってほしい。すなわち、諸君がこれらのことに忠実であれば、神は（つねに）諸君の慈悲深い同盟者であることを示される。しかし、

諸君が態度を変え、他の民族を真似すれば、神は諸君の種族を見捨てられるのだ。」（五・九四―九八）

二つの演説を比較してみてください。

あまりの違いに吃驚《びっくり》されるかもしれません。

ヨセフスはここで、ヨシュアの演説を創作しているのですが、わたしにはこの演説の前半部分、すなわち冒頭の一文に続く「われわれは、神の命令にしたがって、諸君に支援を求めた」から「諸君は、多くの戦利品や金銀を持ち帰る。その上、それには……われわれの報恩の奉仕が含まれているのだ」までの一文は、ヨセフスがある光景を想起しながら書いているように見えます。それは、対ローマのユダヤ戦争でローマの正規の四軍団を後方から支援した「近隣の諸王が提供した兵士たち」、すなわちコンマゲネ王国のアンティオコス四世やエメサの王ソアイモス、アラブのマルコス王らが提供した弓兵や騎兵たち（『戦記』三・六七―六八）がそれぞれの国に帰って行くにあたり、ティトスが彼らに向かって、その協力と労を感謝する挨拶をしている光景です。ここでの冒頭に「われわれは、神の命令にしたがって、諸君に支援を求めた」とあり、そのため読者からは、近隣の諸王は「一神教徒であったのか」と反論されそうですが、それにたいしてわたしはティトスが彼らに向かって「われわれはネロ帝の命令にしたがって、諸君に支援を求めた」と言ったと想像したいと思います。確か、属州のユダヤの地は皇帝の直轄地ですから、ティトス（あるいは父のウェスパシアヌス）は、「われわれは元老院の決議（要請）により、諸君に支援を求めた」とは言えませんし、言う必要もありません。なお、この演説の中にある、「われわれにはもはや大きな困難な仕事は残ってはいない」の中の「大きな困難な仕事」とは、エルサレムの都と神殿の攻略ですが、神殿は七〇年の九月の終わりに炎上しているのです。エルサレムは瓦礫の山と化しているのです。

この一文にはヨセフスのメッセージが込められております。それはスピーチの後半部分にある「神がモーセース（モーセ）を介して与えてくれた統治原理（ポリティア）を尊重してほしい」という言葉です。「モーセを介して与えてくれた統治原理」とは、モーセの律法を介して生まれた統治原理であり、ヨセフスはすでに、本書の「はしがき」部分において、この統治原理に言及し、これから先でも繰り返し言及するものとなるのですが、それはモーセの律法にもとづく統治原理こそは、とくに暴君ネロ（在位五四―六八）やドミティアヌス（在位八一―九六）の登場を見たローマが手本にしなければならない統治原理であるという思いがヨセフスの中のどこかにはあるのです。そうでなければ、なぜヨセフスが『古代誌』において理想的な統治原理や統治形態に言及するのか説明ができなくなります。

ヨシュア記二二・六によれば、ヨシュアはヨルダン川の東からやって来た同胞たちに向かって挨拶をした後、「彼らを祝福して送り出した。彼らは自分たちの天幕に戻って行った」そうですが、ヨセフスは彼なりの仕方で別れの光景を想像して、次のように言います。「イェースース（ヨシュア）は、こう語った後、（彼らの中の）主だったものたちに一人ずつ挨拶し、全員に別れを告げて（その場に）残ったが、民はなおも彼らとの別れを惜しみ、涙を流しながら（立ち去る）彼らの後を追い続けた」と。

ヨルダン川東に住む者たち、祭壇を建立し、川西に住む者たちの誤解を招く

ヨシュア記の第二二章によると、イスラエルの子らの中のルベン族とガド族とマナセの半部族の者たちは、ヨルダン川のゲリロトに祭壇を築きます。イスラエルの子らの中の残りの者たちは、彼らが祭壇を築いたことをイスラエルの神への反逆行為だと勘違いし、エルアザルの子祭司ピネハスを遣わして彼らを告発・糾弾します。それにたいして彼らは彼らなりに必死になって抗弁したため、誤解が解かれます。

ヨシュア記はなぜ彼らが祭壇を築いたのか、その理由を早い時期に説明いたしません。しかし、ヨセフスは「彼らは子孫たちと川向こうに住む人びととの同族関係を記念して」祭壇を築いたとします。彼はまたヨシュアのもとにいるイスラエルの子らがなぜ反発したのか、その理由をも想像してみせ、彼らが「それがいかなる目的で建てられたか、という真意をも確かめず、叛乱のためとか異教の神々

を入れるためとかいう噂だけに耳をかし、ついにそれらの中傷を信じ込んで」(五・一〇一)武器を執ろうとした、とします。

ヨシュア記は、ピネハスと一緒に送り出された一〇名の長たちがなした告発を同書二二・一六―二〇に挿入し、それにたいするルベン族と、ガド族、そしてマナセの半部族の者たちの誤解を解くための弁明を二二・二二―二九に入れ、その弁明をよしとしたピネハスの短い言葉を二二・三一に置いておりますが、ヨセフスは祭壇を建てたルベン族の者たちを告発する者を「一〇名の長たち」ではなくてピネハスにして、彼の口に次のような言葉を託します。長いのでいくつかに分けてコメントします。

「諸君の犯した罪はきわめて重大であり、たんに口で叱責して将来を戒めるといったことですむものではない。しかし、われわれはそれがあまりに無法だからといって、すぐに武力などの過激な手段に訴えることは望まない。われわれがやって来たのは、(互いの)近親関係を思えば、話し合いで諸君が正気に立ち戻る余地もあろうと考えたからである。われわれが来たのは、諸君がいかなる理由で祭壇を築く気になったかを知り、それがまじめな理由にもとづいていれば、性急に武器を用いることを差し控えるためである。しかし、もし(世の)非難や噂が正しいとわかれば、正義の報復措置を取る決意である。」(五・一〇五―一〇六)

最初にテクスト上の問題です。

一番最後の「しかし、もし（世の）非難や噂が……決意である」は、写本によっては欠落しております。わたしにはこの欠落は転写の過程で起こったもので、最初からなかったとは考えられません。というのもここでの「正義の報復措置」こそはピネハス（ヨセフスの読みではフィネエセース）の人物を描写するときに必要な要素であるからです。それにしてもここでのピネハスは非常に低姿勢です。この低姿勢は一貫しております。

「いったい、どうしたというのか。神の意志を十分に承知し、神がわれわれに与えた律法のよき理解者だった諸君が、いったんわれわれと別れて嗣業の地に帰ると——その嗣業の地も、神の恩恵とわれわれへの心遣いによって、諸君に割り当てられた土地である——、（神のことを）忘れて幕屋も契約の箱も父祖たちの祭壇も放擲し、異邦の神々を引き入れてあのカナナイア（カナン）びとの悪習と悪徳に染まってしまっている。われわれは諸君が悔い改め、こうした狂気に類する行為をすぐにやめ、（再び）父祖の律法を尊重してそれを忘れなければ、過ぎたことは取るに足らぬこととして見逃そう。」（五・一〇七—一〇八）

ここではピネハスに代表されるイスラエルの子らの側にあった誤解について触れております。次に少しばかり恫喝的でヤクザ的な口上です。

「しかし諸君がなおも過ちを悟らねば、われわれはいっさいの努力を傾注して律法を守り神ご自身を守るために、ヨルダノス（ヨルダン）川を渡って諸君をカナナイア（カナン）びとと同様に取り扱い、彼らのように諸君を殲滅するだろう。まさか諸君は（ヨルダノス）川を越えれば神の力が及ばない、などと高を括っているわけではあるまい。諸君のいる所には（つねに）神がおられ、諸君が神の権威や報復から逃れ得る途はない。」（五・一〇八―一〇九）

脅しのあとは、再び懐柔の言葉です。

そこではピネハスの言葉に耳を傾ける者たちの「妻や子供たち」が引き合いに出され、彼らの肉親としての情に訴えます。これはヨシュア記にはないものですが、ヨセフスがガリラヤにおいて、あるいはエルサレムにおいてなした何十、何百という演説の中ではごく普通のものであったでしょう。実際、説得場面で妻や子供を引き合いに出すのは常套です。

「また、この土地がまじめな生活を送るには不適当だというならば、羊の放牧場として放棄すればよい。われわれが諸君に新しい土地を再分配することは、何ら支障がないのだ。いずれにしろ、今はまだ少し道を踏み外したにすぎない。どうか（すぐに）正道に立ち戻り、われわれを力に訴えさせないよう、諸君の妻や子供たちの名においてお願いする。諸君が救われるにはどうすればよいか、また諸君のもっとも愛する者たちが救われるにはどうすればよいか、それをこの集会で十分に討議し、実力の行使や戦争の事態を避け、われわれの言葉を受け入れ、それに服するという結論を出してほしい。」(五・一〇九―一一〇)

しかし、これで彼らが納得したわけではありません。彼らは反駁いたします。ヨシュア記二二・二二以下に見られる「神、神は主です。神、主・神、おん方は(すべてを)ご存じです」ではじまる反論は非常に長いものですが、ヨセフスはそれを分量的に三分の一の簡潔なものにいたします。再話者にはときに目の前のテクストを短く語る能力が求められます。

「われわれは決してあなたがたとの近親関係を放棄したのでも、革命的な意図で祭壇を築いたのでもない。それどころか、われわれはすべてのヘブル人が共有する一つの神だけを認め、幕屋の前の青銅の祭壇が犠牲を捧げる(唯一の)祭壇であると認めている。誤解を招く原因になった祭壇も、礼拝のためのものではない。それはあなたがたとわれわれの関係が永続するようにという象徴あるいは記念として、また敬虔な生活を送り、父祖の慣習から逸脱しないようにという戒めのため(につくったの)であり、決して疑われるような背信のはじまりではない。われわれが祭壇を建てた動機の真の証人は、ほかならぬ神ご自身である。

どうか、つまらぬ考えを捨て、われわれを非難することはやめてほしい。アブラモス(アブラハム)の子孫にとって、自分たちの慣習と根本から異なる新しい道を選ぶことは、われわれ全員の絶

滅を意味するだけなのだから。」（五・一二一―一二三）

ヨルダン川東に住むイスラエルの子らは誤解の原因がどこにあったかを知っております。ここでの祭壇は「聖所」と見なされていたのです。神はひとつ、聖所はひとつなのです。聖所がひとつでも、二つでも、いくつでもでは困るのです。もっとも歴史的に言えば、後になって神殿がエルサレムにできても、地方の聖所が閉鎖されることはなかったですし、ヘレニズム・ローマ時代にはエジプトのレオントーンポリスの町にはエルサレムの神殿を模した神殿がつくられたりしました。

ピネハスたちは彼らの言葉に納得し、その言葉をシェケムにいるヨシュアのもとへ持ち帰ります。ヨシュアは彼らの言葉に喜びます。

ヨシュア記二三・一は、その後、「多くの日数」が過ぎ去ったことを告げ、ヨシュアが高齢となって最期を迎えるときにいたっている状況をつくりだします。ヨセフスもまた「（それから）二〇年の歳月が過ぎた。イェースース（ヨシュア）の老いもすでに限界に近かった」（五・一一五）と述べて、彼が「町々の主だった者たちや、指導者たち、ゲルーシア（の長老たち）」を呼び寄せて、彼らに向かって告別の演説をしてもおかしくない状況をつくりだします。

ヨシュア記に見られる告別の演説は第二三章の全体を占める長大なものですが、そこに見られる衰えを知らない情熱に裏付けられたアジ演説のようなヨシュアの告別演説の内容は、読む者に、「ヨシュアはまだまだやれるのではないか」という気持ちにさせます。

ヨセフスはその演説内容を彼なりの仕方で書き替えることなどはいたしません。ヨシュアの「老いもすでに限界に近かった」からであり、老いの限界にある者が、腹に力の入った演説などできるはずがないからです。彼はヨシュアについて次のように言うだけです。

「彼らに話しかけ、神からたまわった数かずの恩恵を想起させた。事実、彼らが受けた恩恵は多く、かつての窮迫した状態から今や栄光と豊かさの頂点にいたのである。そして、彼らに、神との友情を変わらないものにするのは敬虔な信仰だけであると教え、(今後とも)彼らにたいする神の気持ちを変わらせることがないようにと諭した。『わたしがこの世を去るにあたって、言い残すことはそれだけだ。どうか、わたしのこの教えを心に留めておいてほしい』と。」(五・一一六)

ヨシュアとエルアザルの死

ヘブライ語ヨシュア記の第二四章は、ヨシュアがイスラエルの全部族を集めると、「イスラエルの神・主はこう言われる」と述べて、主なる神にアブラハムのカナンへの移住からはじめてエジプト脱出とカナンの地に定住するまでのイスラエルの民の歴史を回想させ、イスラエルの子らは自分にのみ仕えることを強調させた上で、ヨシュアと契約を結ばせ、彼らに「律法と掟を与えた」と述べます。

ヨシュア記のヘブライ語テクストによれば、イスラエルの全部族を招集した場所はシェケムであり、契約を結んだ場所も同じシェケムですが、ギリシア語訳によれば、ヨシュアが彼らを招集した場所はシロであり、契約を結んだ場所は「シロでイスラエルの神の天幕の前」です。ここでの確然たる違いにはもっと注意を払ってよいかもしれません。なぜならば、ギリシア語訳には、ヘブライ語テクストに見られるそれに続く一文「ヨシュアは……大きな石を取って、それを主の聖所にある樫の木の下に建てた」の中の「主の聖所にある」が見られず、シロに聖所があるのを前提としているように見えるからです。

ヨセフスはヨシュア記第二四章の記事を完全に無視いたします。

そこに「シェケム」と「シロ」の混乱が認められたからかもしれませんが、またヨシュアが民と契約を結んだ後、ギリシア語訳がヨシュアが「律法と掟」――ヘブライ語テクストでは「掟と定め」――を「神の律法の書」に書き込んだと述べていても(二四・二五)、それが具体的に何を指すのか分からなかったからかもしれません。

ヨセフスは、以下のように、ヨシュアの死(図30)とそれに続く大祭司エルアザルの死に言及した上でヨシュア記の再話を終えます。

「イェースース（ヨシュア）は集まった者にこのように語って死んだ。一一〇年の生涯であった。そのうちの四〇年はモーセース（モーセ）とともに生活して有益な教えを受けることができ、モーセースの死後は二五年間にわたり（イスラエール人の）指揮官の地位にあった。彼は理解力と、自分の考えを大勢の者に明瞭に語る術にすぐれ、どちらも抜きんでていた。その行動は危険を賭して大胆でかつ勇気があった。そして、平和なときにはもちろん、すべてのことを巧みに処理し、いかなる場合にも見事に対応して、（誤ることがなかった）。

彼の遺体はエフライメース（エフライム）部族のタムナ（ティムナト・セラ）の町に葬られた。同じ頃、大祭司エルアザルも亡くなり、息子のフィネエセース（ピネハス）が（大）祭司職を継承した。エルアザルの記念碑と墓はガバタ（ギベア）の町につくられた。」（五・一一八―一一九）

ヨセフスはここでもまた、モーセの死のときと同じく、ヨシュアが「理解力」に優れていたこと、相手を説得する術に抜きんでていたこと、その行動が大胆であったことなど、要するに理想的な指揮官として彼を描き、彼を賛美いたします。彼にはどうも指揮官賛美の文学的パターンがあるようですが、それは『戦記』でウェスパシアヌスやティトスを賛美することから学んだものかもしれません。

ところでヨセフスによれば、モーセの死後ヨシュアが指揮官にあった期間は「二五年」だったそうですが、その年数はどこから引き出されたのでしょうか？

ヨセフス学者は頭を悩まします。

それが『サマリア年代記』に見られると指摘する学者もおり、ユダヤ教の文書「セデル・オラム・ラッバ」は「二八年間」としていると指摘する研究者もおりますが、わたしは「ま、ヨセフスが適当にでっち上げた数字であろう」と口にします。「適当にでっち上げる」「それらしく想像する」ことは再話者に要求されるものですが、それに具体的な数字を挙げて史実っぽく見せる能力も再話者には要求されるものです。ヨセフスはモーセ物語の再話においてと同様、ヨシュア記の再話においても、さまざまな数字を「適当に」創作しました。たとえば、「ヨルダノス（ヨルダン）から六〇スタディオンの地点まで」（五・四）、「人びとは（そこから）五〇スタディオン前進して」（五・二〇）、「イェリクース（エリコ）から一〇スタディオンの地点に」（五・二〇）、「全軍の数は、完全武装兵三〇万、騎兵一万、戦車二万である」（五・六四）などです。これらの数字がすべて端数のないラウンド・ナンバーであることにも注意してください。

ヨセフスもヨシュア記にならってエルアザルの死（図31）に言及しますが、その亡くなった時期をヨシュアの死と「同じ頃」とします。ヘブライ語のヨシュア記は「アロンの子エルアザルも死んだ」と読むだけであって、ヨシュアの死との時期の近接性には言及しておりません。ただし、ギリシア語訳は「これらの（ことの）後……」とあり、近接性を示唆いたします。ヨセフスはこれにヒントを得たのかもしれません。

図30●ヨシュアの死
図31●エルアザルの埋葬

ヨシュア物語を終えるにあたり、余計な、しかし大切なことをもうひとつ申しておきます。ヨシュア記のギリシア語訳にはヘブライ語テクストには認められない次のような一文があります。

「その日イスラエール（イスラエル）の子らは、神の箱を取ると、彼ら自身の間で（それを）携えて巡り歩いた。フィネエス（ピネハス）は彼の父エレアザル（エルアザル）に代わって生涯（主に）仕え、死ぬと、彼自身の（所有する）ガバアト（ギブア）に葬られた。そして、イスラエールの子らは各自（そこを）離れて自分たちの土地や、自分たち自身の町に帰って行った。イスラエールの子らはアスタルテーと、アスタロートと、自分たちの周囲の異民族の神々を拝した。そこで主は、モーアブ（モアブ）の王エグローム（エグロン）の手に引き渡し、彼は一八年間彼らの主人となった。」

この一文は、ヨシュア記のギリシア語訳の訳者がヘブライ語テクストにないものを勝手に想像して書き上げたものでしょうか？

翻訳者は物語の再話者とは違います。翻訳者に基本的に要求されるものはテクストへの忠誠です。ですから、このような大きなブロックの一文を創作することなど考えられません。とすると、この翻訳者が使用したヘブライ語テクストにはこの一文があったと想像しなければなりません。先にヘブライ語テクストとギリシア語訳の間に

「シェケム」と「シロ」の違いがあることを見ましたが、ここでの翻訳者の使用したヘブライ語テクストには「シロ」と書かれていたばかりか、ヘブライ語テクストにないこの一文が見られたことになります。その一文が、転写の過程で――多分、ヘレニズム時代に続くローマ時代の早い時期に――、いつのまにか消えてしまっているのです。一度不注意で、あるいは故意に外されてしまった箇所がテクストの本来の箇所に再びもぐり込むことなどはありません。それは欠落した状態で転写されていく運命に置かれます。わたしはすでに『異教徒ローマ人に語る聖書――創世記を読む』(京都大学学術出版会)でヨセフスの使用した聖書について論じ、ヘレニズム・ローマ時代にはさまざまなヘブライ語聖書が出回っていたこと、いくたびかの占拠や略奪を経験したエルサレムの神殿には「権威あるヘブライ語テクスト」など存在していなかったと申し上げましたが、どうかそのことをここでも確認しておいてください。

第2章 士師時代（1）

士師記について

ヨセフスの『古代誌』の第五巻の第二章以下の資料となるのは士師記です。この資料について最初にひとこと述べておきます。

士師とは何でしょうか？

士師とは「民を裁く人」を指します。

ヨシュアに率いられてカナンの地に侵攻し、先住民の土地を略取し、先住民を徹底的に滅ぼし尽くしたイスラエルの子らは、ヨシュアの死後、いとも簡単に主の教えを忘れ、主の道から外れて行きますが――なぜそうなるのかは面白い研究テーマです――、そのとき「士師たち」(ショーフェティーム)と呼ばれる者たちが登場し、民を裁き、民に向かって、「おまえたちは正しい道を歩んではいないぞ」と警告したわけです。そればかりではなく、彼らはまた、民を統治する者として民の上に立ったのです。士師は「裁きびと」「裁き司」であると同時に「統治者」でもあったのです。このような者の登場はイスラエルの歴史を非常にユニークなものにしますが、わたしたちには分かりづらいものかもしれません。ついでながら申し上げておきますと、「士師記」という書名も分かりにくいものです。士師記の解説書によれば、この書名は中国の漢訳聖書から拝借したものだそうですが、わたしは大学でわたしの宗教学の講義を聴講している一七〇人あまりの学生に、この書名はピンとくるかと尋ねたところ、分かると手を挙げた学生は皆無でした。若者たちが分からなければ、その書名は遠慮なく改めるべきです。わたしのギリシア語訳聖書の日本語訳では「裁きびと」か「裁き司」のどちらかになるはずです。

旧約聖書の中の士師記は、ヨシュア記の次に来るものです。ヨシュア記はモーセ五書の次に置かれておりますから、士師記は旧約聖書の中の七番目に位置するものとなります。

この士師記は歴史書として括《くく》られるものです。そこではヨシュアの死からサムエルの登場に至るまでのイスラエルの歴史が語られております。全部で二一章です。短いと言えば短いものですし、長いと言えば長いものです。

具体的にその内容を申し上げます。

第一章から第三章の六節まででは、ヨシュアの死後のイスラエルの子らによるカナン征服と、主を知らない、主に背く新しい世代の登場が語られます。この新しい世代とは、主がイスラエルに与えた恩恵ないしは恩恵的な行為を知らない世代だとされます。彼らは「エジプトの地から導き出した先祖の神、主を捨て、他の神々、周囲の国の神々にしたがい、これにひれ伏した」そうです。もう少し詳しく申しますと、ヨシュアの率いる一行が入ったカナンの地では、バアルとかアシュレと呼ばれる神々が信仰の対象とされていたのですが、新しい世代の者たちは、自分たちのご先祖さまを導いてくれた神を「ポイ捨て」して、カナンの地の神々に走ってしまったのです。彼ら新しい世代の者の中には、カナン人の娘とデートし、言い寄り、そして彼女たちをゲットしてしまう者も出てきます。イスラエルびとの中の娘さんの中には、カナンびとの男性の方がステキだとする娘たちも続出です。あちらに嫁ぐ者も出てきます。

結婚はしばしば宗教混交の原因となります。どこかで折り合いをつけねばならないからです。折り合いをつけるというのは、宗教の相違を真面目に考えている場合ですが、そうでない場合は無節操な宗教混交となります。イスラエルの歴史の上で宗教混交の深刻な問題を引き起こしたことで有名な王は誰でしょうか？　ソロモンです。なにしろ、列王記上の第一一章によれば、彼には七〇〇人の正妻と三〇〇人の側室がいたというのですから、話半分、いや話十分の一にしたところで、大変です。

「この妻たちが彼の心を迷わせた」のは当然で、ソロモンが宗教混交に陥ったのは当然です。

宗教混交は、民族としてのイスラエルにアイデンティティの危機をもたらします。神の民としてのアイデンティティが失われるからです。そこで士師記の著者は、「主は彼らのために士師を立てた」と説明するのです。

士師記の第三章の七節から第一六章までは、士師たちの活躍を記しております。ここに登場する士師の数は全部で一八人です。

士師記で挙げられている士師たちが活躍した時代はいつでしょうか?

一般には紀元前一二〇〇年ころからイスラエル王国が誕生する紀元前一〇〇〇年ころまでの二〇〇年間とされます。しかし、士師記で挙げられている士師たちの統治期間を合わせますと、全部で四一〇年となってしまいます。しかも、困ったことに、この数字は、別の計算法で算出した数字とは一致しないのです。最初から目くじらをたてるのも何なのですが、列王記上の第六章の一節は出エジプトからソロモンの神殿工事着手までの期間を四八〇年としております。

この年数から

(一)エジプト脱出後の荒れ野を彷徨った四〇年間や、

(二)ヨルダン川を渡ってからヨシュアが亡くなるまでの期間(不明)、

(三)サウロが王として即位した後の四〇年間(使徒言行録)、

㈣ダビデが王として支配した四〇年間（サムエル記下五・四、列王記上二・一一）、
㈤ソロモンが王として即位してから神殿建設がはじまるまでの四年間（列王記上六・一）を差っ引きますと、士師の支配した期間は、三五八年より短くなります。これは先ほど申し上げた士師記から得られる四一〇年という期間と一致しないのです。さらに申し上げますと、士師による支配が三〇〇年以上、あるいは四〇〇年以上続いたことなど、常識的にあり得るのかという問題がありますまあ、ここらの判断や議論は士師記を専門とする学者や研究者にまかせておきましょう。わたしたちにとって大切なのは、イスラエルの歴史においては、ヨシュアの死後で、サウロによる王制のはじまる前に士師の支配する時代があったということを頭の片隅にとどめておくことです。

カナンの南部地域の制圧

第一章で見たように、モーセの後継者ヨシュアが亡くなります。続いて大祭司のエルアザルも亡くなります。

ヨシュアは生前に後継者を育ててはいなかったようです。エルアザルの後継者になったのは息子のピネハス（ヨセフスの読みではフィネエセース）です。大祭司の権力継承はモーセの兄のアロンから、その息子のエルアザル、そしてその息子のピネハスです。アロンからはじまる大祭司職の継承ライン

が着々とつくられつつあるような印象を読者は受けますが、同時に不思議な気持ちにさせられます。大祭司の存在は聖所や神殿の存在が前提とされるものですが、すでに見てきたように、イスラエルの子らはまだ聖所をもっていないのです。聖所よりも大きなものと想像される神殿もまだつくられておりません。大祭司職もまた祭司の集団の存在が前提とされねばなりませんが、そのような集団はまだつくられておりません。後になって祭司の下働きをするようになるレビ族には言及がありましたが、彼らとの祭司職の結び付きはまだ明らかではありません。分からないことだらけなのです。

士師記の第一章の書き出しは次のようなものです。

「ヨシュアの死後のことである。イスラエルの子らは主に尋ね、次のように言った。『誰がわたしどものために先陣を切ってカナンびとのもとへ（攻め）上り、それと戦うのでしょうか？』

主は言った。

『ユダが（攻め）上る。見よ、わたしは（この）地を彼の手に渡した。』

ユダは彼の兄弟シメオンに言った。

『わたしと一緒にわたしの割り当て地に（攻め）上ってください。わたしどもはカナンびとを相手に戦いましょう。わたしは参ります。とにかく、わたしもあなたと一緒にあなたの割り当て地に（参ります）。』」（一・一―三）

もし士師記の物語がヨシュア記のそれに接続するものであれば、この書き出しは尋常ではありません。ヨシュア記によれば、ヨシュアに率いられたイスラエルの子らはすでにカナンびとのもとへ攻め上っているからです。したがって、士師記の冒頭は「ヨシュアの死後」ではなくて、「モーセの死後」であったのではないかと想像して、テクストを校訂する学者がおります。岩波版の士師記の訳者鈴木佳秀さんはその註でそのことを指摘しておられます。

ヨセフスは士師記の冒頭の奇妙な書き出しには注意を払っておりません。彼は、指揮官不在のために、新しい大祭司になったピネハスを前面に押し出して、次のように述べます。

「さて、フィネエセース（ピネハス）は、これら（二人の指導者たち）が死んだ後、神の意志にしたがって、カナナイア（カナン）の種族の殲滅にはユーダ（ユダ）部族が中心になるべきであると宣言した。」（五・一二〇）

アドニ・ベゼクとの交戦

士師記第一章によれば、ユダとシメオンはベゼクで（カナンびととペリジびと）の一万の軍勢を打ち破り、さらにその地で、その地の王アドニ・ベゼク（ヨセフスの読みではアドーニゼベコス）と交戦します。ヨセフスもこのあたりでは士師記のギリシア語訳（ヘブライ語テクスト？）に忠実ですが、異教徒である読者や聴衆を意識してでしょう、アドニ・ベゼクの名前に最初に言及するときには、「この名はアドーニがヘブライ語の『主』に相当するからゼベケーノイ（ベゼクびと）の主（キュリオス）を意味する」と説明いたします。これは一種の語源的説明ですが、再話する者が「語源的説明」を好んですることについては拙著『書き替えられた聖書――新しいモーセ像を求めて』（京都大学学術出版会）で触れましたので、そちらをご覧ください。

士師記一・四によれば、ベゼクでユダとシメオンの連合軍と交戦したカナンびととペリジびとの数は「一万」ですが、ヨセフスでは「一万以上」です。写本によっては「三万以上」です。

一般に戦記物を再話する者は、味方の軍勢がいかに勇敢であったかを示すために、彼らが戦った敵方の軍勢の数を誇張します。ヨセフスもその例外ではありませんから、ここでの彼のテクストには「二万以上」ではなくて「三万以上」と書かれていた可能性も非常に高いのです。もしわたしがヨセフスのテクストを校訂する機会に恵まれれば、ここでは『戦記』や『古代誌』に認められる数の誇張を勘案して、「三万以上」の読みを採用するかもしれません。

士師記一・七以下によれば、アドニ・ベゼクは、捕らえられると、手足の親指を切断されます。ギリシア語訳士師記によれば、そのとき彼はこう言います。「七〇人の王たちは、その手足の先が切り落とされた挙げ句に、予の食卓の下に落ちているものを拾い集めたものだ。そこで予がしたとおりに、神は予に報われたのだ」（一・七）と。ヘブライ語テクストも似たような文言です。ヨセフスはここでのアドニ・ベゼクの言葉を次のようにパラフレーズいたします。「（ああ、）自分も神の目を逃れることができなかった。かつては、七二人の王をこのように苦しめて恥じ入らなかったが、今や自分がその苦しみをなめているのだ」と。

士師記とヨセフスの間には、王の数の違いが認められます。ギリシア語訳の写本の中には「七二人」と読むものもありますので、ここはヨセフスが使用したギリシア語訳士師記が「七二人」と読んでいた可能性があります。ギリシア語訳聖書が最初「七十二人訳」と呼ばれていたのに、それが早い時期に「七十人訳」と呼ばれるようになったように、再話する者は端数を落としてその数をラウンド・ナンバーにすることはあっても――ヨセフスは『自伝』で、ガリラヤでのローマ軍との戦闘の場面をいくつも記述しておりますが、そこで挙げられる両軍の死傷者数はほとんどの場合ラウンド・ナンバーです――、端数を付け加えることはしないものです。もしギリシア語訳がここで「七二人」と読んでいたとしたら、ヘブライ語テクストにも「七二人」と読んでいたテクストが存在したことや、そちらの読みの方がより古いものである可能性があることが示唆されます。そしてこれらのことは、ヘレニズム・ローマ時代のヘブライ語テクストやギリシア語訳にはさまざまなテクストが流布していたことをも示唆する一例となります。

七〇と七二。

その差はどうでもいいような小さなものですが、その差から想像される背後の世界には聖書のテクストの伝承史にとっては看過することのできぬ大きなものがあるのです。

さて、ユダの子らはアドニ・ベゼクをエルサレムに連行しますが、彼は「そこで死んだ」（一・七）そうです。ヨセフスは、彼らがアドニ・ベゼクを「エルサレムで埋葬した」と、士師記には認められない詳細を加えます。

ユダの子らによるエルサレム攻撃

ギリシア語訳士師記一・八によれば、「ユダの子らはエルサレムで戦い、そこを（攻め）取った（図32）。彼らはそこを剣の先にかけて撃ち、町を火で焼き払った」そうです。ヘブライ語テクストの文言も似たようなものですが、ヨセフスはそれを次のように改めます。「次に彼らは……ヒエロソリュマ（エルサレム）の包囲攻撃に移った。下（町）は間もなく占領して全住民を殺戮したが、上（町）は堅固な城壁と自然の障害のために、占領は困難であった」（一・一二四）と。

ヨセフスはここでも士師記には見られない情報、すなわちエルサレムが下町と上町の二つからなる町であることや、下町の攻略の方が上町の攻略よりも容易であったとしておりますが、ここでのトポグラフィーは彼の時代のエルサレムのそれであり、ここでの攻撃描写には七〇年秋のローマ軍による

図32●ユダの子らによるエルサレム攻撃

エルサレムの下町と上町の攻撃が反映されているように思われます。『戦記』の第五巻以降を紐解いてみてください。

ユダの子らによるヘブロンの地ほかの攻撃

ユダの子らは進撃を続けます。

士師記一・一〇以下によれば、彼らはヘブロンの地に住むカナンびとやデビルの町に攻め込みます（図33）。デビルの町の旧名はキルヤト・セフェル（本の町、文書の町）です。

広島に紙屋町と呼ばれる町がありますが、ここでのキルヤト・セフェルは奇妙な名の町です。岩波版の註は「七十人訳はキルヤト・アルバ・セフェルという具合に二つの地名を合体させた名称にしている」と正しくも指摘しておきながら、ヴァティカン写本の読みであるカリアタルボクセフェルもアレクサンドリア写本の読みであるカリアトボクセフェルも紹介しないのですから、不親切といえば不親切です。

「本の町」であれば、本は可燃性物質ですから、火でもかければたちまち炎上するのではないかと不安にかられますが、攻略の難しい町のようです。そこで指揮官のカレブは、その町を攻め取る者には自分の娘を与えると約束します。彼の弟ケナズの子オトニエルが突撃の一番乗りを果たしたそうで、

図33●キルヤト・セフェルの町の攻撃

彼はカレブの娘アクサを手に入れます。

ヨセフスはここで物語の展開を面白いものにするために、「巨人族」を登場させ、その町の攻略が困難であった理由とします。

「そこで彼らは、幕舎をケブローン（ヘブロン）に移して町を占領し、（住民）全員を虐殺した。ところで、（この地には）まだ巨人族の種族が残っていた。彼らは常人と全く異なる巨大な体格と（怪異な）容貌をもち、見る者を仰天させたばかりか、（その噂だけでも）聞く者を震え上がらせた。現在でも彼らの骨を見ることができるが、それはとうてい人間とは認めがたい種族のものである。」（五・一二五）

ヨセフスは彼らが巨人族の者とどう戦ったかを想像してみせません。士師記一・二〇によれば、ここでの巨人族はヘブロンに住んでいたアナク（ギリシア語読みではエナク）の三人の子らを指すようですが――民数記一三・三三のヘブライ語テクストは「ネフィリム（＝巨人族？）から出たアナクの子孫ネフィリム」、ギリシア語訳士師記の一三・三四では「巨人たち」「巨人族」――、ヨセフスはすでに『古代誌』三・三〇五で、この民数記一三・三三にもとづいて、モーセがカナンの地を探索させるために送り出した一二人の偵察要員がヘブロンの町で「巨人族の子孫」に出会ったことに言及しているのです。

ヨセフスは彼らを「アナクの三人の子ら」として言及するのではなく、「巨人族の種族の者たち」として言及することで物語を面白くさせております。再話する者に要求されるのは、物語を面白おかしく語る才能なのです。学者に要求されるのは、何でも小むずかしく議論する能力です。

ここでもうひとつ指摘しておきたい事柄があります。

それはモーセ五書ほかに精通していない異教徒の聴衆や読者に物語を再話するときに必要なのは、そこに頻出する固有名詞や地名などを可能なかぎり回避することです。なぜならば、固有名詞の羅列くらい、物語を聞いたり読む者にとって退屈なものはないからです。したがってヨセフスはここまで、ギリシア語訳の地名カリアトアルボクセフェル（ヘブライ語テクストではキルヤト・アルバ）や、人名のセシ（同シェシャイ）、アキマン（同アヒマン）、トルミ（同タルマイ）などの固有名詞を一切無視しております。彼は正しいのです。そこでわたしたちですが、わたしたち日本人は聖書の異教徒ですから、聖書に登場する固有名詞や地名なども思い切って削れば、聖書はもっと親しいものになるかもしれませんが、聖書学者にはそのような発想はないようです。

ヨセフスは物語の展開の上で、ユダの子らが征服した町がレビびとに与えられたとします。これは士師記が触れていない詳細ですが、実は彼はここで『古代誌』四・六七で言及した事柄、すなわち、カナンの地を征服したときには、神に奉仕する彼らレビびとに、ユダの子らが獲得した土地の一部が与えられるとするモーセの約束が想起されているのです。その証拠に、ヨセフスはここで「この町は、二〇〇〇ペークス（の土地）とともに特別の恩恵としてレウィタイ（レビびと）に与えられた」と述べておりますが、彼は『古代誌』四・六七でも同じ数字「二〇〇〇ペークス」に触れているのです。なお細かいことを言うようですが、民数記三五・四のヘブライ語テクストでは「一〇〇〇アンマ」すなわち「一〇〇〇ペークス」ですが、そのギリシア語訳では「二〇〇〇ペークス」です。ヨセフスの同時代人であるアレクサンドリアのフィロンの『特別の律法について』一・一五八も「二〇〇〇ペークス」です。転写の過程でヘブライ語テクストに乱れがあったことは確実です。こういう乱れなども想像しながらヨセフスを読めば、『古代誌』や『戦記』を読む楽しみは二倍増、三倍増するはずですが、それよりもすでに何度も繰り返して申し上げてきましたが、ヨセフスの時代には絶対的に信頼できる聖書のヘブライ語テクストなどは存在せず、さまざまな読み（異読）のあるテクストが流布していたこと、それらのテクストにもとづくギリシア語訳テクストにもさまざまな版があったことを認識しておくことは重要です。

大切なことはわたしたちが現在使用する聖書のテクストを絶対化しないことです。聖書それ自体もそのような絶対化を要求しておりません。

あ、それから言いにくいことですが、ヨセフスのテクストも絶対化してはなりません。『戦記』にしても『古代誌』にしても一〇世紀以前に遡る写本などは存在しないのですから、その転写の過程で教会の物書きたちによって都合良く改竄された箇所など「数多《あまた》」とは言わないまでも「非常に多く」

あったと断言することができるからです。わたしは聖書学者のつとめのひとつは聖書のテクストの歴史――とくに新約聖書の歴史――は改竄の歴史であることを聖書を学ぶ学生たちに徹底的に教え込むべきだと思いますが、それをしている聖書学者に出会ったことがありません。聖書学者の中にも、聖書は神の言葉であるから、そこに誤りなどあるはずがないと信じている人がいるのです。ヤレヤレの学問レベルです。

モーセの義父、居住地を与えられる

物語によれば、このころ、モーセの義父にも居住地が与えられたようです。

ギリシア語訳士師記一・一六に、「モーセースの義父キナイオスびとヨーバブの子らは、ナツメヤシの町からユーダスの子らのもとへと、（すなわち）アラドの下り坂近く、南にある荒れ野へ上った。彼は行って、民と一緒に住んだ」とあるからです。ヨセフスは「モーセース（モーセ）の義父マディアニティス（ミディアンびと）のヨトレース（エテロ）の子孫にも居住地が贈られた。彼らは生まれた土地を後にしてヘブル人と一緒に行動し、荒れ野における生活をともにしていたからである」と述べます。

ここでモーセの義父の名前を少しばかり問題にしておきます。

ヘブライ語出エジプト記二・一八によれば、モーセの義父の名前はレウエル（ギリシア語訳ではラグエール）、同書三・一や一八・一ではエトロ（ギリシア語訳ではヨトル）、士師記四・一一や民数記一〇・二五ではホバブ（ギリシア語訳ではヨーバブ）ですから、本書の朗読を聞く者や読む者は混乱いたします。ヨセフスはモーセの義父の名前をミディアンびとのエテロとし、それを「耳に快適に響く」ヨトレースに改めております。

なお細かいことを言うようですが、岩波版の訳者は「モーセの義父であるケニ人」の後に「ホバブ」を補い、その註でこの補った語について「七十人訳では『ホバブ』」であると説明しておりますが、厳密に言えば、「ヴァティカン写本では『エテロ（ヨトロ）』、アレクサンドリア写本では『ヨバブ（ヨーバブ）』」であると記すべきではなかったかと思われます。岩波版の訳者は同じような間違いを同じ一六節でも犯しております。そこに「ユダの荒野、ネゲブにあるアラド」の語句が認められますが、その「ユダの荒野」に註を施して「七十人訳では『ユダの荒野』の部分はユダが欠落し『荒野』」であると述べております。ここは「アレクサンドリア写本では『ユダ』が欠落している」と正確に述べておくべきだったし、また「ネゲブにあるアラド」のアラドに註を施して「七十人訳は『アラドの坂を』ないしは『アラドの傾斜地を』」と読んでいると書いておりますが、ここで使用されているギリシア語はカタバシスなので、坂や傾斜地の訳語をあてるのではなくて、より正確な情景が浮かぶように「下り坂」の訳語を与えるべきだったと思われます。

それにしても、ここでの訳者を含めて、岩波版の訳者の多くはその註でヘブライ語テクストとギリシア語訳との違いを説明するとき、ラールフスの『七十人訳』を引いてすました顔をしておられるのは驚きです。

最新の研究成果を取り込んだゲッチンゲン版を使用しない理由は何なのでしょうか？

わたしには日本の聖書学者の大半はギリシア語訳の聖書やヨセフスの著作などをまともに研究していないと想像しておりますが、わたしは間違っているのでしょうか？　ギリシア語訳聖書やヨセフスを本気でやる学徒などは皆無のようですから、寂しいかぎりです。

あ、紙面をかりてこういう愚痴をこぼしてはいけません。

ユダが攻め取った地域と攻め取れなかった地域

ヘブライ語士師記一・八は、ユダが、ガザ、アシュケロン、エクロンの三地域を「攻め取った」と述べます。他方、ギリシア語訳の同掲箇所には否定辞「ウーク」が挿入されております。そのためそれによれば、ユダは、ガザ、アシケロン、エクロン、そしてアゾトス（この地名はヘブライ語テクストでは欠落）のいずれの町も「相続しなかった」、すなわち「攻略には成功しなかった」となります。

ヨセフスは卓上にギリシア語訳ばかりかヘブライ語テクストをも置いておりますが、彼はここで明らかに当惑しております。

彼はヘブライ語テクストとギリシア語訳を足して二で割るかのようにして説明し、ユダの部族とシメオンの部族が「アスカローン（アシケロン）とアゾートス（アシドド）を占領した。しかし、ガザ（ガザ）とアッカローン（エクロン）の攻略には失敗した」（五・一二八）と述べ、後者の二つの町の攻略失敗の理由を「この二つの町は平原にあったうえ、大量の戦車を擁し、それによって侵入者を痛めつけたからである」（五・一二八）に求めます。

戦車についての情報はヘブライ語士師記一・一九からです。そこには「平地の住民を追い払うことができなかった。彼らには鉄の戦車があったからである」（岩波訳）とあるからですが、ギリシア語訳の訳者は「鉄の戦車」を意味するレケブ・バルゼルのレケブを固有名詞と解して「レーカブがそこを分断したからである」とトンチンカンな訳文を供しております。わたしたちはヨセフスがここでギリシア語訳とヘブライ語テクストを前にして、「何だこの訳者は」と舌打ちしているものと楽しく想像したいものです。

なお、ここで岩波版の註にもう一度からんでおきます。

岩波版の訳者はユダがガザや、アシュケロン、エクロンの地を「攻め取った」の一文に註を施して「七十人訳は逆に『占領できなかった』あるいは『追い払わなかった』」としていると述べておりますが、ここで使用されているギリシア語は「相続する」を第一義的な意味とするクレーロノメオーのアオリスト（過去）形です。なぜ訳者はそれを提示しようとしなかったのでしょうか？　戦記物などで使用される「占領する」「攻略する」を意味する動詞はランバノーであり、また「追い払う」を意味する動詞はアクソーレトレウオーです。念のため。

ベニヤミンの子らは？　エフライムの子らは？

エルサレムの先住民はイェブスびとです。

士師記一・二一は、その地を割り当てられたベニヤミンの子らは彼らを追い立てることをせず、一緒に住んだとします。

ヨセフスはイェブスびとの名前を挙げることなく、なぜベニヤミンが先住民族との共存を可能とされたかを説明し、次のように申します。

「ヒエロソリュマ（エルサレム）を居住地として割り当てられたベニアミタイ（ベニヤミンびと）は、そこの住民に貢納を承知させた。前者は殺戮から、後者は危険から解放され、すべての者が悠々と土地を耕作した。他の部族の者もベニアミティス（ベニヤミン部族）の例にならって同じようにした。彼らはカナナイア（カナナン）びとが納める貢ぎで満足したので、以後、戦争を仕かけることを

しなかった。」（五・一二九）

ヨセフスはなぜここで士師記が述べてもないカナンびととのベニヤミンびととの共存の理由を挙げたのでしょうか？

ここでベニヤミンびとをローマ軍に置き換えてみてください。貢ぎを納めるカナンびとをローマに貢ぎを納めていた対ローマのユダヤ戦争（六六―七〇）前のパレスチナ（＝カナン）在住のユダヤ人に置き換えてみてください。そうすれば、ユダヤ人がローマに貢ぎを納めるかぎり、彼らとローマ人の共存はローマの属州であるパレスチナにおいて可能だったとするヨセフスの訴えが聞こえてくるではありませんか。ここでの訴えはローマ人だけに向けられているのではありません。本書の写しを手にする機会があるかもしれない、離散のユダヤ人となった同胞にも向けられているのです。

ヨセフスの『戦記』によれば、対ローマの宣戦布告は、六六年初夏のローマのための供犠の中止と貢ぎの徴収の拒否にはじまったのであり（『戦記』二・四〇九以下）、そのためエルサレムの統治機構であるサンヘドリンの議員たちが、徴税が自分たちの仕事でもないのに、地方に出かけてはローマへの貢納の必要を大慌てで訴えたのです。ユダヤは貢納するかぎり、ローマに戦争を仕かけられることはなかったとするヨセフスのメッセージがここにはあるのです。

ヨセフスはここで対ローマのユダヤ戦争を明らかに想起しているのです。そのことは、エルサレムの先住民との共生の理由付けの一文に続く、ベテルの町の攻撃を説明する士師記一・二二―二六のパラフレーズからも明白です。彼はここで「エフライメース（エフライム部族）は、ベーテーラ（ベテル）の町を攻撃したが、包囲攻撃に費やした長い日数と（莫大な）労力にもかかわらず、少しも効果が上がらず、苛立つばかりであった。しかし、それでも辛抱強く包囲を続けた」（五・一三〇）と言っているからです。ローマ軍がパレスチナでのユダヤ人たちの反乱を制圧するのに四年という「長い日数」をかけ、五軍団の正規軍と属州周辺の諸王が提供した補助軍団を投入し、エルサレム攻撃でも城内に立てこもる者たちに無血開城を迫るためにヨセフスの雄弁に頼り、彼を介して降伏を呼びかける一方（『戦記』五・三六〇―三七四）、他方では「辛抱強く包囲を続けた」のです。

士師記一・二四は、ベテルの町の動向を探るために遣わされた見張りの者が町から出て来た男を尋問する場面を描いておりますが、ヨセフスは町から出てきた男を「食べ物を探し求めて外に出て来た町の住民の一人」（五・一三二）とします。これは士師記に見られない想像の産物ですが、実はこれはエルサレムが陥落した七〇年秋の都の光景なのです。そのときのエルサレム城内に立て籠もる者たちはローマ軍の包囲を前に飢えに苦しんでいたのです。『戦記』六・一九九以下によれば、幼子を殺してローストにして食べる母親も出たのです（図34）。

図34●飢えのためわが子をローストにする母親

主の御使いの発した警告

士師記一・二七以下は、この後で、マナセの子ら、エフライムの子ら、ゼブルンの子ら、アシェルの子ら、ナフタリの子らが占拠した土地に言及し、それぞれの領内にカナンびとが（殺されずに）とどまったことを報告し、さらに同書二・一―五は、主の御使《み》いがギルガルからやって来て、征服できなかったカナンの民についてイスラエルの子らに警告を発します（図35）。彼らがカナンの宗教や文化に同化するのを恐れたからですが、ここでの「主の御使い」の正体は不明です。ヨセフスにとってもその正体は分からなかったはずです。「この者は誰？」です。そのため彼はこの主の御使いには触れません。

士師記二・六以下は、ヨシュアが一一〇歳の生涯を終えて彼の嗣業の地の領内に葬られたとし（図36）――ヨシュアの死と埋葬はヨシュア記二四・二九―三〇でも報告されております――、さらにヨシュアの死後、イスラエルの子らが先祖たちをエジプトの地から導き出した主なる神を捨ててカナンの神々バアルとアシュタロトに仕えたとします。どちらの神も豊穣と多産の女神ですが、パレスチナの考古学的発掘からこれらの神々の像の出土はあまりありません。創世記三一・一九はラケルがヤコブと一緒に父の家を出るとき、彼の家の守護神である神の像を盗み出したとしておりますが、そこでの神の像が小さなものであったことは文脈から分かるのですが、それに相当する像は出土していない

図35●イスラエルの子らのもとへ来た主の御使い
図36●ヨシュアの埋葬

のです。

ヨシュア記に登場する神・主はヨシュアの軍勢の総指揮官としてカナンの地を攻略する彼の先頭に立ちましたが、士師記に登場する神・主の性格はヨシュア記のそれとは異なります。

主なる神はイスラエルの子らに向かって怒りを燃え上がらせ、「士師」と呼ばれる裁きびとをおこします。ひとりの士師をおこしたのではありません。士師はイスラエルの子らを敵の手に渡して苦しめます。彼らは当然のことながら苦しみに耐えきれず呻き声を上げます。神と士師は彼らを憐れんで救いの手を伸べますが、士師が死ぬとイスラエルの子らは再びカナンの地の他の神々を追い求めるのです。するとまた別の士師がおこりますが、民は同じ事を繰り返します。その背信行為にパターンがあるというのが面白いかもしれませんが、ここで考えねばならないのは、なぜイスラエルの子らは他の神々を追ったのかということです。

一神教の神のどこに魅力がないのかということです。

一神教の神の問題点はどこにあるのかということです。

その答えは本書の第五章あたりで出てくるようです。

イスラエル人の生活の弛緩と堕落

ヨセフスは、主の御使いが恐れたことがまさに起こってしまったことに触れて、次のように言うのです。

「その後、イスラエール(イスラエル)人は敵への攻撃の手を緩め、土地を耕して農作業に打ち込んだ。ところが、彼らの富が増えて裕福になると、生活が贅沢になって官能(ヘドネー)を求めることになり、統治の秩序が軽視され、ついに律法にさえ率直に耳を傾けなくなった。

こうした事態に激怒した神は、カナナイア(カナン)びとを生かしておくのは自分の意思に反すること、そしてこの敵が(いずれは)イスラエール人を冷酷無残に取り扱うことを警告した。イスラエール人は神のこの警告に意気消沈したが、戦争を仕かける気になれなかった。彼らはカナナイアびとから得たものが(あまりにも)大きく、贅沢に慣れ、もはや労苦に立ち向かう気力を失っていたからである。また、彼らの指導者たちもすでに腐敗しきっていた。彼らはゲルーシア(の長老たち)や律法で定められた他の役員の任命を怠り、ひたすら(自分の)領地で蓄財にはげむ奴隷になり下がっていた。こうした弛緩《しかん》し切った生活が原因で、彼らの間に深刻な意見の衝突が起こり、内乱へと突入するのであるが、その発端は次のようなものであった。」(五・一三二―一三五)

士師記二・六以下は、イスラエルの子らの腐敗堕落の原因を彼らが彼ら自身の神から離反しカナンの地の神々にしたがったからだと申し立てますが、ヨセフスは彼らが（それぞれカナンの土地に定着して）農業に従事し、それによって得られた富の増大に求めます。

ここでのヨセフスは深い洞察力をもって事態を考察しております。

確かに、人類史の視点から見れば、イスラエルの子らの腐敗堕落の原因を宗教的なものに求めるよりは、経済的なものに求める方がローマの聴衆や読者を納得させるものとなるはずです。なぜならば彼ら自身も、ネロ帝を引き合いに出すまでもなく、蓄財に励む腐敗堕落した皇帝たちや元老院議員、属州でひと稼ぎしてくる地方知事たちを知っていたからです。なお、ヨセフスはここまでで、そしてここでも「長老」とか「長老会」を意味するゲルーシアという言葉を何度も使用しておりますが、ローマの元老院をこの言葉でもって表すことも可能です。これは覚えておいてください。

ヨセフスには、宗教的な理由を求められないわけが他にもあったのかもしれません。彼は引用した文章の末尾で「……彼らの間に深刻な意見の衝突が起こり……その発端は次のようなものであった」と述べて、そこから一気に士師記一九・一以下で語られている物語に飛びます。

どんな物語なのでしょうか？

部族間の醜行と蛮行

それは士師記の中で語られている物語の中でもっとも残虐なものだと評されるものです。では次にその物語を、ヨセフスの再話をはさみながら、紹介します。

エフライム部族の山地の奥にはひとりのレビびとが住んでおりました。彼はベツレヘム出身の女を側女《そばめ》として迎えておりましたが、あるとき彼女は彼のもとを去り、実家に四か月も居候します。なぜ彼女が彼のもとを去ったのか。その理由は明白ではありません。ギリシア語訳では彼のもとを去ったのは彼女が「彼にたいして立腹した」（一九・二）からだとしておりますが、これだけでは読者を納得させる十分な理由とはなりません。

夫が同じ山奥に住む別の女に手を出したからでしょうか？ヘブライ語テクストには「彼女が淫行に走り」とあり、彼女が夫に叱責されたことが暗示されますが、彼女の淫行相手が誰であるのかは分かりません。

後の時代の祭司の序列のピラミッドでは、レビびとは一般祭司の下に置かれる者にされますが、ヨセフスはこのレビびとが「山奥に」住んでいたとあることから、この男を「下級祭司」のひとりと社会的に位置づけた上で、想像をたくましくして、次のように申します。

「エフライメース（エフライム）の嗣業の地に住むレウィテース（レビびと）の男が、ユーダ（ユダ）部族の土地に属するベートレマ（ベツレヘム）の女と結婚した。男は女の美しさに惹かれて殆ど溺愛《できあい》ともいうべき可愛がりようであったが、不幸なことに、彼女のほうは同じ反応を示さなかった。彼女がよそよそしく振る舞えば振る舞うほど、彼のほうはそれだけ夢中になるというぐあいで、二人の間にはいさかいが絶えず、それに疲れはてた女は四か月目に男のもとを去り、両親の所へ帰って行った。しかし、男は、彼女への愛情（エロース）に耐えかねて彼女の両親を訪れ、彼女の不満を解消する（と約束して）女と仲直りした。」（五・一三六―一三七）

ヨセフスは二人の間のトラブルの原因を明確にしております。男は女にエロースを激しく感じて毎日でも愛し合いたいのに、彼女の方がそれに気乗り薄だったというのです。山奥での貧乏人の男とのセックスは、山猿とヤルようなもので、「イヤだ」というわけです。連日の「この野郎」「なによあんた」の痴話喧嘩です。

士師記一九・二は、女がベツレヘムの父の家に戻り、四か月そこに居候したとしますが、同書一九・三は、夫は彼女が立ち去ったと分かると、若者を伴い、彼女を乗せて帰るための驢馬をも連れて、ただちに彼女を追いかけて行き、連れ戻すことに成功したとします。

これでは二節の内容にうまく接続しません。

ヨセフスはそれに気づき、女が父の家に「四か月」滞在したのではなく、男のもとに我慢に我慢を重ねて住み、「四か月目」に男のもとを去ったとします。こちらのほうが自然です。ナチュラルです。再話に必要なのはナチュラルな流れをつくることです。ヨセフスによれば、男は女の両親の前で「彼女の不満を解消する（と約束して）女と仲直りした」と申しますが、彼女の不満とは何だったのでしょうか？　ヨセフスは、男が女にセックスを強要する回数を減らすことに、毎日ではなくて週三回に、生理のときにはしないことに合意したとでも想像したようです。

士師記一九・九以下によると、男は女の両親の家で歓待を受けたのち、五日目に女を驢馬に乗せ、同伴してきた若者と一緒に両親の家を離れます。

時刻はすでに夕方です。

彼らがイェブスびとの住む町エルサレムまで来ると、日はすっかり落ちております。日が落ちた砂漠の中を進むのは非常に心細いものです。気温が急激に下がるからで、あたりは真っ暗だからです。いつなんどき追いはぎや獣に襲われるか分からないからです。

彼らはやがてベニヤミン部族の町ギブアに辿り着きますが、だれも彼らに宿を提供しようとはしません。しかしそのとき、広場を通りかかったギブアの町に住むエフライム部族の老人が宿を提供します。彼らが老人の家でくつろいでいると、町のならず者たちが老人の家を取り囲み、戸口をたたいて、男を出せと要求するのです。「客人となった男とヤりたい」とわめき散らすのです。老人は客人を出すわけにはいかない、自分の所には「処女の娘と側女がいる」のでそれを出すから勘弁してくれと頭を下げるのですが、ならず者たちは聞き入れません。

これはどこかで見た光景です。

そう、創世記が語るソドムの町での光景です（創世記一九・一以下）。そこでのロトとここでの老人は等記号で結べるのです。ですからここでの物語はあちらの物語のパクリかもしれません。しかしここから先の光景は異なります。ならず者たちとのやり取りを聞いていた老人の客人となった男は自分の女を差し出すのです。

ならず者たちは客人が差し出した女を一晩中辱めます。

輪姦（まわし）の場所は記されておりません。女は明け方に解放されて戻っていきますが、もうふらふらです。家の戸口を開けるとそこでばったりと倒れて死んでしまうのです。

ヨセフスはここでの物語が部分的にソドムでのロト物語の焼き直しバージョンであることに気づいております。焼き直しバージョンを再話しても面白くありません。そこで彼は、ギブアの町をソドムにする愚かさを避けて、そのとき情欲の炎の虜になった男たちをギブアの「ならず者」から「若者」へ改めます。次に彼は、若者たちが最初欲した相手はレビびとの男ではなくて、その女であったとします。

ヨセフスは次のように申します。

「ところが、広場にいた（レウィテースの）妻を見て（その美しい）容貌に惹かれたガバ（ギブア）の若者たちは、彼女が老人のところに泊まったことを知ると、一行の無勢と無力を侮りその門口にやって来た。そして、暴力を働いたり乱暴なことをしないで引き揚げるように懇願する老人に、面倒を避けたければ女の客人を引き渡せと要求した。」（五・一四三）

士師記によれば、自分の女を「差し出した」のは客人ですが、ヨセフスは若者たちが女を「捕まえた」とします。差し出された女に乱暴を働くのと、捕まえた女に乱暴を働くのでは随分と違います。ヨセフスは女が戻ってきて息を引き取った場面をも想像いたします。

「ところで、（女が倒れたのを見た）夫は（最初）それほど深刻には考えず、彼女がよく眠っているだけだと思い込み、（しきりに）彼女を起こそうとした。そして今度のことは彼女がすすんで身を任せたのではなく、彼らが自分たちの泊まっている所に押しかけてきて、彼女を（むりやり）連れ去って行って起こしたことだから、と言って慰めようとした。しかし（やがて）夫にも彼女が死んでいることが分かった。」（五・一四八―四九）

レビびとの夫は復讐します。

半端な仕方ではありません。彼は自分の家に連れ帰った妻（側女）の死体を一二の部分に切断し

(図37)、その肉片をイスラエルの全領土に住む部族の者たちに送りつけます。彼らは仰天します。

ヘブライ語士師記一九・三〇は次のように記します。

「それを見た者はみな言った。『イスラエルの子らがエジプトから上って来た日から今日に至るまで、このようなことは一度として起こらず、目にしたこともなかった。あなたがたはこのことを心に留め、よく考えて語れ。』」(一九・三〇)

士師記のギリシア語訳(アレクサンドリア版)には、ヘブライ語テクストに見られる「あなたがたはこのことを心に留め、よく考えて語れ」の一文はなく、次のように読みます。

「そして彼は遣わした男たちに命じて言った。『あなたがたはイスラエルの子らがエジプトから上ってきたときから今日に至るまで、こんなことが起こったかどうか尋ねてみるがよい。自分たち自身のために彼女に関してブーレー(長老会)を設置し、告げるがよい。』」

岩波版の註を付ける場所は、物語の展開の上では適切な箇所となっておりますが、アレクサンドリア版の箇所とは違う箇所に註をつけております。それればかりか、「自分たち自身のために彼女に関してブーレー(長老会)を設置し、告げるがよい」を落としております。岩波版の訳者はもう少しギリシア語訳に注意を払い丁寧に読んでほしいものです。ヴァティカン写本の読みはアレクサンドリア写

図37●妻の遺体を持ち帰るレビ人の夫

本とは異なるものですが、これに関しては将来ギリシア語訳を出版したときに、触れるつもりです。ヨセフスは一二に切断された女の屍体が一二部族に送られたとし、男は「それを運んで行く者に、妻を殺したのはどのような連中であったか、また（妻殺しの）部族の（者たちの）放縦無頼ぶりについて（よく）説明するように命じた」（五・一四九）と述べます。ヨセフスがここで切断された屍体の送り先を「一二部族」としたのは、ギリシア語訳に一二の肉片が「全部族に送りつけられた」とあるからです。彼は士師記のギリシア語訳を前に物語を再話しているのです。

イスラエルの子ら、犯人の引き渡しを要求する

イスラエルの子らの指導者たちは送りつけられた肉片を目にして衝撃を受けます。彼らは剣を帯びた四〇万の歩兵をつれてミツパにやって来ます。そして、レビびとから事情を聞くと、決起しようとします

ヨセフスはここで、「せいてはことを仕損じる」の諺でも思い出したのでしょうか、士師記には見られない長老たちを登場させます。

「しかし、ゲルーシア（の長老たち）は次のように説いて（それを）制した。すなわち、彼らも自

分たちと同じ部族なのだから、こちらが何を憤慨しているのかも話し合わずに、性急に戦争を仕かけるのはよくない。律法は、外国人（の敵）にはまず使節を送るかそれに類することを行って、彼らに不法行為の反省を促し、それが拒絶されたときにはじめて軍を派遣することを認めている。したがって、このさいも律法によって、まずガバエーノイ（ギベアびと）に使節を送り、犯人たちの引き渡しを要求すべきである。もし彼らがそれに応じて犯人を引き渡せば、犯人を処罰して満足すればよい。しかし、もしわれわれの要求を嘲笑して拒絶するならば、そのときこそわれわれは武器を執って報復すべきである、と。」（五・一五一―五二）

ここでの「外国人」のギリシア語はアロフロイですが、それには「他種族の者たち」の訳語を与えることもできます。

ヨセフスはここでの記述を申命記二〇・一〇に見られる戒め、「もしおまえが、町を攻撃しようとしてそこに近づいたら、彼ら（町の住民たち）に降伏を呼びかける」に一致させておりますし、またそれを『古代誌』四・二九六で触れたモーセが口にしたとされる戦闘前の勧告とも一致させております。彼はそこでモーセに「戦争の開始が近づいたら、おまえたちは敵に伝令をつけた使節を送り、武器を執る前に、彼らと折衝するのだ。自分たちは大軍、馬、武器、さらに神の加護と支持までもっている。だから、彼らとの戦争にまきこまれ、欲しくもない彼らの物を奪って自分たちの財産を増やすようなことはしたくない、と（あらかじめ）宣告しておくのは悪くないからである」と言わせているのです。

士師記二〇・一二以下によれば、イスラエルの子らはベニヤミン部族に男を遣わし、犯罪人の引き渡しを要求しますが拒絶されます。士師記は拒否の理由を記しておりませんが、ヨセフスは次のように申します。

「これにたいしてガバエーノイ（ギベアびと）は、若者たちの引き渡しを拒絶し、戦争を仕かけると脅かされたと言って、よそ者の命令に頭を下げるわけにはいかない、と嘲笑した。彼らは、自分たちが武器を執れば、数や勇気ではだれにもひけをとらぬと自負していたのである。そして、彼らは攻撃を仕かけてくる者たちを撃退できると信じ、他の部族のものとともに、無謀きわまる戦争に突入すべく大々的な準備をはじめた。」（五・一五四）

ここには六六年の春にローマからエルサレムに帰着したヨセフスが目にした光景が彼の中に蘇ってはいないでしょうか？

『自伝』一七以下によると、ヨセフスはそのとき、ローマの支配に謀反しようと立ち騒ぎ、彼らが攻撃しようとしている相手がどのようなものであるかも知らずに戦争に向かって猪突猛進《ちょとつもうしん》するエルサレムの過激派の者たちを目にして――その中には祭司たちも含まれておりました――、彼らを思いとどまらせようと真剣に語りあったというのです。しかし、彼は言うのです。「しかしわたしは説得に失敗した。彼ら愚物どもの狂気が勝ったのである」（『自伝』一九）と。このときの体験こそは、以後彼のDNAの中に組み込まれるものとなるのです。彼の中には、もしあのとき彼ら愚物どもを説得できていたならば、ユダヤ民族は七〇年の秋に神殿を失うことがなかった、民族が離散の悲惨にあうこともなかった、という強烈な思いが彼の心の中で、戦争が終わって二〇年以上もたったそのときでもいまだにふつふつと煮えたぎっているのです。その愚物どもの中には神がユダヤ民族に与えたとされる律法の遵守《じゅんしゅ》に熱心な者たち、すなわち「ゼーロータイ」（熱心党）と呼ばれる者たちが入っていることは間違いないのです。

さて次は戦争です。

ベニヤミン部族制裁のための戦争

士師記二〇・一四によれば、ベニヤミン部族の兵力は二万六〇〇〇（ギリシア語訳のアレクサンドリア写本では二万五〇〇〇、ヴァティカン写本では二万三〇〇〇）の剣を帯びた兵士とギブアの若者七〇〇人で、対するイスラエルの子らの剣を帯びた軍勢は四〇万です。

このあたりに出てくる数字を問題にしますと、ヨセフスが使用したギリシア語訳やヘブライ語テクストについて議論することができます。彼によると、ベニヤミン部族の兵力は「約二万五六〇〇」(五・一五六)です。これはヘブライ語士師記の数とも、そのギリシア語訳の数とも一致しません。しかしこの数はヨセフスがつくり出した数ではなくて、彼が使用したヘブライ語テクストかギリシア語訳にあったものだと思われます。すでに見てきたように、ヨセフスは再話で数をしばしば数を誇張したり創作したりしますが、この「二万五六〇〇」は誇張や創作であるようには見えないからです。彼が数を変えるとしたら、ならず者を抱えるベニヤミン部族の兵力を最初から劣勢にして、たとえば「一万」とか「五〇〇〇」にしたでしょうが、そうはしていないからです。士師記によれば、兵力の一員となったギブアの若者は「七〇〇人」ですが、ヨセフスによると「五〇〇人」(五・一五六)です。しかも彼によれば、この若者の数は「約二万五六〇〇」のうちの数なのです(五・一六三をも参照)。もしここでヨセフスがヘブライ語テクストやそのギリシア語訳をいじくっていないと仮定できたら、彼の使用したテクストが他のものとは異なるものだったとか、さまざまな版のテクストが流布していたということになります。ヨセフスの再話を介しても、さまざまな例を積み重ねることによって、彼が著作していた一世紀後半の地中海世界での聖書のテクスト状況を論じたり想像することが、ある程度ですが、可能になるのです。

ベニヤミン部族の敗北

さて、イスラエルの子らはベニヤミン部族の町ギブアに向かって攻め上ります。

彼らの総指揮官は主なる神ですが、面白いことに、その総指揮官はただちに彼らに圧倒的な勝利をもたらすのではありません。ベニヤミン部族の男や女、子供、動物を殺し、彼らの町々を焼き払うまでには四か月以上も要するのです（図38）。

イスラエルの子らは、最終的な勝利の前に、ヤベシ・ギレアデに住む「四〇〇人の処女」は生かしておきます（士師記二一・一二）。この間、ベニヤミン部族の男六〇〇人はリンモンの岩場に逃れておりますが、この者たちを除けばベニヤミン部族の者全員が虐殺されたのです。彼らベニヤミン部族はたちまちにして絶滅品種に指定されそうになります。

ベニヤミン部族との和解と娘たちの拉致

イスラエルの子らにとっては、ベニヤミン部族の者も本来は同胞です。

彼らは、早晩、一二部族ではなくて一一部族となることを悟り、そこでリンモンの岩場に身を隠していた六〇〇人のベニヤミン部族の者と和解し、生かされていた「四〇〇の処女」と寝させるのです

図38●ギブアの町に火をかけるイスラエルの子ら（上段）、ベニヤミン部族の敗北（下段）

が、男たちは六〇〇人ですから処女二〇〇人が不足です。ここで取り合い合戦の大乱闘が起こっても困ります。そこでシロの町で主の祭が執り行われるときにやって来る娘たちをベニヤミン部族の男たちに拉致させて彼らの町に持ち帰らせて彼らの妻とさせるのです。

随分と荒っぽいやり方です。

創世記一四・一以下に、ソドムに住んでいたアブラハムの甥っ子ロトが王たちの連合軍によって拉致された話がありました。ここはそれに続く二番目の拉致です。ロトの拉致ではアブラハムが家の子郎党を引き連れて救出に向かいましたが、ここでの拉致は神も見て見ぬふりをしているようです。

ヨセフスはイスラエルの子らとベニヤミン部族との和解に至る過程とその後の場面を巧みに再話いたします。

士師記二一・四によれば、イスラエルの子らはベニヤミン部族との和解のために「祭壇を築き、救いの焼き尽くす献げ物」（ギリシア語訳）を捧げたそうですが、ローマの読者にはこれが何のことであるか分かりません。そこで彼はイスラエルの子らが「断食をした」に改めて、次のように語ります。

「しかし、（間もなく）彼らはベニアミタイ（ベニヤミンびと）に与えた災禍を悔いるようになった。彼らは、ベニアミタイが律法を犯したからには災禍をこうむっても当然である、という考えを変えなかったが、ベニアミタイのために断食を行い、また、荒れ野のロア（リンモン）と呼ばれる岩

(山)に逃れて自活している六〇〇人のベニアミタイに使節を送り、(投降を)呼びかけた。使節たちはまず、ベニアミタイや自分たちを見舞った今回の災禍を悲しんだ後、次のように説いた。『命を失った人びとは同族の者たちであったが、どうか辛抱して耐えてほしい。そして、諸君もわれわれの所へ来て一緒になり、われわれがベニアミティス(ベニヤミン)部族の絶滅を宣告するようなことなどさせないでほしい。われわれは諸君の部族の全領地と諸君が連れて行けるだけの戦利品(の家畜)を認めよう。』

これにたいしベニアミタイは、自分たちを襲った不幸は神の裁きと自分たちの不法行為のためであったと痛恨をもって認め、イスラエール(イスラエル)人の説得に屈して山をおり、本来の父祖の部族に立ち返った。イスラエール人は彼らにヤベーソス(ヤベシ・ギレアデ)から連れて来た四〇〇人の処女を妻として与え、残った二〇〇人の男たちにも結婚して子供が儲けられるように(その相手を)探そうとした。」(五・一六六―六八)

四〇〇人の処女にありつけることになった男たちはどのようにして選ばれたのでしょうか?「じゃんけんぽん」だったのでしょうか? それともあみだくじでも引いたのでしょうか? それとも貝殻でも使用したのでしょうか? ヨセフスが肝心な所に立ち入って想像力を働かせてくれなかったのは残念です。

ところで、士師記二一・一によれば、イスラエルの子らはミツパで「われわれのところからはだれも、自分の娘をベニヤミンに妻として与えはしない」と誓いを立てておりますから、絶滅品種のトキやパンダ並みに成り下がった同胞の残りの二〇〇人に自分たちの娘を与えるわけにはいきません。そこでヨセフスは次に、この誓いに触れて物語を再話するのです。

「ところがイスラエール（イスラエル）人は、内戦をはじめる前に、自分たちの娘を絶対にベニアミテース（ベニヤミンびと）と結婚させないと誓言していた。そこで一部の者は次のような意見を述べた。すなわち、この誓約は熟慮の上の判断ではなく、（一時の）激情によってなされたもので、今はそれを無視してもよい。また、そうすることで一つの部族全体が絶滅からまぬかれれば、神（の意志）に背くことにならない。悪意からではなく、必要に迫られて犯す偽誓の罪の場合は、重大でも危険でもない、と。これにたいしてゲルーシア（の長老たち）は、偽誓という言葉が口にされただけで抗議した。

（そのとき）一人の男が、この誓約を守りつつ、しかも彼らに妻を世話をする方法を知っている、と申し出た。彼はそれを聞かれると、次のように答えた。

『われわれは（ベニアミタイと）シロー（シロ）で年三回顔を合わすことになっているが、そのとき、われわれがその祭に妻や娘たちを連れて行けばよい。ベニアミタイ（ベニヤミンびと）には、そこで捕まえた娘を妻として（連れて帰ることを）認め、そのことでわれわれは激励も妨害もしないようにする。もし、それで騒いだり、相手の処罰を要求したりする両親がいれば、責任はすべて娘の保護を怠ったおまえたちにある、と答えればよい。ベニアミタイにたいするわれわれの過去の怒りは、あまりにも節度を欠いていた。われわれはそれを和らげねばならない。』」（五・一六九―一七一）

ここでの再話に登場する「一部の者」は、熟慮の上ではなく一時の激情にかられてなされた誓約は破ってもかまわぬと申します、いかにもヨセフス的です。彼ならではの誓約理解です。それにたいして「ゲルーシア（の長老たち）」は誓約を破ることはまかりならぬと青筋をぴくぴくとさせながら抗議します。いかにも頭の固い連中です。そしてある者は誓約を守った体裁を取りつつそれを破る方法を提案します。

士師記二一・二二は、シロの祭に参加する娘でベニヤミン部族の男たちに拉致される者が出て、その両親や兄弟たちが抗議すれば、そのときは「彼ら（ベニヤミンの部族の若者たち）を憐れんでやってほしい、彼らはみな戦争のために妻を娶ることができなかったからだ。おまえたちは（誓いを破って）彼らに（娘を）与えてしまったことにはならない。（正式に娘を嫁がせた）そのときには、過ちを犯したことになる」（二一・二二、ギリシア語訳）と、分かるようでよく分からない理屈を言い聞かせるよう提案させるのですが、ヨセフスはここで文句をつけにやって来る両親がいれば、「娘の保護を怠ったアンタが悪いのだ」「拉致されたのはアンタが悪いのだ」と言わせるのです。

娘を拉致された親がその暴言で納得するとは到底思われませんが、それでもこの暴言はそれなりに明快です。なおヨセフスの再話の中では他部族の者たちは「シロー（シロ）で年三回顔を合わすことになっている……」とありますが、ここでの「三回」について説明を加えておきます。

士師記二一・一九では「そうだ、毎年シロで主の祭がある」で、そこでの祭とは秋の刈り入れの祭だとされます。サムエル記上一・三の物語によれば、エルカナと呼ばれるエフライムの山地に住む男が不妊の妻と一緒に一年に一度シロの聖所に出かけては願掛けをしますが、その時期はこの「刈り入れの祭」だったとされ、それ以外に特別の祭がこのシロにあったとは思われませんが、ヨセフスは祭の機会が三度このシロの聖所にあったとしております。彼は彼の時代にパレスチナにおいてばかりか、その外のディアスポラの地でも執り行われていた三大祭、すなわち「仮庵の祭」、「過ぎ越しの祭」、「ペンテーコステー」の祭を念頭においており、この三大祭がシロの聖所でも執り行われたとして、ベニヤミン部族の男たちに他部族の処女たちを拉致する機会を着実に増やすために、「一回よりも三回」と大きくしているのです。

ヨセフスは続けます。

彼の描く略奪の光景は士師記のそれよりもはるかに生き生きとしたものです。

「さて、祭の日がやって来た。二〇〇人のベニアミタイ（ベニヤミンびと）は、それぞれの町の前のぶどう園などの人目のつかぬ所に身を隠し、娘たちが通りすぎるのを待ち伏せた。いっぽう娘たちは喜々として戯れながら、これから起こることなど露知らず、少しも警戒しないでやって来た。すると（突如）男たちが飛び出し、逃げ惑う娘たちを捕らえた。こうしてベニアミタイは妻を娶ることができた。そしてそれ以後は農事に励み、往年の繁栄を取り戻そうと懸命の努力を重ねた。根絶の危機にさらされたベニアミタイの部族が救われたのは、このようなイスラエール（イスラエル）人の賢明な措置のおかげであった。そして彼らは間もなく繁栄を取り戻し、人口も急激に膨れ、他のすべての点でも（大きく）発展したのである。」（五・一七二―七四）

ヨセフスはここで創世記三四・一以下で語られている、レアとヤコブの間に生まれた娘ディナが浮き浮きとした気持ちで祭を見に出かけたおりにヒビびとハモルの息子シケムに凌辱された話を思い起こしているようです。ここでベニヤミンびとが農事に励んで繁栄を取り戻したと想像するのも妥当なものかもしれません。

士師記はこのあと、「当時、イスラエルには王がいなかった。人はそれぞれ自分の目によいと思われることをしていた」（二一・二五）で結んで、物語を終わりとするのですが、ヨセフスはここで士師記のはじめの方に戻り、その中のいくつかの物語を取り上げてそれを再話いたします。ここでの物語を最初の方に戻して話を続ける手法ですが、ヨセフスはそれを旧約外典のフィクションあたりから学んでいるかもしれません。

ダン部族の移動

ヨセフスはここで士師記の第一八章に戻ります。

その章は「そのころ、イスラエルには王がいなかった。そしてそのころ、ダンの部族は自分（たち）自身のために住むべき相続の土地を探し求めていた」ではじまります。

ヨセフスはまず「ダニス（ダン）部族もベニアミタイ（ベニヤミンびと）と同じ災禍を受けることになった」（五・一七五）と語り、彼らがカナンびとの攻撃を受けて、カナンの地の北方に移動したことに簡単に触れた後、移住先を探すために五人の男が内陸地方に派遣されたとします。そのさい彼は士師記には認められない詳細、すなわち五人の男が「リバノス（レバノン）山と、シドーン（シドン）の町から一日行程の大平原に面する小ヨルダノス（ヨルダン）川の水源近くまで進んで非常に豊沃な土地を調べ、それを兄弟たちに報告した」（五・一七八）とします。ヨセフスはすでに『戦記』三・五〇九—一五で、ヨルダン川の水源について詳細に報告しております。このことからも窺い知れるように、この地域は彼にとって「勝手知ったるわが家の庭」みたいなものです。

オトニエルの物語

士師記一八・一一以下によれば、五人の男の報告を受けたダン部族の者六〇〇人が出撃し、ミカと呼ばれる男の家にある彫像や、エフォド、テラフィム、鋳像ばかりか、それに仕える祭司をひとり奪い（図39）、ライシュと呼ばれる町を襲います。ヨセフスはダン部族の者たちが彼らの名を冠した町をつくったことに触れますが（五・一七八）、ミカの家での略奪の話は再話いたしません。

ヨセフスはついで士師記三・七―一一で語られている士師オトニエルの物語に戻ります。

この物語の冒頭は「イスラエルの子らは主にたいして悪しきことを行い、自分たちの神・主を忘れ、もろもろのバアルやもろもろの杜に仕えた」ではじまります。そのため彼らイスラエルの子らは異国の王に攻め立てられ、彼の支配下に置かれることになります。そしてそこに士師と呼ばれる人物がおこってイスラエルの子らを裁き、苦しみの下に置かれた彼らを救出します。要するに士師記の第三章以下では、オトニエル、エフド、デボラとバラク、ギデオン、アビメレク、トラ、……サムソンらが、「民の神からの離反」→「神の怒り」→「士師の裁き」という基本的には同じ図式（構図）の中で語られることになるのですが、ヨセフスはまず「労苦をいとい神をないがしろにして、ますます退廃し悪化していった」と述べて、イスラエルの子らのもとにやって来たアラム・ナハライムの王クシャン・リシュアタイムの遠征に触れ、彼らがこの王の支配下に八年間置かれることになったと述べます。

図39●ミカの家に入るダン族の者たち

ついで彼らが解放される契機となった出来事に触れます。それは士師オトニエルが登場したからです。ヨセフスはアッスリアの王をアッスリア人の王としております。ギリシア語訳は「(二つの) 川のスリアの王」としております。すなわちギリシア語訳の訳者はナハライムを「川」を意味するナハルの複数形ナハライムと早とちりして訳しているわけで、ヨセフスはその間違いに気づいてアラム・ナハライムをアッスリアに改めているように見えますが、彼は次のように申します。

「ケニアゾス (ケナズ) という名の男がユーダ (ユダ) の部族にいた。活力に富んだ高貴な精神の持ち主であった。その彼に、イスラエール (イスラエル) 人をこのような困窮状態に放置せず、彼らに自由を回復してやるよう神託があった。そのとき自分たちの置かれた状態を恥じ、それを改めようという気概をもった者は殆どいなかったが、彼は何人かの者に自分と危険をともにするように頼み、自分たちのところに駐留するクーサルサトス (クシャン・リシュアタイム) (王) の守備兵を殺害して行動を開始した。緒戦が成功したのを見ると、多くの者が彼の戦列に加わり、アッスリア人と戦って敵を完全に撃破し、エウフラテースの向こう側に追いやった。」(五・一八二―八三)

最初にヨセフスが使用したテクストの問題です。

士師記三・九によれば、ここでおこされた救国の士の名前は「カレブの弟ケナズの子オトニエル」です。この表現はヨシュア記一五・一七、士師記一・一三でも見られます。ギリシア語訳ではオトニエルはゴトニエールですが、ヨセフスではケニアゾスです。これではヨセフスがここでオトニエルの父を主人公にしているかのように見えますが、彼はそんなに早とちりをする物語の再話者なのでしょうか？

ヨセフスのテクスト研究の第一人者であった一九世紀の学者ナーバーはそれを写本の転写上の誤りとして、「ケニゾスの子オトニエーロス」に読み改めます。すでに述べたように、ヨセフスはギリシア語訳の通常の読みをしばしば「耳に快適なもの」に改めますが（『古代誌』一・一二九参照）、このようなテクスト問題が生じた場合には、わたしはやはりギリシア語訳の読みを念頭に置いて、それに近い読みがヨセフスのテクストの異読の中にないかと調べてみます。調べてみました。ガトノエーロスの読みがありました。もしかしたら、これが彼のテクストの本来の読みであったのかもしれません。

士師記三・一〇によれば、「主の霊が彼の上に臨んだ」ので、オトニエルはイスラエルを裁き、出撃したそうですが、ヨセフスは彼に「イスラエルの子らに自由を回復してやるよう神託があった」としします。異教徒の読者であるローマ人やギリシア人には「主の霊が臨んだ」よりも「神託があった」（クレーステン）と言った方が分かりやすいはずです。

ヨセフスはオトニエルを「活力に富んだ、高貴な精神の持ち主だった」と申します。彼にとっては艱難《かんなん》なときにおこされた人物はそのような資質に恵まれていたと想像するのでしょうが、もしかしたら彼は、心中、このような人物が対ローマの戦争後のパレスチナにも登場することを願っていたのかもしれません。もっともそれを口にしてしまえば、パレスチナでの反乱を煽ることになりますので、大きな声では言えません。彼はこの小さな物語を「こうしてケニアゾス（ケナズ）の武勇は目の当たりに証明され、彼はその褒賞として裁き司として人びとから統治権を得、四〇年の統治の後にその生涯を終えた」（五・一八四）で結びます。その統治期間は、アレクサンドリア写本では「五〇年間」、ヴァティカン写本では「四〇年間」です。紀元後一世紀の作品である偽フィロンの『聖書古代誌』二七・一六では端数の入る「五七年」です。なお、偽フィロンは一世紀のユダヤ人著作家で、アレクサンドリアの同名の哲学者と区別するために「偽」が冠せられております。

モアブびとの王とエフドの登場

オトニエル（ケニアゾス?）が亡くなると、イスラエルの子らは再び易きに流れます。そこでヘブライ語士師記三・一二は「イスラエルの子らは、再び主の目に悪しきことを行った」と申します。この表現は以後定型句のようなものとなります。パソコンに定型の挨拶文を入力しておけば、それから後の作業が楽になります。定型句の使用は省エネ対策と同じです。ギリシア語訳では「イスラエルの子らはまたも主にたいして悪しきことを行った」です。この表現も以後、訳者の頭に入力されます。物語を再話するヨセフスはもう少し親切です。

彼は言います。
「しかし、彼が死ぬと、統治者を失ったイスラエール（イスラエル）人の生活ぶりは再び芳しくないものになった。人びとは神を敬うことも律法にしたがうこともせず、ただ災禍ばかりが増していったのである。」（五・一八五）。

士師記四・一二によれば、主はモアブびとをおこしてイスラエルの子らに懲罰を加えようとします。神が他民族の者をおこして懲罰を加えるのは、考えてみれば、神が無力であることを告白しているようなもので滑稽です。この滑稽さは異民族の者たちには分かりにくいものです。ヨセフスはモアブびとエグロンの登場をエグロン自身の状況判断によるものとして、「このため、彼らの混乱状態を侮ったモーアビタイ（モアブびと）の王エグローン（エグロン）が彼らに戦いを仕かけ、多くの戦闘で勝利を収めた」（五・一八六）とします。士師記は戦闘が多かったかどうかを記しておりませんが、士師記三・一六によれば、イスラエルの子らは貢納を命じられる事態に至るのですから、戦闘が繰り返しあったと想像するのは妥当です。エグロンはナツメヤシの町として知られるエリコを占領すると、そこを王都とし、イスラエルの子らを支配します。

ヨセフスはエグロンの支配期間には言及しませんが、士師記によれば、主は彼らイスラエルの子らの呻吟する声を聞いて憐れみ、ベニヤミン部族のゲラの子エフドをおこします。エフドが活躍する物語には再話に値する物語的な要素が認められます。
ヨセフスは次のように再話いたします。パラグラフごとに説明いたします。

「ベニアミティス（ベニヤミン）の部族に、名をゲーラス（ゲラ）の子ユーデース（エフド）と呼ぶ若者がいた。彼は雄々しくて男らしい（好青年で）、いかなることでも立派にやってのける（すぐれた）肉体をもち、とくに、（全身の）すべての力を引き出せる左腕をもっていた。彼もイェリクース（エリコ）に住んでいた。この彼がエグローン（エグロン）と親しくなり、しかも贈り物で王の機嫌を取って信用を得、王の側近にも親しみをもたれるようになった。」（五・一八八―八九）

ヘブライ語士師記三・一五によれば、ここに登場するベニヤミン部族の英雄の名前は「ベニヤミンびとゲラの子……エフド」ですが、ギリシア語訳は「ベニヤミンびと」を意味するベン・ハ・イェミニをその構成要素に分解して「イェミニの子ゲーラの子……アウド」としてしまいます。もちろん、ヨセフスは手続きのおかしいことには気づいているはずです。そのことは、彼がここでギリシア語訳にしたがっていないことからも明白です。士師記三・一五によれば、イスラエルの子らがエフドに貢ぎ物を託します。そのため彼は王に近づくことになりますが、ヨセフスはエフドを王エグロンが統治するエリコ出身とします。そしてこの人物を「贈り物で王の機嫌を取る」ばかりか「王の信用を得る」手段となることを承知している若者とします。随分と世慣れた若者です。

続けます。

「ある日、彼は二人の家僕を伴って贈り物をもって来た。しかし、そのとき彼は右の大腿部あたりにひそかに短剣を帯びて王に近づいたのである。

それは夏の日の真昼であった。

護衛兵たちは暑さを避け、昼食を取るために殆ど所定の場所にいなかった。若者は、夏用につくられた部屋で過ごしていたエグローン（エグロン）に贈り物を差し出し、親しく王に話しかけた。王は、ユーデース（エフド）と話があると言って小姓たちを退出させ、彼と二人だけになった。そのとき王は椅子に腰をおろしていたが、ユーデースは突きを誤って致命傷を与えられぬことを恐れた。そこで彼は、王を立ち上がらせるために「わたしは自分の見た夢を、神のご命令によって、とくに王に申し上げたい」と言った。王は（神から託された）夢の話を聞いて喜び、椅子から立ち上がろうとした。そのときユーデースはすかさず王の心臓めがけて切りつけた。そして彼は短剣を（王の胸部に）残したまま、扉を閉めて立ち去った。小姓たちは王がよく休んでいると思い込み、静寂を守って動き出す者はいなかった。」（五・一九〇―九三）

士師記はこの出来事が起こった時期や時刻には言及しておりません。ただ、同書三・二〇は、王宮の「涼しい屋上の部屋」に言及し、ギリシア語訳がそれを「夏の間」としておりますから、ヨセフスがここでこの出来事を「ある夏の日」の出来事とするのは自然です（図40）。士師記はそれに続けて王がその部屋に「ひとりで座していた」としておりますが、ヨセフスは王が部屋にひとりでいる不自然な状況を想像し、その理由を説明し、この出来事が起こった時刻を「真昼」として、「護衛兵たちは暑さを避け、昼食をとるために殆ど所定の場所にいなかった」とするわけです。この物語を聞く者は納得です。たとえそのときひとりであっても、椅子に座っている王に短剣を振りかざして致命傷となる一撃を加えることは困難です。

ギリシア語訳士師記三・二〇には、「エフドは言った。『王よ、わたしにはあなたさまへの神の（お告げの）言葉が（あります）。』すると彼の近くに（いた）エグローンが玉座から立ち上がった」（三・二〇）とあります。ヨセフスはなぜ王が椅子から立ち上がったのか、その理由を説明するのです。士師記はエフドが振りかざした短剣が王の腹を「突き刺した」としますが、「肥えていた」（士師記三・一七）王の腹に致命傷を与えることができたとは思われません。ヨセフスはギリシア語訳にある「腹」（コイリア）を「心臓」（カルディア）に改めます。王を立たせて一撃を食らわせるのであれば、そして短剣を上から振りかざすのであれば、王を仕留めることは可能です。しかし下から腹に剣を打ち込むのは不自然です。「心臓」なのです。

ここでのヨセフスは、ユダヤ戦争前に登場したエルサレムで人混みに紛れ込んで要人を暗殺していった「シカリオイ」と呼ばれる者たちをイメージしていたのではないでしょうか？　それは彼が、こ

図40●エフド、エクロンを殺害する

こでギリシア語訳で繰り返し使用されている「剣」を意味するマカイラではなくて、彼がこの暗殺集団に言及した『戦記』二・二五五や『古代誌』二〇・一六四ほかで使用するギリシア語クシフィドスを用いているからです。

士師記三・二六―二七によれば、王を殺害した後のエフドはセイラと呼ばれる町に逃げ込み、ついで「エフライムの山地で角笛を吹き鳴らした」そうですが、ヨセフスはエフドが逃げ込んだ先をエリコに改め、その吉報をエリコの住民に報告し、彼らに「自由の回復のために決起するよう促した」と述べて、次のように言うのです。「この報告に人びとが大喜びしたのは言うまでもない。そして自分たちも武装する一方、国中に伝令を送って雄羊の角笛を吹き鳴らさせた。人びとを結集するときにこの角笛を吹き鳴らすのは、わたしたちの習慣である」(五・一九四)と。

ヨセフスがエフドの行き先を彼の出身の、しかも王宮の所在地でもあるエリコにするのは自然ですが、そこにはまた物語の再話を聴く者の耳に馴染《なじ》まない地名を次から次に持ち出すのはよくないとする再話者としての判断もあったはずです。

異変に気づいたエグロンの側近たち

士師記はイスラエルの子らの決起とモアブびとへの襲撃を語ります。

ヨセフスはエグロンの側近たちが異変に気づいた時刻を「夕方近く」とします。ヘブライ語士師記三・二六は、王の屍体を発見した側近たちが「(屍体の処理に?)手間取って」いたと、少しばかり意味の分かりにくいことを述べ、そのギリシア語訳の訳者は彼らが「大騒ぎした」と、意味の通りやすいものにしておりますが、ヨセフスは「彼らは屍体を発見すると、茫然としてその場に立ちすくんだ」(五・一九五)とします。ここでのヨセフスの脳裏には、ユディト記のある光景がちらついているかもしれません。アッシリア軍の将軍ホロフェルネスの首がユディトによってはねられたことを知らずに彼の幕舎に入ったときの彼の指揮官たちの驚きです。もっともヨセフスは聖書物語の再話ではユディト記を使用してはおりませんが。

エフドはイスラエルの子らを率いてモアブびとを襲撃し、彼らへの隷属状態から抜け出します。ヘブライ語士師記三・二六は、モアブがイスラエルの手に陥ちた後「地は八〇年にわたり平穏であった」と述べますが、誰の下で平穏であったかを明確にしません。それを明確にしているのはギリシア語訳で、それは「地は八〇年にわたり平穏であった。アウド(エフド)は亡くなるまで彼らを裁いた」と申します。ヨセフスはエフドが八〇年にわたって統治したと述べ、「(統治者としても)称賛に値する立派な人物であった」と申します。この蛇足、いやコメントの根拠は、「八〇年も支配したのだから」から想像した実績に求められるのでしょう。

シャムガルの登場

士師記三・三一は、エフドの死後、アナトの子シャムガルが登場し、ペリシテびと六〇〇人を打ち倒したとしか述べません。ヨセフスはこの人物シャムガル（彼の読みではサナガロス）が統治者として選ばれたが、「統治の第一年目に死んだ」（五・一九七）とします。士師記三・三一が語るに値する内容を提供しない以上、ヨセフスが彼を統治の第一年目に死んだとするのは無理からぬことかもしれません。

カナンびとの王アビトスの登場

士師記四・一は定型を用いて「イスラエルの子らは、再び主の目に悪しきことを行った。エフドはすでに亡くなっていた。主は、カナンびとの王でハツォルの王であったヤビンの手に彼らを売り渡した」と言います。ギリシア語訳も定型でもってはじめ、「主の目に」ではなく「主にたいして」です。

ヨセフスは次のように述べて、次の英雄の登場への橋渡しをいたします。

「しかしイスラエール（イスラエル）人は、（この間も）それまでの不幸から何ひとつ教訓を学びとろうとはしなかった。彼らは相変わらず神を信仰せず、律法にしたがおうともしなかった。そのためにモーアビタイ（モアブびと）の隷従から脱して一息ついた後は再びカナナイア（カナン）びとの王アビトス（ヤビン）の軛《くびき》に繋《つな》がれることになった。王は、三〇万の歩兵と一万の騎兵、三〇〇〇台の戦車によって、セマコーニティス湖の上方にあるアソール（ハゾル）の町から襲撃を仕かけた。王の寵臣の筆頭にあったシサレース（シセラ）がこの軍勢を指揮し、イスラエール人との戦闘で壊滅的な打撃を与え、イスラエール人に貢納が強制された。」（五・一九八―九九）

細部にこだわるようですが、最初に人名の問題です。

ハツォルの王の名前はヘブライ語士師記でもまたそのギリシア語訳でもヤビンですが、ヨセフスではアビトスです。あまりにも違うので戸惑います。しかも彼は、後出五・二〇九では、ヨーアベインと読んでおります。ヨセフス学者のシャリットは王の名前をそこでの異読ヤビノスに改めます。この推読は正しいかもしれませんが、ヨーアベインの方がヤビンに近く、ヨセフスの本来の読みであるような感じもします。そう推定する根拠は何かと聞かれても困るのですが、まあそれは、ヨセフスを愚直に四〇年研究してきたわたしの直感のようなものだとしか言いようがありません。

ヨセフスがここで、イスラエルの子らが「相変わらず神を信仰せず、律法にしたがおうともしなかった」と述べ、その先の『古代誌』五・二〇〇で再び「律法の軽視」に言及していることは重要です。

なぜならば彼は、ここで聖書物語再話の「はしがき」に戻って、個人であれ、民族であれ、律法にしたがって生きる限り災禍から自由にされるが、そうでなければ災禍をこうむることを今一度申し立てているからです。

ヨセフスは、過日の対ローマのユダヤ戦争（六六―七〇）でも、ユダヤ人たちが都エルサレムと神殿を喪失したのは彼らが律法を守らなかったからだとする考えを『戦記』でも表明しているのです（拙著『異教徒ローマ人に語る聖書――創世記を読む』の中の「『古代誌』のはしがき」参照）。もっとも外野席に陣取るわたしは、なぜユダヤ民族は「神を信仰できなかった」のか、なぜ「律法にしたがうことができなかった」のかについて、もう少し踏み込んだ議論や示唆があってもよかったのではないかと思います、

ヨセフスはここで、カナンびとの王ヤビンが「三〇万の歩兵と一万の騎兵、三〇〇〇台の戦車によって……アソールの町から襲撃を仕かけた」と言っております。これは彼の創作ですが、それは次の創作、すなわち「イスラエール（イスラエル）人が戦闘で壊滅的な打撃が与えられ」、彼らに「貢納が強制された」とする想像を根拠づけるためのものと理解しておきたいと思いますが、このような創作は、実は、すでに前出五・六四でもヨシュアの軍勢打倒のために立ち上がったカナンびとの王たちの全軍の兵力を「完全武装兵三〇万、騎兵一万、戦車二万」とした箇所でも認められるのです。そちらも似たような数ですが、わたしたちはヨセフスにたいして「おいおい」と言いたくなりますが、聖書

の挙げる数字などは、ほとんどの場合歴史に根拠をもたないものが多く、そこでも「おいおい」となりますから、ここでヨセフスを非難するよりも、聖書やヨセフスをも含めて、こういう数字をいとも無造作に創作するユダヤ人のメンタリティを問題にするべきなのかもしれません。

女預言者デボラとバラクの登場

物語によれば、神はここで女預言者のデボラ（ギリシア語読みではデッボーラ、ヨセフスではダボーラ）をおこします。

士師記四・三によれば、女預言者がおされたのは、イスラエルの子らが主に「助けを求めた」からであり、ヨセフスによれば、彼らが「自分たちの災禍の原因が律法の軽視にあったと悟った」（五・二〇〇）からです。彼女はナフタリ部族のバラクを呼び寄せると、タボル山へ一万の兵士を集結させ、ヤビンの将軍シセラと戦わせます（図41）。タボル山はイエスが変貌した山として知られるガリラヤの山です。

ヨセフスはここで、ギリシア人やローマ人の読者を意識してでしょう、デボラの「名はヘブライ語で蜂を意味する」（五・二〇一）と言い、また「バラコス（バラク）はヘブライ語で雷光を意味する」（前掲箇所）と説明いたします。

デボラ、バラクとともに出陣する

士師記四・一四以下によれば、バラクは一万の軍勢とともにシセラの率いる軍勢に向かってタボル山から攻め下ります。シセラ（ヨセフスの読みではシサレース）の陣営は彼を除いて全滅です。彼はケニびとヘベルの妻ヤエルの天幕に逃げ込みます。彼は彼女が差し出す乳を飲みほすと、一日の疲労がどっと出て寝込んでしまいます。ヤエル（ヨセフスの読みではヤレー）は天幕を張っていた杭《くい》を抜き取ると、木槌を手にして高いびきをかいているシセラに近づき、「えい、やっ！」で仕留めてしまいます。彼女はシセラを追ってきたバラクに惨状の現場を見せます（図42）。

士師記四・二三は、この戦闘をきっかけにしてイスラエルの子らが優位に立つようになり、ついにはヤビンを滅ぼすに至ったと述べ、ついで第五章の全体を「デボラの歌」に捧げます。モーセとその一行がエリュトラ海（紅海）の徒渉に成功し、彼らを追尾してきたエジプト軍がそこでの奇跡のために全滅したとき、モーセの姉のミリアムが「海の歌」を歌ったように、ここでは「デボラの歌」なのです。

第五章でうたわれているこの歌を丁寧に読んでいきますと、それ以前で語られている戦闘の光景と調和するものではありません。冒頭からしても、ヘブライ語士師記の「イスラエルで男たちがその髪を伸ばしたままにし、民が進んで戦うとき、汝らは主をほめ讃えよ」が、ギリシア語訳では「民の選

図41●デボラ、バラクを呼び寄せる
図42●シセラ、ヤエルの天幕に逃げ込み、殺害される

びで、指導者たちがイスラエールを支配するとき、汝らは主をほめ讃えよ」なのです。

確かに、このような天衣無縫な想像力から生まれた歌をギリシア語に翻訳するのは必ずしも容易でありません。ヘブライ語テクストをギリシア語訳と比較されることをお薦めいたします。それからここで、岩波版の註とフランシスコ会訳の註には、アレクサンドリア写本やヴァティカン写本が支持しない指摘があることも指摘しておきます。

士師記の第五章は「デボラの歌」に捧げた後、「こうして地は四〇年にわたり平穏であった」でそれを結びます。

ヨセフスは両軍の戦闘について次のように語ります。


「ついに両軍の戦闘がはじまった。ところが戦闘が激しくなったとき、ものすごい雷鳴がとどろき、あられとともに土砂降りの雨が降り出した。しかも（強）風がその雨をカナナイア（カナン）びとの顔に吹きつけたので、彼らは視界を奪われて弓も投石機も使うことができず、また、完全武装の兵士たちも寒さに凍えて剣を使えなかった。

いっぽうのイスラエール（イスラエル）人は、風を背にしていたために被害が少なく、しかも、彼らはそれを神の助けと信じたので、勇気はまさに百倍になった。彼らは敵のまっただ中に突入して多数の者を斬り殺した。こうして敵側には、イスラエール人の手にかかって死ぬ者や、（暴れる）

自分たちの馬によって殺される者が続出し、自軍の戦車の下敷きになって命を落とす者さえ少なくなかった。」（五・二〇五―二〇六）

ヨセフスは対ローマのユダヤ戦争でユダヤ側の指揮官でした。そのためさまざまな戦闘場面が彼の記憶に残されているはずです。ここでの「弓や投石機」はエルサレムの城内に立ち籠もる者たち――ヨセフスの言葉で言えば「叛徒たち」――やローマ軍が使用したものです。冒頭の天変地異の場面は、デボラの歌の五・二〇に見られる「星辰は天から参戦し、その軌道から、シサラ（シセラ）と一緒に戦った」に触発されたものかもしれません。

ヨセフスはヤエルがシセラに与えた乳を「腐っている」とした後で、彼が「それを夢中で飲み干して眠り込んだ」（五・二〇八）とします。腐っている乳、発酵している乳などは飲めるものではありません。それは小水を飲むようなものでしょうが、それをも「夢中で飲み干した」とするのですから、シセラの喉の渇きと疲労困憊《ひろうこんぱい》からくる意識の朦朧《もうろう》状態での混乱が浮き彫りにされます。ヨセフスは彼を仕留めるデボラの武器を「天幕の杭」ではなくて鉄釘とします。士師記四・二一は、デボラの天幕にやって来たのはバラクが倒れることを怖れたのかもしれません。天幕の杭を抜いてしまっては天幕ただひとりとしますが、ヨセフスは「バラコス（バラク）の部下たち」（五・二〇八）とします。士師記五・三一は、すでに見てきたように、カナンの王たちの連合軍を破った後のイスラエルの「地が四〇年にわたり平穏であった」と述べるのみで、誰がこの「四〇年」を治めたかを明らかにしませんが、ヨセフスはバラクがイスラエルびとの「指揮官」をつとめたとします（五・二〇九）。

ミディアンびとの侵入

士師記の第六章は、ギデオンの召命と、バアルの祭壇の破壊と、ギデオンの手になるミディアンびとの圧政からの解放を語りますが、ヘブライ語士師記の冒頭はここまでで見てきた定式「イスラエルの子らは、主の目に悪しきことを行った」ではじめ、そのギリシア語訳もまた定式ではじめます。ヨセフスは「バラコス（バラク）とダボーラ（デボラ）は同じころに死んだ」ではじめます。士師記はバラクとデボラの死についての情報を与えてはおりませんから、ここでのヨセフスは適当にかつ無責任に二人は「同じころに死んだ」と言っているわけですが、わたしたちはヨセフスがモーセの姉ミリアムとその兄アロンの死をまとめて語っていたことを思い起こさないでしょうか（拙著『書き替えられた聖書――新しいモーセ像を求めて』二七四―七八頁）？

ミディアンびとはイスラエルの子らを七年にわたって苦しめます。これはここまでですでに繰り返し語られる、神によって与えられた神への背信にたいする懲罰であり試練なのです。イスラエルの子らが種を播いても、刈り入れの時が来ると、ミディアンびとは、アマレクびとや「東の子ら」（六・

三）と一緒になって攻め上ってきて収穫物を奪っていくばかりか、家畜の群れを奪うのです（図43）。ヨセフスはここでの「東の子ら」を「アラビア人」（五・二一〇）といたします。

士師記六・六以下によれば、イスラエルの子らは主に救いを求めます。すると主はイスラエルの子らのもとへ「主の御使い」を遣わし、彼らの救いのためにギデオンをおこします。これもここまでで繰り返される文学的パターンです。ヨセフスはここでの「主の御使い」を「若者の姿をした幻（ファンタスマ）」に変えます。

一般的に申しますが、ヨセフスには「主の御使い」とか、ヘレニズム・ローマ時代の世界ではよく使用された表現「神の人」を回避する傾向があります。このときのギデオンはエジプトで苦役の下にいるイスラエルの子らを救い出せと命じられたときのモーセに似ております。彼はどこかおどおどしているのです。彼は自分の部族が弱小で、自分が父の家で最年少の者であることを訴え、主が自分と一緒にいる徴《しるし》、すなわち証拠を求めます。ギデオンは次に主への献げ物を主の御使いの前で捧げますが（図44）、そのとき主の御使いは、彼の手にあった杖を差し伸べてギデオンが用意した献げ物に触れると、「岩場から火が燃え上がり」献げ物を焼き尽くしたそうです。主の御使いはギデオンの前から姿を消しますが、ギデオンはそのときはじめて、目の前にいた人物が「主の御使い」であることを知るのです。岩場から火が燃え上がり、献げ物を焼き尽くしたというのは「立派な奇跡」ですが、ヨセフスはそれにはまったく触れません。わたしは前著ですでに、ヨセフスには奇跡や超自然的な出来

図43●ミディアンびととアマレクびと、イスラエルの子らの収穫物を奪う
図44●ギデオンの献げ物

事を回避する傾向があることを指摘しておりますが、ここでの彼は立派な合理主義者なのです。主はギデオンに彼の父が所有していたバアルの祭壇を破壊させ、アシェラ像をも取り壊わさせ、それを薪にして自分への献げ物といたします。ヨセフスはこれには一切ふれません。

なぜなのでしょうか？

ヨセフスが異教の神々に敬意を払うようにしていることは、すでにモーセの律法解釈のところで見ました（『書き替えられた聖書――新しいモーセ像を求めて』二〇六―二〇七頁参照）。あれをここで思い起こしたいものです。

ミディアンびとら、イズレエルの平原に集結する

士師記六・三三以下によれば、ミディアンびとはアマレクびとや「東の子ら」と一緒にイズレエルの平原に集結します。ギデオンは神が彼とともにいることを確信すると、全軍勢を率いて立ち上がります。ここから先は士師記の第七章です。

主はギデオンの集めた軍勢が多すぎる、勝利すれば自分たちの力で勝利したのだと思い上がるとして、その数を大幅に減らすようにさせます。大きなお節介のように見えますが、主はどのようにしてその数を減らさせたのでしょうか？

主、ギデオンの軍勢を減らす

主はギデオンの兵士たちを水辺に連れて行き、そこで彼らに水を飲ませます。そのとき、両手を水辺について水を飲んだり、両膝をついて水を飲んだりした者たちは隙だらけの姿勢で水を飲んだと判断されてはねられます。

こんなケッタイな鑑別方法があったのです。

岩波版の訳者はその註で「……この識別は理にかなっているように思われる」と感心してみせますが、わたしたちは、こんな鑑別方法は前代未聞の呆れかえった方法だと驚いてみせたいと思います。実際、その後の人類史でこの鑑別方法が採用されたという事例は報告されておりません。

ヨセフスはこの鑑別法を無視はいたしません。

物語の再話には面白いと思ったからでしょうが、彼は次のような仕方で、神をこの場に導き入れ、ついで自分自身の人間理解を織り込んだ言葉を神の口に託すのです。

「ところが、神は、眠っているゲデオーン（ギデオン）の枕頭に立って次のように教えられた。『人間というものは本来利己的なものであり、そのため他人の素晴らしい功績を憎む。（戦争における）勝利も、神の働きによると考えるどころか、兵力が敵にまさったとか、敵よりもうまく立ち回

ったとか言って、(すべてを)自分たちの手柄と思い込んでしまうのである。』」(五・二二五)

ここでの「功績」はアレテーです。「武勇」の訳語を与えることも可能です。ヨセフスは鑑別の行われた時刻を設定いたします。それは「もっとも暑さの激しい昼の最中」(五・二二六)とされます。彼はそればかりか、兵士たちが水を欲する環境をも設定し、神はそのとき彼らを「(ヨルダン)川まで行進させた」といたします。そして彼は、その上で、「そこでひざまづいて(悠々と)水を飲む者は勇気ある者」と見なされ、「びくびくとしながら急いで飲む者はすべてすでに敵に怯える臆病者」と見なされたとし、「ゲデオーン(ギデオン)は、神の指図にしたがい、両手で水を口まで運ぶとき恐怖で震えている三〇〇人の臆病者」(五・二二七)を敵の攻撃に参加させることにしたとします。

ここでのヨセフスは、士師記とは異なり、神は臆病者三〇〇人から成るギデオンの軍隊にさえ勝利を与えることを彼の聴衆や読者に告げようとしております。彼は『戦記』や『自伝』の中でも、戦いでの勝利は必ずしも兵力の多寡によるものでないことを説いております。

ギデオンは三〇〇人の兵士を三つの部隊に分け、全員に角笛と松明《たいまつ》を持たせて敵の陣営に夜襲をかけます。敵陣は大混乱で、同士討ちに陥ちいります。

エフライムの男たち、ギデオンに抗議する

士師記の第八章は、自分たちに呼びかけないでミディアンびとの討伐に向かったギデオンに向かって抗議したエフライムの男たちの話にはじまり、ミディアンびとの追撃と、ギデオンへの支援を拒否した町にたいする報復とギデオンの勝利、ギデオン存命中の四〇年にわたる国土の平穏などが語られます。ヨセフスは士師記の物語をほぼ忠実に再話いたしますが、エフライムの男たちの不満については次のように述べます。

「いっぽう、エフライミス（エフライム）部族はケデオーン（ギデオン）の成功には不満であり、彼を討とうとさえした。ゲデオーンは控え目な、徳の典型のような人物であったので、こう答えた。彼ら抜きで攻撃したのは、自分の独断ではなく、神の命令によったからである。この勝利は戦争に参加した者の勝利であるばかりでなく、（参加しなかった）彼らの勝利でもあるのだ、と。

彼はこう言って、エフライミス部族の不平や不満をおさめた。このことは彼の軍事的な成功に劣らず、ヘブル人にたいする大きな貢献であった。なぜなら、彼は（諸部族を）内乱の一歩手前でうまく食い止めたからである……。」（五・二三〇―二三一）

ここで読者は、ヨセフスが、先に触れた大きすぎるギデオンの部隊による勝利から予想される傲慢《ごうまん》

を諫《いさ》める神の言葉を思い起こさせようとしていることを知ると同時に、彼がギデオンを「控え目（メトリオス）」で「徳の典型（パサン・アレテーン・アクロス）」であると述べることでモーセと比していることを知るのです。モーセはしばしば、民の不平や不満をおさめ、内乱の一歩手前でその暴発を食い止めております。

ギデオンを「小モーセ」として語るヨセフスにとって、士師記八・二四以下の記事は耳障りなものです。そこではギデオンが戦利品の中から金の耳輪や、耳飾り、首飾りなどを供出させて（図45）エフォド――この場合のエフォドは後の時代の大祭司の祭服につける胸飾りのようなものではなくて神像のようなものです――をつくらせて、それを彼の町オフラに置き、その結果「全イスラエルがそれを慕ってそこで姦淫にはげみ、それはギデオンと彼の家にとって躓きとなった」（八・二七、ギリシア語訳）そうです。この記事こそは、モーセがシナイ山に登ってその下山が遅れているのを知った民が金を供出してモーセの兄に「黄金の子牛」をつくらせ、それが完成するとその前でドンチャン騒ぎをした事件に相当するものです。

ヨセフスは、モーセ物語の再話において、この「黄金の雄牛鋳造」事件には全く触れません（それについては『書き替えられた聖書――新しいモーセ像を求めて』二一二―二一六頁参照）。ここでの彼は「黄金の雄牛」を回避したときと同じヨセフスなのです。彼はここでの金の供出をアロンのもとでの金の供出と等値のものにしているのです。

ヨセフスは戦闘に勝利したギデオンの「それから」について語ります。

「その後、ゲデオーン（ギデオン）は指導者の地位を退こうとしたが押しとどめられ、士師として、それから四〇年間イスラエール（イスラエル）人を統治した。人びとが自分たちの争い事を彼に持ち込んだとき、彼の発言はつねに拘束力をもった。彼は老齢になって亡くなり（図46）、生地のエフラン（オフラ）に葬られた。」（五・二三二）

ヨセフスはここでギデオンの謙遜な性格と、民が彼のもとへ持ち込む係争事項に触れておりますが、士師記はこの二つには触れておりません。ヨセフスはここで自らがすでに描いたその性格と民の係争事項に忙殺されるモーセを間違いなく思い浮かべているのです（前掲書、一八八―一九一頁参照）。

アビメレクの登場

ギデオンは精力絶倫の男であったようです。女たらし、女殺しであったのかもしれません。

士師記八・二九によれば、彼は「多数の正嫡の女」から七〇人の男子を儲けます。ここでの「七〇」という数は聖数ですから、本当に七〇人の男子を儲けたかどうかは不明です。もしそうであれば、

図45●耳輪を供出するギデオン
図46●ギデオンの埋葬

正妻の数が一ダースだったのか、二ダースだったのか、三ダースだったのかは分からないものとなります。さらに側女もおりました。ギデオンはシェケムに住む側女《そばめ》との間にアビメレクを儲けます。士師記のヘブライ語テクストもギリシア語訳も側女の名前を挙げておりませんが、ヨセフスは彼女の名前をドルーマ（五・二三三）とします。すでに見てきたように、彼は固有名詞を耳に快適な読み方に改めますが、固有名詞の創作はあまりしないので――もっとも旧約の偽典文学に精通しておられる方は、固有名詞もしばしば創作されたことを知っているはずです――、このような固有名詞に出会うと当惑いたします。ラテン語版はドロマですから、この名前はイタリアのヴィヴァリウムあたりの修道院の修道士たちが『古代誌』を転写するときに勝手にこの側女の名前を想像したとは思われません。

ヨセフスは側女の名前を与えた後に、次のように申します。

「アビメレコス（アビメレク）は父が死ぬと、母の生地シキマ（シェケム）に（住む）母の家族のもとへ帰った。彼はそこで彼らから金を手に入れ――彼らは多くの罪を犯したことで悪名高かった――、彼らとともに父の家に行き、運よく脱出したヨータメース（ヨタム）を除く自分の兄弟をすべて殺してしまった。そして、彼は統治の仕方を専制的なものに改め、律法を無視して自分の思いどおりに行うと宣言し、正義を守ろうとする人びとに激しい敵意を示した。」（五・二三三―三四）

引用した一文の中で「アビメレコスは父が死ぬと……母の家族のもとへ帰った」と、それに続く一文はどうもうまく接続しません。文意が明確ではありません。

ヘブライ語士師記九・四は、彼の母の身内の者たちは「バアル・ベリトの神殿から銀七〇を取って彼に与えた。アビメレクはそれでもって、やくざのならず者を雇って自分にしたがわせた」と読んでおります。そのギリシア語訳は、ここでの「バアル・ベリトの神殿」を「契約のバアルの家」と訳出します。バアル・ベリトをひとつの固有名詞と見なさないで、その要素に分解しているのですが、ヨセフスがここでこの詳細を省いたのは異教の神殿――「家」を意味するギリシア語訳のオイコスには「神殿」の訳語を与えることもできます――への言及があったからでしょうか、それとも転写の修道士がうっかりミスを犯して落としてしまったのでしょうか、いずれにしても、この箇所に欠落があるのは確かなようです。

この一文で大切な箇所といえば、ヨセフスがアビメレクの統治を「律法を無視した」「専制的なもの」に改めたことへの言及なのです。すでに見てきたように、ヨセフスは『古代誌』の「はしがき」で、個人であれ、民族であれ、律法に忠実な生き方をすれば幸福がもたらされることを強調しておりますが、彼はすでに本書二・一一四でニムロデの統治の仕方を「専制的な方に向かうもの」と見ております。彼は一人の暴君の登場による専制政治こそ民族の統治にとって最悪のものであるとしますが、この見解は本書の第一〇巻までの聖書の再話においてばかりか、そこから先の二〇巻までで も、繰り返し述べられます。

その理由は明らかです。

ヨセフスは対ローマの戦争では、エルサレムの同胞たちの間での激しい権力闘争や、それに勝利したシモンの専制君主（『戦記』七・二五以下参照）のような支配を目撃しているのです。その悲惨を思い起こしているのです。

アビメレク、王になる

士師記九・六によれば、アビメレクはシェケムの有力者たちにより王にされます。彼の七〇人の兄弟たちの中で唯一生き延びたヨタムはゲリジム山に人びとを集めると、彼らにたとえ話で語りかけます。

士師記九・六―七によれば、ヨタムはアビメレクが王にされたのを聞くとただちに行動を起こしたかのようですが、ヨセフスは「さて、シキマ（シェケム）で民の祭があり、すべての者がそこに集まったときのことである」と述べて、大勢の者が祭のために集合していた状況をつくりだします。ヨタムは人語を発する木々が仲間の木々に接近しては王になるようにと要請しますが、いずれの木もその要請を辞退いたします。最後の茨の木だけが引きうけます。

ヨシュア記九・七以下によれば、そこで登場する木々の順はオリーブの木→無花果の木→葡萄の木→茨の木ですが、ヨセフスでの登場順位は、無花果→葡萄の木→オリーブの木→茨の木です。イエス時代のユダヤ側の文書とされる偽フィロンの『聖書古代誌』も、ヨセフス同様に、木々が最初に接触した木を無花果としております。

ここで士師記九・一四―一七を見てみましょう。

「次いで木々は茨に向かって言った。

『さあ、お越しになってください。あなたこそがわたしどもの上に（立つ）王になってください。』

茨は木々に向かって言った。

『もしあなたたちが真実をもって油をそそぎ、

わたしをあなたたちの上に（立つ）王にするのなら、

さあ来て、わたしの保護のもとに入るがよい。

もしそうしなければ、

茨から火が出るように、

そしてリバノス（レバノン）の杉を焼き尽くすように。』」

ヨタムはこのたとえを語り終わると、なぜ自分の兄弟七〇人をも殺した残忍非道なアビメレクを王に立てたのかと激しく告発します。

ヨセフスは次のように再話いたします。

「『しかし、茨は、(他の) 木々に王権を受けるように懇願されると——茨は木を燃やすほくちとして役立つ——、王位を引き受けることを申し出て、大いに働くことを約束した。ところが(茨が王位につくと) すべての木々を自分の陰に座らせ、自分を滅ぼそうと陰謀を企てる木を、(自分の) 中から燃え上がる火で滅ぼす運命に置いたのである。

わたしは、おまえたちを笑わせるためにこれを話しているのではない。今こうして語っているのは、おまえたちがゲデオーン (ギデオン) から多くの恩恵を受けたにもかかわらず、アビメレコス (アビメレク) に手を貸してわたしの兄弟たちを殺し、奴に独裁者の地位を与えてそれを許しておくからだ。やがておまえたちは、奴が (茨の) 火と変わらぬことを思い知らされるだろう。』

ヨータメース (ヨタム) はこう語って姿を消し、アビメレコス (アビメレク) を怖れて三年間山中に隠れて暮らした。」(五・二三七—二三九)

士師記はヨタムの潜伏期間には言及しませんが、同書九・二二に「アビメレクは三年の間イスラエルを支配した」とありますので、ヨセフスが彼の潜伏期間を三年と想像して見せるのは妥当です。

ここで注意したいのは、ヨセフスがここでもアビメレクに「専制君主↓独裁者」として言及していることです。ここでのアビメレクは、ネロであるかもしれません。ドミティアヌスであるかもしれません。この二人かもしれません。

ヨセフスがここで問題にするのは、民には専制君主になる可能性を秘めた人間を統治者に選ぶ可能性があるということです。その可能性を排除するにはどうしたらいいのか、ということです。もっとも、この問題は『古代誌』の全二〇巻にわたる共通のテーマであり、現代のすぐれたヨセフス学者であるカナダ人学者スティーブ・メイソン教授は、このテーマの追求のために『古代誌』は書かれたと申し立てるのですが、このテーマこそは人類史の続くかぎり世界のどこかで暗い影を落としているものなのです。

神、アビメレクとシェケムの有力者の間を裂く

士師記九・二二以下によれば、神はアビメレクとシェケムの有力者の間を裂きます。アビメレクはシェケムの町を攻撃し、そこに住む者たちを徹底的に滅ぼします。シェケムびとの惨状を目の当たりにしたイスラエルの子らは震え上がります。

ヨセフスは専制君主のアビメレクが血なまぐさい勝利の中での変貌を想像して「彼の野望はさらに大きくなり、暴力に際限がなくなって、ついにはすべてのものを破壊し尽くすと思われるほどだっ

た」（五・二五一）と書き記した上で、次にテベツ（彼の読みではテーバイ）の町を占拠したときに、町の女が投げた石臼の石が彼の頭に命中して倒され（図47）、そこで彼が自分の武具持ちに自分を殺すように命じたことを士師記の記述にほぼ忠実に語り、「アビメレコス（アビメレク）が兄弟たちに犯した罪と、シキマ（シェケム）びとを凶悪に取り扱ったことに対して受けた罰はこのようなものであり、また、彼とシキマびとが受けた災禍は、ヨーターメース（ヨタム）の占いがまさに実現したものであった」（五・二五三）で結ぶのです。彼は士師記九・五七の「ヨタムの呪い」を「ヨタムの占い（マンティア）」に変えております。

ヤイルの統治

士師記一〇・一―二によれば、アビメレクの後には、プアの子トラがイスラエルのために立ち上がり、二三年にわたってイスラエルを裁いたそうですが、ヨセフスはこの人物を落とします。士師記にわずか二節の短い記述しかなければ、いくら「膨らませ上手」のヨセフスでも、それを膨らませることなどできません。彼はアビメレクの後継者を「マナスシティス（マナセ）部族出身のガラデーノス（ギルアドびと）のヤエイレース（ヤイル）であった」（五・二五四）とし、「彼はあらゆる点で祝福を受けた人物で、とくに子宝に恵まれて三〇人の息子はすべて勇敢な騎馬武者であった」（五・二五四）

図47●アビメレク、石臼の石を投げられる

と申します。

このヤイルの子の数は、ヘブライ語士師記一〇・四でも「三〇人」ですが、ギリシア語訳では「三二人」です。ヘブライ語士師記の同掲箇所によれば、この三〇人の息子たちは「三〇頭の驢馬に乗り、三〇の町を所有していた」そうですが、ギリシア語訳では、彼らは「三二頭の驢馬に乗り、彼らには三二の町が（あった）」です。ヨセフスは多分ここで数の違いに戸惑いを覚え、ヘブライ語テクストにしたがっているように見えますが、彼は「三〇頭の驢馬」と「三〇の町」には言及しません。同じ数が三つ並ぶ不自然さを感じ取ったのかもしれません。

このヤイルは、二二年間統治した後に亡くなり、ギルアドの町に葬られます。

アンモンびととペリシテびとの支配下のイスラエルの子ら

士師記一〇・六によれば、イスラエルの子らは再び背信行為に走り、カナンの地のバアルに奉仕します。

士師記は彼らが仕えたカナンの地の神々を列挙します。彼らはアンモンびとの神々やペリシテびとの神々にも奉仕いたします。

ヨセフスは次の物語に移るにあたっては、「（しかし、再び）ヘブル人は万事において易きに流れ、神と律法を軽視してはばからぬようになった」（五・二五五）と申します。彼にとってはイスラエルの子らの「律法の軽視」こそがすべての災禍の原因のようです。士師記一〇・八によれば、主はイスラエルの子らを一八年にわたってペリシテびととアンモンびとの手に置きます。そしてイスラエルの子らがそれまでの背信行為を反省し恭順の意を示したとき、一人の勇者が立てられます。

エフタへの呼びかけと悲劇

勇者は娼婦の子のエフタです。

彼はギルアドが娼婦の間に儲けた子ですが、ギルアドの正妻の息子たちとは折り合いが悪く、そのため家から追い出され、ギルアド（ヨセフスの読みではガラディティス。ここでは人名ではなく地名）の土地に住むことになります。彼はその地で自分のもとにやって来る者たちを傭兵として使用いたします。イスラエルの子らはエフタにアンモンびとに向かって出陣するように呼びかけます。エフタはアンモンびととの戦争を宣言いたします。彼は神に勝利を祈願し、アンモンびとから遣わされた使者にたいしては、もし自分が無事に戻ることができれば、「わたしを出迎えるためにわたしの家の（入り口の）両扉から出てくる者、（その者）は主のものとなり、わたしはその者を焼き尽くす献げ物として携える」（一一・三一、ギリシア語訳）と誓うのです（図48）。

エフタは勝利を収めて凱旋いたします（図49）。

ところが、彼が凱旋して最初に出会ったのが、「タンバリンを両手に踊りながら出て来た」（一一・三四）彼の娘だったのです（図50）。アンモンびとからの使者にした約束は神との誓いでもあったために、ここでの娘の登場はエフタにとって衝撃的です。しかし、娘は自分の運命を従容《しょうよう》として受け入れようとしますが、二か月間の猶予を求め、その間に山地を彷徨い、自分の生涯が男を知らずに処女で終わることを嘆き悲しませてくれと嘆願します。

ヨセフスはこのあたりを次のように再話いたします。

「悲しみに打ちひしがれた父親は、その衝撃があまりにも大きかったために、（なぜ）あわてて会いに出て来たかと娘を（激しく）叱りつけた。神に彼女を犠牲として捧げなければならなかったからである。しかし彼女は、父親の勝利と同胞市民の解放の代償として自分が死なねばならぬのを知っても、その運命に不平を言わなかった。ただ、彼女は友だちと自分の青春を惜しむために二か月の猶予を乞い、それがすめばいつでも父親が（神への）誓約を実行してもかまわないと言った。」（五・二六四―六五）

娘は二か月が経つと山から戻ってきて、主に捧げられることになります。士師記一一・三九―四〇によれば、男を知らずして主の犠牲とされた娘を悼んで、イスラエルの娘たちは以後、毎年、山地に

図48●エフタの誓い
図49●エフタ、アンモンびとを打ち破る

図50●エフタ、タンバリンを手にした娘の出迎えを受ける

出かけては嘆きの歌を四日間うたうのが慣わしとなったそうです。ヨセフスはこの慣習に触れることはせずに、エフタは「娘を燔祭《はんさい》の犠牲として捧げた。このような犠牲は、律法に適うものでも、神に喜ばれるものでもなかったが、彼は自分の行為がそれを聞いた者にどのように受け止められるかを洞察できなかったのである」（五・二六六）と述べて、この物語を締めくくります。

エフタ、エフライム部族と戦う

エフライムびとがエフタに戦いを仕かけにやって来ます。

エフタがアンモンびとと戦うときにひとこと声をかけなかったからだというのです。エフタはギルアドの男たちを招集してエフライムを相手に戦い、四万二〇〇〇を殺して勝利いたします（図51）。エフタはイスラエルを六年間支配した後にその生涯を終えます。

ヘブライ語士師記一二・七によれば、彼はギルアドの町に葬られますが（図52）、ギリシア語訳は「自分の町ガラアド」に葬られたとします。ヨセフスは「ガラデーネー（ギルアド）のセベエー」に葬られたとします。ギリシア語訳の写本の中には「自分の町」をセフェとかセフと読むのがありますから、多分ヨセフスが卓上に置いているギリシア語訳はそのような名前の入っているものだったのでしょう。となると、もしギリシア語訳者がその固有名詞を勝手に想像したものでなければ、そのギリ

図51●エフタ、エフライムびとに勝利する
図52●エフタの埋葬

シア語訳の訳者が使用したヘブライ語のテクストは固有名詞を欠くものであったと想像することができます。

イブツァンの治世、エロンの治世、アブドンの治世

士師記一二・八―一一四は、エフタの死後七年続いたイブツァンの治世、彼の死後一〇年続いたエロンの治世、彼の死後八年間続いたアブドンの治世について簡単に触れております。

ヨセフスはイブツァン(彼の読みではアプサネース、ギリシア語訳ではエセボーンまたはアバイサン)の治世に関しては、彼の「治世中には記録や記憶に残すべきことは何もなかった」(五・二七一)と述べ、エロン(彼の読みではエーローン、ギリシア語訳ではアイローンまたはアイローム)の治世に関しては、「(特記すべき)重要なことは何もしなかった」(五・二七二)と述べ、またアブドン(彼の読みではアブドーン)の治世に関しては、「彼は子供に恵まれたという以外に、(特記すべき)素晴らしい業績などは何も残していない」(五・二七五)と素っ気なく述べて全体を締めくくっております。

第3章 士師時代（2）

1 サムソン物語

イスラエルの子ら、ペリシテびとの支配下に置かれる

前章の終わりで取り上げた三人の士師、イブツァン、エロン、そしてアブドンはこれといった事蹟のない者たちで、そのためヨセフスによって、「特記するに値する者たちではなかった」とバッサリ切り捨てられております。

しかし、アブドンの死後に登場するサムソンは別です。

ヘブライ語士師記一三・一は、サムソンの誕生物語を導入するにあたり、「イスラエルの子らは、またもや主の目に悪しきことを行った」ではじめ、ギリシア語訳の訳者は、すでに見てきた定型ではじめます。現代のパソコンでは頻繁に使用する定型の語句はあらかじめ入力しておいて、ポーンとエンター・キーを押せば、それが一瞬に現れ出ますが、ここでのヨセフスは「イスラエル人が神と律法を無視した」という彼自身がつくりだした定型の繰り返しの使用にはさすがに飽きたようで、それは用いずに次のように言うのです。

「アブドーン（アブドン）の死後、パライスティノイ（ペリシテびと）がイスラエール（イスラエル）人を征服し、以後四〇年間彼らに貢納を強制した。イスラエール人がこの窮境から解放されたのは次の事情からである。」（五・二七五）

ヨセフスはここでペリシテびとを表すギリシア語パライスティノイを使用します。ギリシア語訳の訳者はブレルことなく「異種族の者たち」（アロフロイ）という言葉を用います。この言葉の構成要素のひとつである形容詞のアロス（↓アロイ）の使用には、「あの種族のやつだけは絶対に認めないぞ」という覚悟のようなものを認めることができます。イヤな言葉です。なぜギリシア語訳の訳者がこの言葉を選択し、迷うことなくそれを一貫して使用するのか、わたしはそれを知りたいと思っておりますが、ギリシア語訳の研究者はいまだ満足できる答えを見つけてはくれておりません。ヨセフスはこのイヤな言葉を使用することはありません。

ヨセフスは、ペリシテびとの征服下に置かれたイスラエル人は「貢納」を強制されたと想像いたします。これは士師記の伝えない詳細ですが、異民族の支配下に置かれるとはそういうことなのだ、ということを彼は知っているのです。ユダヤを統治していたヘロデは紀元前四年に亡くなり、そのためパレスチナの土地は、以後、ローマにたいして叛乱を起こす紀元後六六年までその支配下に置かれることになりますが、その間彼らは支配者であるローマに貢納を強制されたのです。わたしは第二次ユダヤ戦争の主たる要因をローマへの貢ぎに求めます。第一次ユダヤ戦争の後、ローマは懲罰的な意味も加え「ヘビーな貢ぎ」を強制したと思われますが、問題はヨセフスが、九二、三年に完成させた『古代誌』の中でそのことを口にしていないことであり、第二次ユダヤ戦争（一三二―一三五）に触れたディオン・カッシオス（一五五？―二二九）らのローマの歴史家たちもそれを口にしていないことです。ヨセフスに関して言えば、彼はユダヤ戦争後の七一年の春以降はローマでフラウィウス一族の手厚い庇護の下にあるわけですから（拙著『異教徒ローマ人に語る聖書』［京都大学学術出版会］）、それを口にすることなど無理だったとしなければなりません。しかし、ここでの記述から明らかなように、彼は異民族の支配＝貢納を知っているのです。異民族が「異種族」であっても変わりはないのです。

主の御使い、マノアの妻に男子の誕生を告げる

士師記一三・三―五は次のように述べて、サムソン物語をはじめます。

「主の御使いが（この）女のもとへ現れ、彼女に向かって言った。『見よ、おまえはこれまで石女《うまずめ》で、子を産んだことがなかった。だがおまえは身ごもり、息子を産む。そこでこれからは（体を）大切にし、葡萄酒やシケラ（濃い酒）を飲んではならないし、汚れたものいっさいを口にしてはならない。なぜなら、見よ、おまえは身ごもり、息子を産むからである。剃刀《かみそり》をその子の頭の上にあててはならい。その子は胎（にいるとき）から、神のために聖別されたナジルびとで、その彼がイスラエルを異種族の者たち（＝ペリシテびと）の手から救いはじめるからである。』」

いきなり石女です。

漢字の「石女」は女性を蔑視する視覚的に冷たい言葉です。

しかし、聖書の世界は立派な差別の世界ですから、その世界を再現するためにはこのような言葉を遠慮無く使用するのが適切かもしれませんが、わたしが教える学生の大半はこの言葉を知りません。「石女」は、「姦淫」と同じく、今や紛れもなく死語なのです。「何それ？・」の範疇の言葉なのです。

そこで「石女」は「不妊の女」に置き換えねばなりません。わたしはすでに『七十人訳ギリシア語出エジプト記』で「姦淫」を「不倫」に置き換えております。

「産めや、増やせよ」の創世記にはすでに不妊の女が二人か三人登場いたしました。アブラム（後のアブラハム）の連れ合いのサライ（後のサラ）がそうでした（創世記一七・一七以下）。イサクの連れ合いリベカがそうでした（同書二五・二一）。ヤコブの二人の連れ合いの片割れラケルがそうでした（同書二九・三一）。古代における不妊の女たちの出産願望は、現代のそれと変わりありません。現代の女性は、連れ合いが種なしであるかどうか、不妊の原因を探ることができ、その対策を講じることができる場合がありますが、古代世界の女はそうはいきません。創世記に登場する不妊の女たちが、神の在所である聖所に出かけてそこで祈ることはありません。聖所そのものがまだ存在しなかったからです。彼女たちができることは、大きな石でも積み上げてそれを祭壇と見なし、そこに献げ物のひとつでも置き、そこから立ち昇る煙のはるか上方にいると信じた主なる神に向かって、「主よ、わたしの胎をお開きください」と祈るしかなかったわけです。主なる神は立派な「差別の神」ですから、すべての女の願いに「はい、はい」と応じるのではありません。

しかし、この士師記の女の場合ですと、「主の御使い」が現れて受胎告知をするのです（図53）。サラを受胎告知の第一号とすると、リベカやラケルには主の御使いは現れておりませんから、こちら、すなわちマノアの妻はその第二号です。主の御使いは彼女に、これからは「葡萄酒やシケラ」を飲んではならないと告げますが、彼女はすでにアル中だったのでしょうか？　キッチン・ドリンカーだったのでしょうか？　心配性のわたしは、酒を飲みながら、少しばかりですが気をもんでしまいます。

マノアの妻は夫に向かって、「神の人」が自分に現れて自分が懐妊することを告げたと申します（図54）。マノアは神の人がもう一度自分たちのもとへ現れるよう神に嘆願すると、その願いが叶えられます（図55）。神の人は彼らのもとに現れると、マノアの妻にすでに言ってある注意事項を口酸っぱく繰り返します。マノアが神の人にその名前を尋ねると、自分の名は「不思議」だと言うのです。神はかつてモーセに顕現したとき、自分の名前を問われて「わたしはなる、わたしがなるものに」と答えたそうですが（『書き替えられた聖書――新しいモーセ像を求めて』九八―一〇一頁参照）、ここでも神の人の名「不思議」はよく分からぬものです。神はモーセを、そして次にはマノアを適当にからかってみせたのでしょうか？

マノアは山羊の子と穀物の供物を取ると、岩を祭壇に見立てて、その上で献げ物を主に捧げます（図56）。創世記の物語によれば、人類で最初に神に献げ物をしたのはカインとアベルで、カインは穀物の初穂を、アベルは子羊の初子を捧げましたが――アダムとエバが楽園で神に犠牲を捧げて神のご機嫌でも伺っておれば、楽園追放の憂き目には遭わなかったかもしれません――、ここでのマノアは、神が肉食系であり、同時に草食系であるのを知っているかのように、両方を捧げます。すると「一条の炎が祭壇の上から天へと立ち昇ったとき……主の御使いも炎とともに昇って行った」（一三・

図53●主の御使い、マノアの妻に現れる
図54●マノアの妻、主の御使いのお告げを夫に語る

図55●主の御使い、マノアとその妻に現れる
図56●マノア、主に献げ物を捧げる

二〇）そうです。

マノアはそのときはじめてその人が神の御使いであることを知ると同時に、神を見てしまったことを怖れますが、マノアの妻は「こんなこと怖れる必要はないのよ」と訴えます。彼女がそのとき、「モーセも神を見たじゃない」と言ったかどうか。「アダムもエバも楽園をそぞろ歩きする神の姿を見たのではなかったかしら」と言ったかどうか。それはともかく、彼女は無事に男子を出産し、その子をサムソンと名付けます。

ではヨセフスの再話です。

彼は次のように言ってサムソン物語を語りはじめます。

「マノーケース（マノア）という男がいた。ダニタイ（ダンびと）の中でもっとも有名であり、もちろん故郷ではだれからも最高の人物と見られていた。彼には、器量のよさでは当時どんな女にもひけをとらない妻がいたが、二人の悩みは子に恵まれないことであった。そのために彼はよく妻をつれて大きな平原のある郊外へ出かけ、二人に後継ぎが授かるよう神に祈願するのが習慣になっていた。彼の妻への愛情は異常に深く、同時に常軌を逸して嫉妬も激しかった。

ある日、彼の妻が一人でいるところに背の高い好青年の姿をした幻が神の御使いとして現れた。神の心遣いにより彼女に男の子が生まれ、その子が立派なたくましい成年になってパライスティノイ（ペリシテびと）を苦しめるだろうという吉報をもたらした。また、若者の髪を切らず、いっさいの酒を禁じて――これは神の命令である――、水だけを飲ませるように命じた。青年はそう告げると、自分は神の意思でやって来ただけである、と言って立ち去った。」（五・二七六―七八）

ヨセフスはここで物語を聞く者たちが思わず耳をそばだてるようなマノアの性格に触れます。彼はマノアを「ダニタイ（ダンびと）の中でもっとも有名であり、もちろん故郷ではだれからも最高の人物と見られていた」（五・二七六）と語るばかりか、「器量のよさでは当時どんな女にもひけをとらない妻」への「愛情は異常に深く、同時に常軌を逸して嫉妬も激しかった」（五・二七七）とします。常軌を逸した嫉妬深さです。「お茶でもどう？」と男に誘われるのを立ち聞きでもしたら、「さあ、大変」の事態が発生いたします。

ヨセフスはさらに、神の御使いを「背の高い好青年の姿をした幻」とします。ここでの「幻」のギリシア語はファンタスマですが、今ひとつしっくりとこないものです。マノアの妻が夫に向かって、「背の高い好青年が一人でいるわたしのもとへ訪ねてきた」、しかもその好青年は「わたしが身ごもることを教えてくれた」と夫に告げたらどうなるでしょうか？　マノアは妻がその好青年と野合でもしたのではないかと疑うはずです。疑って当然です。ヨセフスはそのためにマノアを「常軌を逸して嫉妬も激しかった」男とするのですが、彼は先に進んで妻がマノアに神の御使いから聞いたことを語る場面に遭遇しても次のように述べて、マノアを再び嫉妬深い男として描きます。

「さて、妻は夫が来ると、(神の)御使いから聞いたことを告げた。しかし、そのとき彼女がその青年の美しさと体格のよさをほめ讃えたために、夫は嫉妬にかられて逆上し、かえっておかしな疑いさえもってしまった。彼女は夫に理由もなく取り乱したりしないように頼み、夫も会えるようにもう一度御使いを遣わしてくれるようにと(神に)祈った。」(五・二七九—二八〇)

すでに見てきたように、士師記一三・八によれば、御使いの顕現を神に嘆願したのはマノアですが、ヨセフスはそれをマノアの妻に改めます。彼女には嘆願する必然が生じました。彼女は疑い深い夫に、身の潔白を見せつけねばならなかったからです。マノアとその妻が用意した祭壇への献げ物ですが、ヘブライ語士師記一三・一九によれば、それは「山羊の子と穀物の供物」であり、ギリシア語訳の同掲箇所によれば「山羊の子と犠牲の供え」ですが、ヨセフスによれば、「パンと肉(子山羊の肉)」です。すでに見てきたように、祭壇の上に置かれた献げ物からは自然発火のように炎が天に向かって昇りますが、ヨセフスは自然発火の不自然さに気づいたためでしょう、「御使いが手にした棒で肉にふれると」(五・二八四)炎が上がったとし、さらにその炎が「肉とパンを焼き尽くした」(同掲箇所)とします。彼はさらに、御使いが「戦車にでも乗るように煙にまたがり」天高く舞い上がっていったとします。列王記下二・一一によれば、エリヤは天に挙げられたときには馬が曳く火の戦車に乗って行きましたが、ヨセフスがここでそれを想起しているのは確実です。

サムソンの誕生

ヨセフスによれば、懐妊中のマノアの妻は神の御使いの命令を忠実に実行いたします。そのため彼女は、夫の目を盗んでキッチンで葡萄酒や濃き酒などを飲んだりはいたしません。

生まれてきた子は、見てきたようにサムソンと名付けられます（図57）。ギリシア語訳でもヨセフスでもサムプソーンです。ヨセフスはギリシア語を解する読者のために、「それは『強者』という意味であった」とサムソンの名を解説してみせます。サムソンのヘブライ語名はシムションで、それは「太陽」を意味するシェメシに由来すると説明されますが、ヨセフスがサムソンが「強者」を意味すると述べるとき、彼は太陽を力の象徴と見なしているように思われます。これはきわめて自然です。『バビロニア・タルムード』ソター一〇aに「サムソンは神の名を付けられた。聖書（＝詩篇八四・一二）に『太陽と楯は（まことに）主なる神である』と書かれているからである」とあります。

ヨセフスはモーセの幼いときを想像して「彼の理解力の発達は、身体の発育に伴うのではなく、同年齢の者の標準をはるかに抜いていた。彼の慎重な大人じみた特質は遊びのときに（よく）発揮されたが、……」と書いておりましたが（拙著『書き替えられた聖書――新しいモーセ像を求めて』五〇―五

図57●サムソンの誕生

一頁参照)、彼はここでも物語のヒーローとなるサムソンの幼子時代の成長について想像し、「子供の成長は早く、彼のまじめな生き方と長く伸ばした髪のために、彼が預言者になることはだれの眼にも明らかであった」(五・二八五)とします。

物語の書き手や物語の再話者は、ヒーローの幼い頃を美化して描くものです。たとえば、ルカ福音書二・四一以下は、神殿の境内で祭司たちを相手に議論するイエスを描いておりますが、イエスってそんなに頭がよかったのでしょうか? それともエルサレムの神殿祭司はみなアホ・バカだったのでしょうか? ここでの記述は幼子が成長すれば、立派な人物になることを読者に想像させるため文学的な工夫のためのものであり、それ以上のものではありません。

サムソン、ライオンを殺す

話はここで一気に若者となったサムソンです(図58)。

サムソンは色気づきます。性に目覚めます。彼は草食系ではなくて、肉食系だったのです。士師記一四・一以下によれば、ある日サムソンはティムナと呼ばれる町に下って行くと、そこでペリシテびとの娘のひとりを見初《そ》めてしまいます。サムソンは両親のもとに戻ってくると、彼らから結婚の許しを得ようとします(図59)。ペリシテびとは当時イスラエルを支配していた民族ですから、

図58●若者となったサムソン
図59●サムソン、ペリシテびとの女を見初める（左）、サムソン、両親から結婚の許可を取り付けようとする

両親は吃驚仰天《びっくりぎょうてん》で腰を抜かしてしまいます。ペリシテびとは無割礼の民族ですから、両親は「あわわわ……」とパニックります。イスラエルの子らは無割礼の民族の子と一緒にはなれないのです。われわれはここで、ヤコブの息子たちが妹のディナをシケムに凌辱されたとき、シケムとその父ハモルに向かって「割礼を受けていない男に、妹を妻として与えることなどできない。そのようなことはわれわれの恥とするところだ」（創世記三四・一四）と言ったことを思い起こす必要があるかもしれません。

ギリシア語訳の士師記一四・三によれば、サムソンの両親は彼に向かって「おまえの兄弟たちの妹の中やわたしのすべての民のうちに（適当な）女は（いないのか）？　おまえは出かけて行って、無割礼の異種族の者の者たち（ペリシテびと）から妻を迎えるのか？」と一喝いたします。ここでのポイントは、ペリシテびとが「無割礼で、異種族の者」であることです。

さてヨセフスです。

彼はサムソンがティムナに下って行った理由を想像して、「（あるとき、）若者は両親とともにパライスティノイ（ペリシテびと）の町タムナ（ティムナ）にやって来た。そのとき町は祭で賑わっていた」（五・二八六）とします。彼はここで、両親がサムソンを祭に連れて行きたかったと想像してみせるわけですが、彼は聖書物語の中の出来事を再話するときに、聖書が設定していない祭（パネーグリス、ヘオルテー）の場面をしばしば想像し、物語を活気あるものにいたします。たとえば、ヨセフ物語のポティファルの妻の場合です。彼女は自分が住む邸宅で働く者たちが出払う祭の日を利用してヨセフに不倫を迫るのです（二・四五）。すでに見てきたベニヤミンの略奪結婚の場にも祭の日が設定されます（五・一七〇、一七二）。

親というものは、町中で祭礼行事があれば、それをわが子に見せたがるものです。季節の節目を教えたりするのに絶好の機会となるからです。しかし、この祭礼はペリシテびとのものですから、ヨセフスの想像力の中での両親は、遠巻きにしてその祭礼を楽しもうとしていたに違いないのですが、いつの間にかサムソンは両親のもとをするりと離れて、これはと思ったペリシテびとの娘に接近し、彼女をどこか人気のない場所に連れ出して口説いているのです。

早業のナンパです。

ヨセフスはペリシテびとが無割礼であることには触れずに、次のように言います。

「若者はそこで一人の土地の娘と恋に落ち、彼女を妻にしたいから二人を結婚させてくれ、と自分の両親に願い出た。しかし両親は、自分たちと彼女とは民族がちがうから、とそれを許さなかった。ところが、神がヘブル人の利益のためにこの結婚を計画されていたために、彼の愛もついに成就した。」（五・二八六）

この後、吃驚仰天のことが起こります。

サムソンが百獣の王ライオンを倒したというのです。

士師記一四・五によれば、サムソンは両親を伴ってティムナの町へ行きますが、その途中で彼は道を外れてティムナのぶどう畑にやって来ると、一頭の若いライオンに遭遇します。ライオンは彼に向かって突進してきますと、彼は「子山羊を裂くように」それを裂いてしまったというのです（図60）。彼は何事もなかったかのように、両親と合流します。ヘブライ語の士師記によれば、両親がティムナの町でペリシテびとの女にあったかどうかは不明ですが、ギリシア語訳は「彼らは下って行き、そして女に語りかけた」と読んでおりますから、ここでの「彼ら」を両親と理解すれば、両親はペリシテびとの娘に会ったことになります。

ヨセフスはここでの士師記を次のように再話いたします。

「彼が彼女の両親のもとに足繁く通っていたとき、（たまたま）一頭のライオンに襲われた（ことがあった）。しかし、彼は素手《すで》だったにもかかわらず、ライオンとつかみあい、両手で（首を）締め上げてそれを道端の林の中へ投げ込んでしまった。」（五・二八七）

ヨセフスはサムソンがペリシテびとの女の両親のもとへ足繁く通っていたとします。この状況設定は、彼の再話を聞く者や読む者たちに、ペリシテびとの娘さんの両親もまた二人の結婚を認めず、そのためサムソンが彼らのもとに日参して結婚の許可を取ろうとしていたのではないか、サムソンはす

図60●サムソン、両親をティムナの町に連れて行く（左）、サムソン、ライオンを裂く（右）

でに両親から独立した立派な若者であったと想像させることになります。士師記一四・五に見られる両親を伴ってティムナに行く光景は少しばかり情けないものです。

ヘブライ語士師記は、そのときのサムソンが素手であったとしておりますから、もしかしてヨセフスはここでヘブライ語士師記をも参照にしているのかもしれませんが、彼の再話の方が、士師記と比較しますと、そこに見られる「子山羊を裂くように……引き裂いた」という表現を回避して「つかみあった」としているだけあって、百獣の王に少しばかり敬意を払っているかのようです。ヨセフスの「……それを道端の林の中へ投げ込んでしまった」は、テクストにより忠実に訳せば、「道の内側の木々のおい繁った場所に投げ込んでしまった」です。ヨセフスがテクストにない言葉を付け加えたのは賢明だと思われます。なぜならば、路上に放り出されたままであれば、ライオンの死骸は人目について、やがて持ち去られるからです。

サムソンの謎かけ

士師記一四・八以下によれば、サムソンはまたもや両親を伴ってティムナの町へ下って行きます。彼は前回と同様、両親と別れて道を外れます。ライオンの死骸があるかどうか見るためです。ライオンの死骸にはすでに蜜蜂が群がり、蜜ができております。サムソンはそれをかき集めると、自分で食べたばかりか、両親にも食べさせます（図61）。

ヨセフスが設定する状況は異なります。

彼はサムソンがペリシテびとの娘のもとへ一人で訪ねたことにして、次のように言います。「（それからしばらくして、）彼が娘を訪ねようとしたとき、途中で（倒した）ライオンの胸に蜜蜂の大群が巣くっているのを見た。そこで彼は（そこから）三つの蜂窩を取り出し、携えてきた他の贈り物と一緒にそれを彼女に与えた」（一四・二八八）と。「携えてきた他の贈り物」とは、文脈からして自分で用意した結納品であったかもしれません。

士師記一四・一〇―一一は次のように読みます。

「こうして彼の父が女のもとへ下ってきた。サムソンはそこで七日間祝宴を催した（図62）。それは若者たちの慣習だったからである。人びとは彼を怖れたので、彼のところに三〇人の客人を同席させた。彼らは彼と一緒だった。」

これはギリシア語訳からの引用ですが、ヘブライ語テクストには「彼を怖れたので」がなく、そのため「三〇人の客人を同席させた」という表現が不自然なものとなります。

ヨセフスは次のように申します。

図61●蜜を両親に与えるサムソン
図62●サムソン、祝宴を催す

「結婚式の日がきた。彼はダムニタイ（ティムナびと）全員を招待したが、彼らはこの若者の力を怖れ、三〇人の屈強な若者を贈り物にした。それは、表向きは若者たちを彼の友人にするためであったが、実際には、彼が自分たちの困ることを企まぬように彼を警戒させるためであった。」（五・二八九）

士師記一四・一二以下によれば、サムソンは、祝宴の席で、客人たちに向かって謎解きの問題を出します。結婚式での余興は場を盛り上げるものですが、そこでの余興のはじまりはサムソンの謎解きにあったのです。

サムソンは客人に向かって祝宴の続く七日の間に解き明かすことができれば、彼らに三〇枚の亜麻布の着物と三〇着の衣を与えると約束し、解けなければ逆にそれだけのものを戴くと告げて、「食べる者から食べ物が出た。そして強い者から甘いものが出てきた。（答えは？）」と尋ねます。

客人たちは彼の謎解きの答えをなかなか見つけることができず、そのため、四日目になるとサムソンの新妻を脅迫して謎の解き明かしを彼女から得ようとします。サムソンは最初彼女にも教えませんが、最後には彼女の泣き落とし戦術に屈して答えを教えてしまいます。その答えはただちに彼女の同族のペリシテびとに伝えられます（図63）。サムソンは怒り狂います。彼はペリシテびとの三〇人を撃ち、彼らから剥ぎ取った三〇着の着物を謎解きした者たちに与えます。そして彼は、妻となるべき女と別

図63●サムソン、謎かけの答えを妻に教える（左）、妻、その答えをペリシテびとに教える（右）

れると、両親の家に戻っていくのです。

この話は先に進んでから語られるサムソンの怪力とその秘密を聞き出そうとしたデリラ物語と似てなくもありません。どちらかが二番煎じのものであるのかもしれません。それはともかく、サムソンと言えば「怪力」なのですが、ヨセフスはこの謎解きの物語を再話するにあたってはあまり創作はしておりません。ただ、妻を策略にかけて謎を解いた者たちに向かって吐いたサムソンの言葉「おまえたちがわたしの雌牛を手なずけなかったならば、わたしの謎解き（の答え）を見いだすことはできなかったであろう」（二四・一八。ギリシア語訳）の「雌牛」は少しばかり難しいからでしょうか、彼はその箇所を「われわれ（夫婦）の間の話をもらす女ほどひどい嘘つきもいない」（五・二九四）に改めます。サムソンに新妻を「嘘つき野郎」と罵らせることで、物語が結婚の解消へと発展することを容易に予想させるものとします。

ヘブライ語士師記一四・二〇は、サムソンの新妻は「彼に付き添っていた者の妻となった」としますが、ギリシア語訳はサムソンの付添人を「腹心でもあった彼の付添人」に改めます。

士師記一五・二によれば、サムソンと別れた娘を彼の付添人に嫁がせたのは彼女の父親であり、その再婚までにはかなりの期間があったような印象を読む者に与えますが、ヨセフスは娘が「彼の怒りを侮り、結婚式で彼に付き添いをした彼の友人と一緒になった」と語ることで、サムソンの新妻だった女がそれなりに勝ち気な女だった、サムソンにとっては御しがたい妻になる可能性を秘めた女であったことを暗示するばかりか、彼女がサムソンにたいする当てつけから彼の付添人と結婚したかのような印象を読む者に与えます。ヨセフスはその生涯で四人の女と別れたり一緒になったりしておりますが（『異教徒ローマ人に語る聖書』参照）、そのうちの一人ぐらいはサムソンの新妻のような女だったのかもしれません。

サムソン、ペリシテびとの畠を荒らし回る

さて、それからしばらくしてのことです。

士師記一五・一以下によれば、サムソンは、小麦の刈り入れのころ、一匹の山羊を手土産にして妻のもとを訪ねます。サムソンはまだ結婚を解消してはいないのです。彼はペリシテびとである娘の父親に向かって「わたしはわが妻のもと、寝室に入る」（一五・一）と告げますが、父親はサムソンが娘を嫌っていると思って彼を彼女の部屋には入らせず、その代わり、「姉よりも美しい妹はどうだ」と、妹との同衾を提案します。創世記で語られているヤコブの嫁探しの物語を思い起こします。そこでのラケル（美しい姉）とレア（そうでもない妹）です。サムソンは侮辱されたのだと思ったのでしょう、狐を三〇〇匹捕獲すると、狐の尻尾と尻尾を結び合わせてその中央に松明を置きます（図64）。そして松明に火をつけてペリシテびとの麦畑に放ちます。その結果は麦束の山から立穂に至るすべて

図64●サムソンと狐

のものが瞬時にして丸焼けです。

こんな野焼の、いや放火の仕方もあるのかと感心してしまいますが、ペリシテびとは、娘の父親が娘をサムソンから取り上げて彼の付き添い人に与えたために、サムソンが復讐したのだと考え、ティムナの町に上ってくると、娘とその父親を焼き殺します。ギリシア語訳の訳者は、彼らが父親の家にも火をかけたとします。ヨセフスはサムソンと娘の間には結婚の解消があったことを前提に話を進めますので、サムソンが娘の父親を訪問した話は端折り、三〇〇匹の狐の尻尾に火のついた松明を結びつけてペリシテびとの畑に放って彼らの畑を荒らし、全滅させた話（一五・四以下）に飛びます。彼はペリシテびとの復讐の話の詳細を少しばかり改めて「……彼がなぜそんなことをしたかを知ると、（ペリシテびとは）役人たちをタムナ（ティムナ）（の町）へ遣わし、彼の妻だった女とその近親者たちを、今度の災禍の元凶として、生きながら焼き殺した」（五・二九六）と申します。火をかけられた妻だった女の家は言及されず、彼女の父は「近親者たち」へ改められております。

サムソンの大殊勲

士師記一五・八以下では、ペリシテびとに復讐を続けるサムソンは住む所を「エタムの岩場の裂け目」に移します。士師記ではこの場所がペリシテびとの領内にあるのかどうか不明ですが、ヨセフスは「それはユーダ（ユダ）部族の（領地内の）岩場でできた砦であった」（五・二九七）と説明します。ペリシテびとは上っていくと、レヒと呼ばれる場所で軍を展開させます。彼の立て籠もる砦を包囲するためです。ユダ部族の者たちもペリシテびとの支配の現実を知って、三〇〇〇の男たちを引き連れて砦にやって来ると、二本の綱で彼を縛り上げ（図65）、岩場の裂け目から彼を引き上げ、ペリシテびとに引き渡そうとします。ところがサムソンは縛られていた縄をほどき、そればかりか彼は落ちていた驢馬《ろば》の顎骨を手にすると敵陣に突入し、一〇〇〇のペリシテびとを撃ち殺したそうです（図66）。

サムソンはそのとき、

「驢馬の顎骨で、
ひと山、ふた山。
驢馬の顎骨で、
わたしは一〇〇〇人撃ち殺した。」（一五・一六）

と言い放ったそうです。そしてサムソンはこの直後驢馬の顎骨を投げ捨てます。顎骨の投げ捨てられた場所が後に「ラマト・レヒ」と呼ばれるようになったそうです。

ヨセフスは驢馬の顎骨を使って一〇〇〇もの敵を倒した功業でサムソンが口にした言葉（「驢馬の

図65●綱で縛られるサムソン
図66●サムソン、ロバの顎骨でペリシテびとを撃つ

顎骨で……」）に彼の奢りを認めて、次のように申します。

「ところが、サムプソーン（サムソン）は不当にもこの功業を鼻にかけ、すべてが自分の武勇の結果であると考え、それが神の加護によって為し遂げられたとはまったく思わなかった。そして、敵は（ろばの）顎骨でなぎ倒され、一部は自分の見せた威力に恐れをなして逃げ出した、と公言した。

しかしその彼も、激しい渇きに襲われると、人間の武勇などはまったく無力であり、すべては神によるのだと認めざるを得なくなった。彼は、神が彼の失言をとがめて敵に引き渡すことのないように、また、今の窮境から脱出するために手を貸してくれるようにと嘆願した。神はサムプソーンの嘆願を哀れに思い、岩場からうまい水を豊富に湧き出させ、それを一つの泉にされた。サムプソーンはその土地をシアゴーンと名付けたが、その名は今も残っている。」（五・三〇一―三）

士師記一五・一七によれば、すでに述べたように、驢馬の顎骨を投げ捨てた場所がラマト・レヒ（「顎骨の高台」の意。ギリシア語訳では「顎骨（で）の抹殺」）と呼ばれておりました。また同書一五・一九によれば、喉の渇きを訴えたサムソンのために泉が湧き出た場所はエン・ハコレ（「呼ばわれた者の泉」の意）と呼ばれており、それは「今日にいたるまでレヒのそばにある」とされております。一方、ヨセフスはその場所を「シアゴーン」（顎骨）と呼んでおります。

ガザでのサムソン

士師記の第一六章は、娼婦デリラの誘惑に負けて自分の力の秘密をもらしてしまったサムソンとその最後を語ります。

士師記一六・一―三によれば、サムソンはペリシテびとの町ガザに赴くと、娼婦の家に泊まります(図67)。彼が娼婦の家にいることが分かると、ガザびとの指導者たちはそこを取り囲み、町の城門の所で待ち伏せいたします。サムソンは夜半に起き出すと、城門の所へ赴き、その扉と門柱二本を閂《かんぬき》もろとも引き抜いて両肩に担ぎ、それをヘブロンに面した山の頂にまで運び上げたというのです。ヘブロンから山までの推定距離は四〇マイルだそうです。両手の効かなかったサムソンですから、ペリシテびとのだれでもが彼を攻撃できたはずですが、それはしていないのです。不思議です。それにしても四〇マイルには笑ってしまいますが、その距離はサムソンが怪力の持ち主であることを物語を読む者に印象付けるばかりか、ペリシテびとでさえ易々とは襲える相手でないことをも印象付けるものとなります。もっとも多くの読者は笑って読み流すでしょうが。

図67●娼婦の家に入るサムソン

デリラ、サムソンを引き渡す

士師記一六・四によれば、サムソンはデリラ（ヨセフスの読みではダラレー、ギリシア語訳の読みではダリア）という女を愛するようになります。この女の素性は明らかにされておりませんが、冒頭の娼婦ではありません。士師記は明らかにこの女を「ソレクの谷にいる女」と呼んで、第一六章の冒頭のガザの「娼婦」とは区別しているからです。

ヨセフスはサムソンを娼婦好きの男と理解しているようです。彼は次のように書いて、デリラ物語に入っていきます。

「ところで、サムプソーン（サムソン）はすでに父祖たちの律法を犯し、外国人の慣習にそまって自らの品性を貶めていたが、実は、このことから彼の不幸がはじまったのである。

彼はダラレー（デリラ）というパライスティノイ（ペリシテびと）の商売女に夢中になり、（ついに）彼女と同棲するに至った。」（五・三〇六）

ペリシテびとの領主たちは彼女のもとにやって来ると、サムソンの怪力の秘密を探り出すようにと彼女に要求し、その褒賞として銀一一〇〇枚を約束いたします。士師記一六・六以下によれば、彼の怪力の秘密を探り出そうとするデリラにたいしてサムソンは最初適当にあしらいますが、ついに根負けして彼女に怪力の秘密を漏らしてしまいます。すなわち、自分が母の胎内にいるときから神に捧げられたナジルびとであり、そのため頭に剃刀をあてたことがない、もし髪の毛を剃り落とされれば自分から力が抜けると、口にしてしまいます。

ヨセフスは、デリラがサムソンから怪力の秘密を聞き出す状況をつくりだします。それはデリラがサムソンと「盃を交わしたりして寛《くつろ》いでいたとき」（五・三〇七）とします。盃を交わしつづけていれば、やがて「サムプソーン（サムソン）は泥酔し」（五・三〇九）ます。このような状況で、デリラはサムソンから怪力の秘密を聞き出そうとするのですが、サムソンは適当に女をあしらい、彼女を欺きます。

士師記一六・一五によれば、デリラはサムソンに向かって、「どうしてあなたは、おまえを愛している、などと言えるのよ。あなたの心はわたしと一緒でないのに。これで三度もわたしを騙し、どこに怪力が（ひそんでいるかを）告げてくれてなかったのですから」と言い放ちますが、ヨセフスは、サムソンを二度縛り上げて失敗したあとのこととして、次のように申します。

「あなたは、わたしが知りたいことを何でも隠さずに教えてくれるほど、わたしの愛情を信じてはくれない。あなたはわたしのことを、あなたのために隠しておかねばならぬことでも、すぐにしゃべる女だと思っているのです。」（五・三一〇）

「根負け」という言葉があります。

女にしつこく連日せがまれれば、男は根負けします。「あんたの好きなセックスはもうしないから」と言われれば、白旗を掲げます。「それで結構」は若者の科白《せりふ》ではありません。

ヨセフスはサムソンがナジルびとであることには触れずに、次のように申します。

「わたしは神の加護を受けている。わたしは神のお心遣いのもとに生をうけて以来、この頭髪を大切にしてきた。神が切ってはならぬと命令されたからだ。この頭髪がどれだけ生えそろい、また、どれだけ長く伸びているかによって、わたしの力が測られるのだ。」（五・三一二）

ヨセフスは根負けしたサムソンがデリラの「機嫌をとろうとして」言ってはならぬことを口にしてしまったとしますが、その代償はあまりにも大きなものでした。デリラはサムソンの髪の毛の七房を剃り落としてしまいます（図68）。

万事休すです。

サムソンはペリシテびとに引き渡されると、ガザに連れて行かれ、足枷をはめられて、獄で石臼を引く者とされます（図69）。

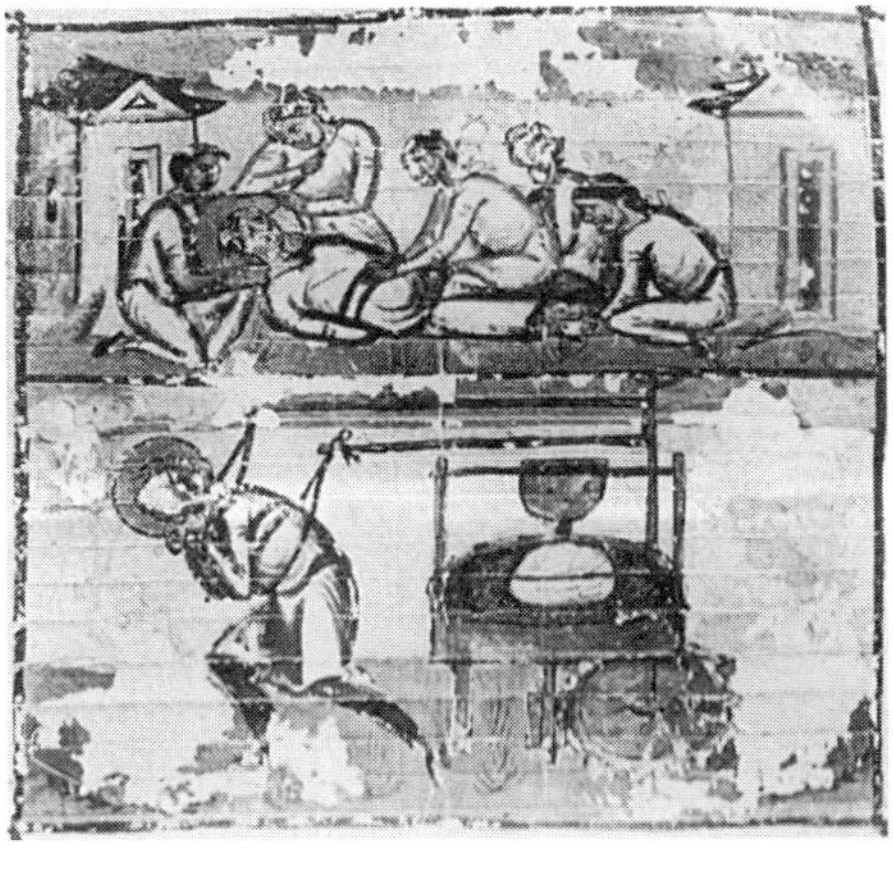

図68●サムソン、髪の毛を剃り落とされる
図69●サムソン、捕らえられて石臼を引かされる

サムソンの最後

あるとき、ペリシテびとの領主たちは彼らの神であるダゴンに生け贄を捧げ、祭を執り行います。サムソンは祭の余興のために呼び出されます。彼は主に祈り、ペリシテびとに復讐するためにもういちど力を与えてくれるようにと嘆願し、ペリシテびと三〇〇〇人が集まっている建物を支えている二本の柱を押し曲げて、建物を倒壊させます。

これは古代世界における最初の大規模テロです（図70）。

ヨセフスはサムソンの神への嘆願を不自然だと感じたのでしょう、「しかし、サムプソーン（サムソン）の頭髪は時がたつにつれて次第に伸びはじめた」（五・三一四）と述べて、それを怪力復活の理由にしております。こちらの方がナチュラルかもしれません。

そして彼は次のように言って、サムソン物語の最後を締めくくります。

「サムプソーン（サムソン）はイスラエール（イスラエル）人を二〇年間支配した後、こうして死んだ。わたしたちは彼の武勇や、怪力、壮絶な死、最後まで持ち続けた敵への激しい闘志などにただただ賛嘆するばかりである。彼が一人の女の誘惑に負けたことは、罪に弱い人間の本性のためであると見なすべきであるが、彼がその他のあらゆる点で傑出していたことは、厳然たる事実である。

彼の遺体は近親者が引き取り、先祖とともに生地のサラサ（ツォルア）に葬られた。」（五・三一六一一七）

士師記一六・三一によれば、サムソンの葬られた場所は「ツォルアとエシュタオルの間にある彼の父マノアの墓」です。ツォルアはすでに士師記一三・二でマノアの出身地とされております。

サムソン物語の後、士師記第一七章は、偶像を祭ったミカの家（聖所）の祭司となったレビびとについて語り（図71）、同書第一八章はミカの聖所からダン部族の者たちによって連れ去られた祭司のレビびとのその後について語っておりますが、ヨセフスはそれを完全カットします。偶像を祭った聖所の話だからなのか、それとも話が込み入っているからなのか、その回避の理由は不明です。第一九章から第二一章まででは、ギブアの町でユダのベツレヘム出身の女性を辱めたベニヤミン部族と、それを制裁するためのイスラエルの諸部族による戦争と、絶滅の危機に陥ったベニヤミン部族の再生物語などが語られております。

すでに見てきたように、ヨセフスはここでの一連の出来事を士師時代に入る前の出来事として扱います。

なぜ彼がその物語を前に移動させたのか、その理由はいろいろと考えられるでしょうが、ひとつは、彼の使用したギリシア語テクストでは、第一九章から第二一章までが第二章の一五節（この一節は主

図70●建物を倒壊させるサムソン
図71●ミカの家

の怒りがイスラエルの子らに臨みはじめたことを告げる）と第二章の一六節（この一節はイスラエルに士師が起こされたことを語りはじめる）の間に置かれていて、ヨセフスはその順序を踏襲したとするものです。これは面白い想像ですが、大胆すぎます。

わたしが想像するもうひとつの理由は、第一九章から第二一章までの物語は「その当時、イスラエルには王がいなかった」という定型句ではじまるものの、三章も続く物語の中のどこにも特定の士師の名前は明記されておらず、そのためいつの時代の出来事であるか分からず、そこでヨセフスは、この物語が語られるにふさわしい場所を探して、そちらへ移動させたというものです。物語を語る場所を変えてみせるのは再話者に必要な技量のひとつでしょうが、ここまですでに見てきたように、ヨセフスはその技量の持ち主なのです。みなさん方でしたら、どこにこの物語単位を移動させれば適切であるとお考えになるでしょうか？

2 ルツ物語

ルツ記です。

神も主も登場しない、非常に短い物語です。読み切り短編です。

ルツ記の時代設定

ルツ記一・一は「士師たちが治めていた時代のことである。この国に飢饉が起こり、ある人が、妻および二人の息子とモアブの野に寄留しようとして、ユダのベツレヘムを立ち去った」（岩波版）ではじまります。

物語の冒頭に時代設定がなされております。物語の時代設定と物語の著作年代が異なる場合はしばしばあります。たとえばダニエル書です。この書はバビロンの宮廷に奉仕したユダヤ人の若者ダニエルの物語ですが、文中に「ペルシアの王キュロスの治世第三年のことである」（一〇・一）などと書かれているため、これはペルシア時代の作品かと錯覚しますが、これはマカベア時代の紀元前二世紀の作品なのです。時代設定を前の古い時代に置く作品は旧約聖書や、その外典、あるいはその偽典には掃いて捨てるほどあるのではないでしょうか？　このルツ記の作者も時代設定を早い時期に置いている可能性がありますが、冒頭に「士師たちが治めていた時代のことである。……」とあり、しかも本書は、通常、士師記の次に置かれておりますから、多くの読者は本書の物語を士師時代のものとします。

ヨセフスはこの物語を次のように言ってはじめます。

「サムプソーン（サムソン）が死ぬと、大祭司エレーイス（エリ）がイスラエール（イスラエル）人の指導者になった。そして彼の治世中に、（イスラエール人の）土地が飢饉に見舞われて苦しんだことがあった。」（五・三一八）

ここでの大祭司エリとは誰でしょう？

彼はルツ記の次に置かれるサムエル記上一・三以下で登場するシロの聖所の祭司です。ヨセフスはこのシロの聖所の祭司を大祭司に格上げし、エリがサムエルの死後にイスラエルの指導者になったとし、しかも彼を最後の士師と理解しております。彼の想像力は、物語の時代設定を「士師たちが治めていた時代」から「大祭司エリ」が治めていた時代に限定しますが、大祭司エリは士師ではありませんので、それは士師の時代が終わった後の「新しい時代」となります。

ナオミ、主人と二人の息子を失う

ここでの物語のプロローグは士師記一・一―五で、そこでは故郷のベツレヘム（ヨセフスの読みではベートレマ）で飢饉にあったエリメレク（ヨセフスの読みではアビメレコス、ギリシア語訳ではアビメレク）とナオミ（ヨセフスの読みではナアミス、ギリシア語訳ではノーエミン）の夫婦が、飢饉の苦しさに耐えかねてモアブ（ヨセフスの読みではモーアビティス、ギリシア語訳ではモーアブ）の土地に移り住みますが、その地でナオミは夫エリメレクと二人の息子マフロン（ヨセフスの読みではマラオーン、ギリシア語訳ではマアローン）とキルヨン（ヨセフスの読みではケルリオーン、ギリシア語読みではケライオーン）を失ったことが語られます。ここで登場する二人の息子のひとりマフロンの妻がこの物語の主人公となるルツ（ヨセフスの読みではルーテー、ギリシア語訳ではルーツ）であり、もう一人のキルヨンの妻がオルパ（ヨセフスの読みではオルファ、ギリシア語訳でも同じ）です。物語によれば、ルツもオルパもモアブの女です。

物語の主人公となるナオミがいつ夫のエリメレクと二人の息子を失ったのか、その時期は述べられておりませんが、ヨセフスはルツ記一・四に「彼らはそこに（モアブの地に）一〇年ほど住んだ」とあるからでしょう、「しかし、一〇年もすると、まずアビメレコスが死に、ついで二人の息子も相次いで死んでしまった」とします。愛する夫、愛する二人の息子が立て続けに亡くなったかのような印象を読む者は受けます。ルツ記によれば、ナオミはモアブの地から食べ物のある故郷のユダのベツレヘムに戻ろうとしますが、ヨセフスは彼女が故郷に戻る理由をルツ記が述べている理由、すなわち故郷では飢饉が終熄したこと以外に求めて、それをルツ記の理由に接続させます。

ヨセフスは言います。

「ナアミス（ナオミ）はこうした不幸にすっかり落胆し、その孤独な境遇にも耐えられず、自分の最愛の者たちに死なれたので――自分が故郷を捨てたのも彼らのためであった――、再び故郷に帰ろうと決心した。今では（飢饉も終わり）、かの地の人びとも順調にやっていると聞いたからである。」（五・三二〇）

ナオミは、後家になってしまった二人の嫁が将来再婚でもして幸せになってくれることを願い、自分ひとりで故郷に戻ろうとします。そこで彼女は、自分と別れることを拒む二人の嫁を道中説得してモアブの地にとどまらせようとします。ルツ記はこの説得をベツレヘムへ向かう途中の出来事とし、ヨセフスは少しばかり状況を改めて説得失敗の出来事をベツレヘムへ向かう前のものとして、「彼女がいくら説得しても失敗し、二人はすすんで彼女と出発しようとしたのである」（五・三二一）と申します。

モアブに戻るようにとの説得をベツレヘムに向かう道中で行うのは、いかにも不自然です。ヨセフスはその不自然さを自然なものに改めております。そのため彼はナオミにこう言わせるのです。「どうかわたしの立場を理解してこの地にとどまっておくれ。そして息子たちに負けないような結婚をして多くの幸福をつかみ、故郷を離れてあてにならないわたしと運命をともにすることなどしないでおくれ」（五・三二二）と。

オルパはナオミの言葉に負け、モアブの地にとどまりますが、ルツは彼女の言葉を聞き入れようとはせず、彼女と行動を共にし、彼女の生地ベツレヘムにまで同道いたします。

ナオミがベツレヘムに戻ってきます。

ベツレヘムは小さな町です。

人びとはすぐに「これがナオミだ」「この人よ、あのナオミと呼ばれていた人は」と騒ぎ立てます。ヘブライ語のナオミは「わが楽しみ」を意味するので、不幸の境遇の中にある彼女にとっては、「ナオミだ」「ナオミだ」とはやし立てられると、当然のことながらおちょくられているような不快な気分にさせられます。ヘブライ語ルツ記一・二〇によれば、ナオミは「わたしをナオミと呼ばずに、マラと呼んでください。(神)シャッダイがわたしをお苦しめになったのですから。……」と申します。ギリシア語訳では嘆願調の「後生だから……」ではじまり、ここでの神名シャッダイは「十全なるお方」(ホ・ヒカノス)です。岩波訳の月本さんは、シャッダイに註を付けてこのヘブライ語には「七十人訳以来『全能者(パントクラトール)』と訳される。意味不明。代表的見解に『山に住む方』、『力強き方』、『滅ぼす方』など」と説明しておられますが、ここでのギリシア語はパントクラトールではなくて、ホ・ヒカノスです。わたしのルツ記の訳では、それに「十全なるお方」の訳語を与えておりますが、その意味が判然としないので困っております。

ヨセフスは町の人びとがナオミと呼ぶと、彼女に「わたしを呼ぶときにはもっと正しくマラと言ってください」と言わせ、続いてヘブライ語のナオミとマラの意味の違いを説明して「ヘブライ語のナアミス（ナオミ）は祝福を意味し、マラは悲しみを意味したのである」と申します。ヨセフスにとってここでの語源的な説明は容易なものであったはずです。マラは「悲しみ」（オデュネー）を意味したと述べずに、「辛い」（ピクラ）と言ってもよかったかと思われます。

ヨセフスは町の人びとの反応について書く前に、ナオミとルツがベツレヘムの町に入ると、「アビメレコス（エリメレク）の縁者であるボアゾス（ボアズ）が（二人を）親切に迎えた」（五・三二三）と、ルツ記に見られない詳細を付け加え、ルツ物語のもう一人の主人公であるボアズを登場させてしまうのですが、それは次節の内容と調和しない事態を引き起こします。そこには次のように書かれているからです。

「さて、収穫の季節になると、ルーテー（ルツ）は二人（ルツとナオミ）の食べ物を用意するために、義母の許しを得て落ち穂拾いに出かけた。（そのとき）偶然に入ったのがボアゾス（ボアズ）の畠であった。ボアゾスはしばらくして（そこへ）やって来た。そして若い娘がいるのを見ると、畠の使用人に娘のことを尋ねた。使用人は娘から聞いた話をすべて主人に話した。」（五・三二四）

ここでのボアズはルツとの面識がまだないことが前提とされております。実際、ルツ記二・五は、ボアズはルツの姿を認めると、刈り入れをする者たちを監督するしもべに向かって「あの若い娘《こ》は誰の娘か」と尋ねているのですから、ヨセフスはルツ記の記述にしたがっているのです。

ルツ記二・一以下によれば、ルツは義母ナオミの許可を得て、ナオミの親族にあたるボアズの畠に出かけて落ち穂拾いをいたします（図72）。繰り返しとなりますが、このときはじめてボアズはルツの姿を認め、彼女と口を交わすのです。ルツ記に見られる二人の間の言葉のやりとりによれば、ボアズはナオミからすでにルツについてあれこれ聞いていたようです。そのためでしょう、彼は彼女に最初から好意的です。昼食のときにも他の労働者と一緒に食事ができるようにします。食事の後の労働でも十分な落ち穂が拾えるように心遣いしてやります。

ルツ記二・一四にボアズが「近くに来て、食事をとるがよい。自由にパンを割き、酢に浸しなさい」と言ったばかりか、彼女に炒り麦を「掴んで」与えたとあります。そのため、「彼女は食べて満足し、なお余らせた」とあります。ギリシア語訳はボアズがルツに炒り麦を「山盛りにして」与えたとします。「掴んで」与えるのと「山盛りにして」与えるのでは、与えるときの光景がまるで異なるものとなり、後者はルツが「食べて満足し、なお余らせた」事情を説明するものとなります。ルツ記二・一七以下によれば、ルツは夕方までに拾い集めた落ち穂を持ちかえると、そこからは一エファ（二三リットルの乾量）の大麦が取れたというのです。

さてこのあたりの光景を再話するヨセフスですが、彼はボアズがルツに「昼食と飲み物を準備してやるように命じた」（五・三二五）とします。彼はルツ記からは引き出せない「飲み物」を昼食の準備の中に入れます。飲み物を入れることで、刈り入れの場が依然として暑熱のもとにあることが暗示されます。ヨセフスの著作の場面をいくつも描いているフランスの画家ニコラ・プーサン（一五九四—一六六五）の光景では、刈り入れをしている労働者たちのひとりがひと休みして水を飲んでおります。

ヨセフスは次に「ルーテー（ルツ）は使用人から大麦の食事を与えられると、義母のためにそれを残し、夕暮れの迫るころ（刈り入れた）大麦の束を携えて帰って行った。一方、ナアミス（ナオミ）も、（親切な）隣人たちが用意してくれた食事の中（ルーテーの）分を残していてくれた」（五・三二六）と書きます。彼の再話はルツとナオミの関係が、互いに相手を思いやって食べ物を残すことにより、普通の親子以上のものであることを示すことに成功しております。

ルツ記二・一九以下によれば、帰宅したルツはナオミにその日の出来事を報告し、ナオミはボアズが自分の近親者であることを告げます。ルツは以後刈り入れの季節が終わるまで、ボアズの畠で落穂拾いをすることになります。

脱穀場でのボアズとルツ

ナオミは本心からルツの将来を案じます。まだまだ若いからです。

ルツを幸せにするには彼女の近親のボアズと一緒にさせることでした。ナオミはボアズが脱穀場で一夜を明かす日を知っております。彼女はその夜脱穀場にルツを忍び込ませて、ボアズと関係をもたせようとします。ルツはどこまでもナオミに従順ですから、彼女の提案に聞きしたがい、体を洗って、油を塗り、下はスッポンポンですが上着でそれを隠すと、麦の穂の山の端《はし》に身を横たえたボアズの足もとで横になります（図73）。ボアズは泥酔しているのではありません。昼間の労働でぐったりしているだけですから、自分の足もとで人の動く気配があれば目をさまします。彼は女がルツであることを認め、彼女が何を欲しているのかを知ってもすぐに手を出すようなはしたないことはしません。抑制のきいた男です。ボアズはボアズで、彼女が幸せになるには近親の男と一緒になることだと諭し、もしその男が望まなければ自分が一緒になると約束します。そして、朝早く他の労働者などがやって来る前に彼女をナオミのもとに帰すのです。

ヨセフスもルツ記の展開にしたがっておりますが、少しばかりナオミの親切心を分析し、彼女のしたたかな「やり手婆」的な側面をも引き出して次のように申します。

「さて、それからしばらくしてからのことであった。（ある日、）ボアゾス（ボアズ）は、大麦の吹き分け作業を終えると脱穀場で寝てしまった。それを知ったナアミス（ナオミ）はルーテー（ルツ）を彼の足もとで寝させようと彼女を送り込んだ。娘に慰められれば、彼も自分たちに感謝してくれるだろうと思ったからである。ルーテーは義母の命令を絶対に拒めない敬虔な義務であると考え、

図72●ボアズの畠で落ち穂拾いするルツ
図73●ボアズの足もとで寝るルツ

（脱穀場に）忍び込んだ。……」（五・三二八—三二九）

そしてルツがボアズの所での出来事を義母に報告するルツ記の場面では、ヨセフスは「ルーテー（ルツ）はこれらのことを義母に報告した。そして二人は、（いずれは）ボアゾス（ボアズ）に庇護されると期待して喜んだ」（五・三三二）というのですから、ヨセフスが二人の女の中にしたたかさを読んでいるのは確かではないでしょうか？　すでに何度も述べてきたように、ヨセフスは四人の女性と結婚しておりますが、彼自身の個人的な体験からも、女性のしたたかさはいやというほど知っているのではないでしょうか。

なお、ヨセフスは触れてはおりませんが、ルツ記三・一七によれば、ボアズはルツをナオミのもとへ帰すにあたり、彼女に大麦六セアを持たせております。一セアは八〇リットルですから、六セアは四八〇リットルとなります。ルツ一人で持ちかえることのできる重量ではありません。若い担ぎ人をつけたのでしょうが、ボアズが彼女を手ぶらで帰さなかったところにも彼のしたたかさを認めることができるかもしれません。ここではしたたかさの三つ巴ですが、「したたかさ」に相当するギリシア語を、今すぐには思い起こせないのが残念です。

ボアズとルツの結婚とその孫たち

ルツ記四・一によれば、ボアズは「門に上り、そこに座った」そうです。いつボアズがそうしたのか、どこからやって来たのか、その詳細は書き記されておりません。ここでの門は町の城門です。その城門のある広場では、長老たちの出席のもと、揉め事の仲裁や交渉ごとが行われました。

これはオリエントの光景です。

士師記四・四以下によれば、女預言者デボラはエフライム山地のラマとベテルの間の土地に繁茂するなつめ椰子の木の下でデーツでも口に投げ込みながら裁きをしたそうですが、町ができて城門ができれば、ナツメヤシの木の下から城門の近くの広場にすべてが移動するのです。

ルツ記四・三によれば、ボアズが城門の近くに座ると、彼の親類の男が通り過ぎ去ろうとします。彼は男を呼び止めて自分の近くに座らせると、町の長老たち一〇人をもそこに座らせます。彼は長老たちを証人として（多分）、親族の男に向かって、親族エリメレク（ギリシア語訳ではアビメレク）の畑地の一区画をモアブから戻って来たナオミが売りに出したので買い取ってほしい。もし買い取れなければ、自分がそれを買い取り、「死者の名をその嗣業の地にたてるために」（月本訳）、寡婦となっているルツをも買い取ることになると申します。「死者の名をたてる」とは、当時の世界の祖先祭儀の慣習が背景にあることを知らねば分かりにくいものですが、岩波版の月本さんはその註で「死者の名をたてる」とは家系を保つことの比喩だと教えてくれます。月本さんは親切にも「申命記二五・六参照」と指示してくれますので、そこを開いてみると、こう書いてあります。「兄弟が共に暮らしていて、そのうちの一人が子供を残さずに死んだならば、死んだ者の妻は家族以外の他の者に嫁いではならない。亡父の兄弟が彼女のところに入り、めとって妻として、兄弟の義務をはたす。彼女の産んだ長子に死んだ兄弟の名を継がせ、その名がイスラエルの中から絶えないようにしなければならない。」（申命記二五・五―六、新共同訳）

近親の男は問題の土地を買い取ることも、ルツを買い取ることもしません。彼はボアズにそれらを買い取るように求めます。ボアズはイスラエルの律法に則って土地とルツを買い取ることになりますが、ここでの権利の移譲は、近親の男が自分の履き物をボアズに与えることによって成立するそうで、近親の男は長老たちを証人として、彼らの見ている前で履き物をボアズに与えるのです。

以上はヘブライ語テクストにもとづくものですが、ギリシア語訳では異なる箇所がいくつかあります。ヘブライ語ルツ記四・三は、ナオミが兄弟エリメレクの所有する畑の一区画を「売りに出そうとしている」と読んでおりますが、ギリシア語訳ではナオミがルツに与えたことになっております。ここでのヘブライ語はすでに「売ってしまった」とも解せるものですが、そこでは畑の一区画を誰に売ったかを明確にしておりません。ギリシア語訳の方は明瞭です。ヨセフスは畑地を相続した人物を近親の男とします。物語の展開としてはより合理的です。

ヨセフスは次のように申します。

「さて、ボアゾス（ボアズ）は昼近くに出かけ、ゲルーシア（の長老たち）の集会を求めるとともに、ルーテー（ルツ）と縁者の男を迎えにやった。ボアゾスは彼がやって来ると、（長老たちを前にして）『あなたはアビメレコス（エリメレク）とその息子たちの遺産の所有者ですか？』と尋ねた。『そうです。わたしは近親者ですので、律法によってそれは合法的にわたしに譲渡されたと思います』と彼が答えると、ボアゾスは言った。『あなたは律法の半分だけを頭に入れておくのではなく、律法のすべてにしたがい行動しなければなりません。ここにマアローン（マロン）の妻が来ています。あなたがその土地を手に入れたいと思えば、律法の定めにしたがって彼女と結婚しなければなりません。』」（五・三三二―三三三）

ボアズにはルツと結婚する権利ばかりか義務が生じます。そのことが近親の男や町の長老たちによって認められます。見てきたように、近親の男はそれを認めた証拠としてボアズに履き物を与えますが、ヨセフスは、ボアズが「ゲルーシア（の長老たち）を証人とし、律法の教えにしたがって、彼女を男に近づかせてサンダルを脱がせ、さらにその顔に唾をかけさせた」（三・三三五）と申します。ルツ記では近親の男が自ら履き物を脱いでそれをボアズに与えますが、ヨセフではルツが近親の男に近づいて履き物を脱がせ、さらには彼の顔に唾をもかけるのです。ヨセフスはここで家名の存続について規定している申命記二五・五以下を紐解き、そこでの規定にもとづいてボアズがルツに近親の男に近づけさせてその顔に唾をかけさせた、と言っているのです。モアブびとのもとには、多分、このような慣習はなかったでしょうから、ルツは驚き、とんでもない土地にやって来てしまったと思ったでしょうが、ヨセフスがこのあたりのことを想像力をたくましくして書いていないのは残念です。

ルツ記四・一三は、こうしてボアズが正式にルツを娶り、主は彼女を娶らせたので、男子を彼女に身ごもらせたと報告しますが、いつルツが男子を儲けたかは述べません。しかし、ヨセフスは「一年後には、二人の間に男の子が生まれた」とします。

ルツ記四・一七によれば、その子の名前は近所の人と相談してオベドと付けられます。オベドの意味は「仕える者」ですが、それは必ずしも神に奉仕する者を意味するのではありません。ヨセフスは「この子はナアミス（ナオミ）に養われたが、彼女はその子を女たちの相談によってオーベーデース（オベド）と呼んだ。ナアミスの老後の支えになるよう育てられることになったからである。ヘブライ語のオーベーデースは『奉仕する者』を意味した」（五・三三六）と申します。ヨセフスはここで、いずれは足腰の曲がった老婆になるナオミの傍らにいて何かと彼女に奉仕する者になることを期待してオベドの名が付けられたと言っているようですが、わたしたちはここで犠牲として捧げられようとしたイサクにアブラハムがかけた言葉のヨセフスによる再話を想起するはずです。彼はその再話の最後を「……おまえは老境にあるわしの保護者となって世話をしてくれるはずであったが――わしがおまえを育てた何よりの願いもそれだった――（これからは）神がおまえに代わって（そのような支えになって）下さるだろう」（一・二三一）で締めくくっておりますが、このルツ物語やアブラハム物語を再話しているときのヨセフスは、異境の地ローマで老いていく自分の姿をも物語の中に見ているはずです。

ルツ記四・一八―二二は最後に、創世記三八・二九でその誕生が語られているペレツからはじまる系譜を紹介し、その中にボアズを入れ、ボアズからオベド、オベドからエッサイ、エッサイからダビデに至ることを語って、物語を締めくくりますが、ダビデへの言及はこの物語の成立年代を彼の時代か、それ以降のものにしてしまいます。最初に述べたように、この物語の時代設定は士師時代でしたが、ここでそうではなくなってしまうのです。ヤレヤレです。

ヨセフスはダビデに言及するにあたっては、「（ヘブル人の）王となり、その子孫二一代にわたって統治権を残したあのダウィデース（ダビデ）である」（五・三三六）と述べます。彼はダビデから数えて二一代にわたって続くその子孫が統治権をもったとする情報をどこかで仕入れております。エルサレムの古記録保管所は対ローマのユダヤ戦争の前で焼き討ちに遭っておりますが（『戦記』二・四二七、六・三五四参照）、焼き討ちに遭う前にその記録は秘かに持ち出され、それが今度はローマ軍の手に渡り、ローマに持って行かれたとも考えられます。ヨセフスが『古代誌』の最終の第二〇巻で、アロンの時代から彼の時代までの大祭司の数などを数えてみせることができるのは、王や大祭司の系図などが戦利品としてローマに持ち込まれ、その情報がヨセフスのもとにあり、彼はそれを見ながら、王の数や大祭司の数を云々していると想像するのは自然だと思われます。

ヨセフスは次の言葉でこのルツ物語を締めくくります。

「このルーテー（ルツ）の物語は、神の力がいかなるものか、また神にとっては凡々たる一市民をひきあげてそれに輝かしい栄光を与えることが以下に易々たることであるか――ダウィデース（ダビデ）はそのような者たちを先祖として生まれた――を読者に知ってもらうために、ぜひ語っておきたかった話である。」（五・三三七）

第4章……サムエル物語（1）

前置き

士師時代のサムソン物語と士師時代に時代設定がなされたルツ物語につづくのは、サムエル記上に見出されるサムエル物語です。

ヘブライ語聖書ではサムエル記上はシェムエル・アレフ、サムエル記下はシェムエル・ベイトと呼ばれます。ヘブライ語ではアレフはギリシア語のアルファァに相当するもので、ベイトはギリシア語のベーターに相当するものです。オウム真理教が有するビジネス組織にアレフがありますが、わたしはこのヘブライ語を使用したところに彼らの胡散《うさん》臭さと何か聖書的なものを感じ取ります。そのことを指摘するキリスト教徒がいないのは不思議です。オウム真理教はキリスト教の終末論を先取りした組織であるとするのがわたしの理解で、わたしはそのことをいろいろな所で発言しておりますが、オウム真理教となると身を引いてしまうキリスト教徒が多いのはなぜでしょうか？　キリスト教二〇〇〇年の歴史を学ぶことがないからでしょうが、寂しいかぎりです。のっけからとんでもないところへ脱線いたしましたが、ギリシア語訳での本書の表題は「バシレイオーン　アルファ」「バシレイオーン　ベーター」、すなわち「王国1」、「王国2」となります。

サムエル記のテクスト理解では、わたしたちが「いちやめた」と初手から投げ出したくなるほど大きな困難が次からつぎに出てまいります。ギリシア語訳にいろいろ問題があるのです。ギリシア語訳に問題があるということは、そのもととなったヘブライ語テクストにいろいろ問題があったということです。みなさん方は驚かれるでしょうが、本書のゲッティンゲン版のギリシア語訳はいまだ完成されていないのです。

ビックリ・マーク付きの「ええっ！」の事態です。

「まさか！」の事態です。

わたしには出版遅延の理由がよく分かるのです。ヘブライ語の原テクストに近づけようにも——そのようなテクストが仮に存在したと仮定しての話ですが——、よい底本となるものがないからです。基準となるものが欠けていてはお手上げです。わたしはそのため、ここでは多くの聖書学者が脳天気にサムエル記のギリシア語訳だと信じてきたラールフス編のギリシア語訳とルキアノス版を日本語に訳出し、それと比較しながら、もし可能であれば、ヨセフスが使用したギリシア語訳についてもあれこれと想像してみたいと思います。

ヨセフスは『古代誌』第五巻の三三八節から三六二節までで、サムエル物語の前半を再話し、第六巻の一節から四四節まででサムエル物語の後半を語ります。彼が語るサムエル物語はサムエル記上二・一二からはじまり、途中でサムエル記上の第一章一節に戻りますので、ヨセフスの再話に入る前に、ギリシア語訳をラールフス編とルキアノス版で示し、この二つの間ですでにして大きな相違があることを読者に知っていただければと願います。聖書の無謬説などはおよそナンセンスな神学的要請にすぎないことをも合わせて知ってほしいと願います。

対比を明確にするために、第一章の一節から第二章の一一節までを、節ごとに、最初はラールフス編のギリシア語訳からの日本語訳を、つづいてルキアノス版のそれを並置してみようと思います。このルキアノス版については、わたしはすでに『乗っ取られた聖書』（京都大学学術出版会）で説明いたしましたが、ルキアノス（二四〇ころ―三一二）は、彼の時代のシリアのアンティオキアで使用されていたヘブライ語テクストやギリシア語訳テクスト、さらにはそのギリシア語訳に先行したギリシア語訳、たとえばアキュラ訳や、スュムマコス訳、テオドティオン訳ほかなどを参照しながら、ギリシア語訳の諸書が少しでも読みやすいものになるよう、とくに文体に注意して手直しした人物ですが、なぜ彼はこのような作業をしたのでしょうか？　それは当時出回っていたギリシア語訳にひどい訳があったからにほかなりません。わたしはこうしたことをこれから先のギリシア語訳の訳出のときに丁寧に指摘していきますので、ここでは立ち入ることはいたしません。

わたしは本書の読者が以下に並置されたテクストから、古代世界のテクストの流布状況についてさまざまなことを想像されることを願っております。そしてまた、ヘレニズム・ローマ時代に権威あるヘブライ語テクストやギリシア語訳テクストなど存在しなかったと理解してほしいと願っております。キリスト教は、権威ある絶対的なテクストをもつ宗教であるかのように、テクストの正典とか聖典について声高に語ってきましたが、厳密に言えば、権威あるテクストをもたない宗教なのです。

ではラールフス編とルキアノス版を比較してみます（活字のゴチック体はヘブライ語テクストと異なることを示す）。

（ラールフス編）

第一章㈠エフライム山地の**アルマタイム・スィファ**出身の**ひとりの人**がいた。彼の名前はエルカナ（だった）。（彼は）**ナシブ・エフライム**に（住む）、**トケ**の子、**エーリウー**の子、イェレメェールの子（である）。㈡そしてこの者には二人の妻（がいた）。ひとりの（妻の）名はハンナ、二番目の（妻）の名前は**フェナンナ**（であった）。**フェナンナ**には子らがいたが、ハンナには子がなかった。

(三)その人は、毎年、万軍の神・主に跪拝し犠牲を捧げるために、自分の町から、(すなわち)アルマタイムからセーローに上っていた。そこにはエーリと、彼の二人の息子、主の祭司(である)オフニとフィネエスが(いた)。

(四)ある日のことだった。エルカナは犠牲を捧げ、そして自分の妻フェナンナと、彼女の息子たちと彼女の娘たちに(犠牲の)分け前を与えた。(五)彼はハンナにはひとり分を与えた。彼女には子がいなかったからである。ただエルカナはこちらよりもハンナを愛していたが、主は彼女の胎を閉ざしていたのである。(六)主は、彼女の苦しみにもかかわらず、そしてまた彼女の苦しみ(ゆえ)の落胆にもかかわらず、彼女に子を与えず、彼女はこのためすっかり落ち込んでいた。主は彼女に子が授からぬよう、彼女の胎を閉ざしていたのである。(七)主は来る年も来る年もこうし続けた、彼女が主の家へ上るたびに。彼女はすっかり落ち込み、泣き、(何も)食べなかった。

(八)彼女の夫エルカナは彼女に言った。

「ハンナよ。」

彼女は彼に言った。

「ご覧ください、ご主人さま。わたしは(ここに)。」

そこで彼は彼女に言った。

「おまえは泣いているが、何でなのだ? なぜ食べようとしないのだ? なぜおまえは苦しんでいるのだ？　わたしはおまえにとって一〇人の子にまさらないか？」

㈨彼らがセーローで食事をすますと、ハンナは立ち上がった。そのとき祭司エーリは、主の聖所の脇柱の側の座にすわっていた。そして彼女は主の前に立った。㈩彼女は心底苦しみ、主に向かって祈り、泣きに泣いた。

㈩一そして彼女は次のように言って、主に誓った。

「万軍の主・アドーナイよ。もしあなたがあなたの端女《はしため》の気落ちに真に目をとめ、わたしを覚え、あなたの側女に男の子をお与えになるなら、わたしは彼をあなたの前に彼の亡くなる日まで捧げ物として差し上げます。彼は葡萄酒や人を酔わせる飲み物を飲みません。彼は自分の頭に剃刀もあてません。」

㈩二彼女は主の前でいつまでも祈っていたが、その間、祭司のエーリは彼女の口元を見守っていた。㈩三彼女は自分の心の中で語りかけていたので、彼女の唇は動いていたが、彼女の声は聞こえなかった。エーリは彼女が酔っているのだと思った。

㈩四エーリの下働きは言った。

「いつまで酔っているのですか？　あなたの葡萄酒を片づけ、主の前から出て行ってください。」

㈩五ハンナは答えて言った。

「いいえ、主よ。わたしはつらい日々を（送っている）女です。わたしは葡萄酒も人を酔わせる飲み物も飲んでおりません。わたしは主の前にわが魂を注ぎ出しているのです。(一六)あなたの端女を性悪な女と思わないでください。言いたいことが沢山あるので、わたしは今まで（わが祈りを）続けていたのです。」

(一七)そこでエーリは答えて彼女に言った。

「安心して行きなさい。イスラエールの神が、あなたが彼に切に願うその願いすべてをあなたにかなえてくれるように。」

(一八)彼女は言った。

「あなたの端女はあなたの前に恵みを見出しました。」

女は自分の道を行き、旅籠《はたご》に入り、自分の夫と一緒に食事を取り、そして飲んだ。彼女の顔色はもう陰鬱《いんうつ》なものではなかった。(一九)彼らは朝早く起きると、主に跪拝《きはい》し、そして自分たちの道を行った。エルカナはアルマタイムの自分の家に入り、そして自分の妻ハンナを知った。主は彼女を覚え、そして彼女は身ごもった。

(二〇)月日が経って、彼女は男子を産んだ。彼女は彼の名をサムーエールと呼び、そして言った。

「なぜならわたしは万軍の神・主に彼をお願いしたからです」と。(二一)その人エルカナと彼の家族全員は、セーロームで年ごとの犠牲を捧げ、自分の誓願と、自分の土地の十分の一の産物を（捧げるために）、上って行った。(二二)しかし、ハンナは彼と一緒には上らなかった。

「なぜならば」と彼女は夫に言った。「この子を乳離れさせ、この子が上って行くまでは（わたしは上って行きません）。この子は主の前にまみえ、いつまでもそこにとどまるでしょう。」

㉓彼女の夫エルカナは言った。「おまえの目によいことをするがよい。この子を乳離れさせるまで、とどまるがよい。そして主が、おまえの口から出るものを成就されるように。」（こうして）女はとどまり、乳離れさせるまでその子に乳を飲ませた。㉔そして（乳離れしたとき）彼女は、三歳の雄牛（一頭）と、パンと、上質の小麦粉一オイフィと、葡萄酒一ネベルを手に、彼と一緒にセーロームへ上り、セーロームの主の上に入った。その子は彼らと一緒（だった）。㉕そして彼らは（その子を）主の前に連れて行った。彼の父は毎年主に捧げてきた犠牲を屠った。そして彼は子を前に連れ出し、雄牛を屠った。その子の母ハンナはエーリの方へ（彼を）連れて行った。

㉖そして彼女は言った。「わたしのうちで、主よ、あなたの魂は生きておられます。わたしはあなたの前に立って主に向かって祈っていた女（です）。㉗この子のためにわたしは祈り、主はわたしが切に願ったわが願いをわたしにかなえてくださったのです。㉘そこでわたしは彼が生きているその全生涯の期間、主に役立つ者として、彼を主におゆだねいたします。」

第二章㈠そして彼女は言った。
「わが心は主にあって強められ、
わが角はわが神にあって高められ、
わが口は敵どもにたいして大きく開かれ、
わたしはあなたの救いを歓喜した。
㈡なぜなら、主のように聖なる方はおられず、
そしてわれらの神のように義なる方はおられないからだ。
あなたのほかに聖なる方はおられない。
㈢奢り高ぶるな、そして大言壮語するな。
思い上がった言葉をおまえたちの口から吐き出させてはならない。
なぜなら、主はすべてをお見通しの神で、
また主は、ご自分のはかりごとを準備されておられるから。
㈣勇者の弓は緩み、
そして、弱められた者たちは力を腰帯として締めた。
㈤パンの豊かな者たちは小さな者とされた、
そして、飢えている者たちは土地を無視した。

なぜなら、石女《うまずめ》は七人（の子）を産み、
子沢山の女は衰えたからだ。
(六)主は殺し、また生かし、
黄泉に引き落とし、また引き上げられる。
(七)主は貧しくし、そして豊かにされる、
（主は）低くし、そして高くされる。
(八)（主は）貧しい者を地から立ち上がらせ、
そして、乞食《こつじき》を塵芥の山から引き上げられる、
民の有力者たちと一緒に座らせ、
(九)祈る者にその祈りを与え、
そして彼は正義の歳月を愛でられた。
なぜなら、人は力ゆえに力ある者ではないからだ。
そして栄光の座を彼らに継がせるために。
(一〇)主はご自分の敵対者を無力にされる。
主は聖なる方。
知恵ある者にその知恵を誇らせてはならない。

そして、力ある者にその力を誇らせてはならない。
そして、富める者にその富を誇らせてはならない。
誇る者にはこのことを誇らせるがよい、
（すなわち）主を理解し知ることを、
そして、大地の中で裁きと正義を行うことを。
主は天に上り、そして雷鳴を轟《とどろ》かされた。
彼は地の果て（まで）を裁き、
そしてわれわれの王たちに力を与え、
そして彼の油注がれた者の角を高くあげられる。」
㈡そして彼女は彼をそこに、主の前に残し、アルマタイムへ戻って行った。そして少年は祭司エーリの前で、主のみ前に仕えた。

（ルキアノス版）

第一章㈠そしてエフライム山地のハルマタイム・スィファ出身の人がいた。彼の名前はエルカナ（だった）。（彼は）エフライム出身のソーフの子、トーエの子、エーリの子、イェレミエールの子（である）。㈡この者には二人の妻（がいた）。ひとりの（妻の）名はハンナ、二番目の（妻の）名前はフェンナナ（であった）。フェンナナには子らがいたが、ハンナには子がなかった。㈢その人は、毎年、セーローで万軍の神サバオートなる主に跪拝し犠牲を捧げるために、自分の町から、（すなわち）アルマタイムから上っていた。そこにはエーリと、彼の二人の息子、主の祭司（である）ホフィニとフィネエスが（いた）。

㈣ある日のことだった。エルカナは犠牲を捧げ、そして自分の妻フェナンナと、彼女の息子たち全員と彼女の娘たちに（犠牲の）分け前を与えたが、㈤しかしハンナには特別にひとり分を与えた。彼女には子がいなかったからである。エルカナはフェンナナよりもハンナを愛していたが、主は彼女の胎を閉ざしていたのである。㈥彼女の張り合う相手は彼女を憤らせた。彼女を無視するために憤らせたのである。主は、彼女の苦しみにもかかわらず、そしてまた彼女が気をふさいでいるにもかかわらず、彼女に子を与えなかった。このため彼女は気落ちしていた。主は彼女に子が授からぬよう、彼女の胎を閉ざしていたのである。㈦主は来る年も来る年も、彼女が主の家へ上るたびごとにそうした。彼女は気落ちし、泣き、そして（何も）食べようとはしなかった。

㈧そこで彼女の夫エルカナは彼女に言った。

「ハンナよ。」

彼女は彼に言った。

「ご覧ください、ご主人さま。わたしは（ここに）。」

そこで彼は彼女に言った。

「おまえは泣いているが、何でなのだ？　なぜ食べようとしないのだ？　なぜおまえは苦しんでいるのだ？　わたしはおまえにとって一〇人の子にまさっていないのか？」
(九)彼らがセーローで食事を終え、飲酒をすませると、ハンナは立ち上がった。そして彼女は主の前に立った。(そのとき)祭司エーリは、主の聖所の脇柱の側の座にすわっていた。(一〇)彼女は心底苦しみ、ハンナは主に向かって祈り、泣きに泣いた。
(一一)そして彼女は次のように言って、(万)軍の主に誓った。
「サバオートなるわが神、主よ、アドーナイよ。もしあなたがあなたの端女のみじめな状態に真に目をとめられ、わたしを覚え、あなたの端女をお忘れにならず、あなたの端女に男の子をお与えくださるならば、わたしは彼をあなたの前に彼の亡くなる日まで捧げ物として差し出します。彼は葡萄酒や人を酔わせる飲み物も飲みません。彼は自分の頭に剃刀をあてません。」
(一二)彼女は主の前でいつまでも祈っていたが、その間、祭司エーリは彼女の口元を見守り続けた。
(一三)彼女は自分の心の中で語りかけていた。そこで彼女の唇は動いていたが、彼女の声は聞こえなかった。そして主は彼女(の祈り)を聞いたが、エーリは彼女が酔っているのだと思った。
(一四)(神への)仕えびとエーリは彼女に言った。
「いつまで酔っているのですか？　あなたの葡萄酒をあなたの(前)から片づけ、主の前から離れて行ってください。」

㈤ハンナは答えて言った。

「いいえ、主よ。わたしはつらい日々の中にある女です。わたしは葡萄酒も人を酔わせる飲み物も飲んでおりません。わたしは主の前にわが魂を注ぎだしているのです。

㈥（あなたの）前にいるあなたの端女を性悪な女と思わないでください。訴えたいことが沢山あり、またすっかり気落ちしておりましたので、わたしは今まで（わが祈りを）続けていたのです。」

㈦そこでエーリは答えて彼女に向かって言った。

「安心して行きなさい。イスラエールの神が、あなたが彼に切に願うその願いすべてをあなたにかなえてくださるように。」

㈧それにたいして彼女は言った。

「あなたの端女はあなたの前に恵みを見出せますように。」

女は自分の道を行き、旅籠《はたご》に入り、自分の夫と一緒に食事をとり、そして飲んだ。彼女の顔色はもう陰鬱なものではなかった。㈨彼らは朝早く起きると、主に跪拝し、そして自分たちの道を行った。エルカナはハルマタイムの自分の家に入り、そして自分の妻ハンナを知った。主は彼女を覚え、そして彼女は身ごもった。

㈩月日が経って、ハンナは男子を産んだ。彼女は「わたしは万軍の神サバオートなる主にこの子を切に求めたので」と言って、彼の名をサムーエールと呼んだ。㈡その人エルカナと彼の家族全員は、セーローで年ごとの犠牲を捧げるために、また自分のすべての祈りと、自分の土地のすべての産物の十分の一を捧げるために上って行った。㈢しかし、ハンナは彼と一緒には上らなかった。

彼女は自分の夫に言った。

「この子がわたしと一緒に上って行くまでは、わたしは上って行きません。この子を乳離れさせるときには、彼は主の前にまみえ、いつまでもそこにとどまるでしょう。」

㈢彼女の夫エルカナは彼女に言った。

「おまえの前に喜ばしいことをするがよい。この子を乳離れさせるまで、とどまるがよい。ただ、主が、おまえの口から出るすべてのものを成就されるように。」

（こうして）女はとどまり、乳離れさせるまでわが子に乳を飲ませた。㈣そして（乳離れしたとき）彼女は、三歳の雄牛（一頭）と、パンと、上質の小麦粉一オイフィと、葡萄酒一ネベルを手に、彼と一緒にセーローへ上り、セーローの主の家に入った。子は彼らと一緒（だった）。㈤彼らは彼を主の前に連れて行った。彼の父は毎年主に捧げてきた年ごとの犠牲を屠った。そして彼は子を前に連れ出すと、雄牛を屠った。子の母ハンナはエーリの方へ行った。㈥そして彼女は彼に言った。

「祭司さま、わたしの中で、あなたの霊は生きておられます。わたしはあなたの前に立って主に向かって祈っていた女（です）。㈡この子のためにわたしは主に向かって祈り、主はわたしが切に願った願いをわたしにかなえてくださったのです。㈢そこでわたしは彼が生きているその全生涯の期間、主に役立つ者として、彼を主におゆだねいたします。」

そして彼らは主を拝した。

第二章㈠ハンナは祈り、そして言った。

「わが心は主にあって強められ、
わが角はわが神にあって高められ、
わが口は敵どもにたいして大きく開かれ、
わたしはあなたの救いを歓喜した。
㈡なぜなら、主のように聖なる方はおられず、
そしてわれらの神のように義なる方はおられないからだ。
あなたのほかに聖なる方はおられない。
㈢奢り高ぶるな、そして大言壮語して偉ぶるな。
思い上がった言葉をおまえたちの口から吐いてはならない。
なぜなら、主はすべてをお見通しの神で、

またご自分のはかりごとを準備されておられる神だから。
㈣勇者の弓は緩《ゆる》み、
そして、弱められた者たちは力を腰帯として締めた。
㈤パンの豊かな者たちは小さな者とされた、
そして、飢えている者たちは土地を無視した。
なぜなら、石女《うまずめ》は七人（の子）を産み、
子沢山の女は衰えたからだ。
㈥主は殺し、そして生かされる、
（主は）黄泉へ導き、そして引き上げられる。
㈦主は貧しくし、そして豊かにされる、
（主は）低くし、そして高くされる。
㈧（主は）貧しい者を地から立ち上がらせ、
そして、乞食《こつじき》を塵芥《じんかい》の山から引き上げられる、
彼を民の中の有力者たちと一緒に座らせるために。
そして栄光の座を彼らに継がせられる。
（主は）祈る者のその祈りをかなえ、

そして正義の歳月を愛でられた。
(九)なぜなら、力ある者は、己の力で強いのではないからだ。
(一〇)主はご自分の敵対者を無力にされる。
主は聖なる方。
知恵ある者にその知恵を誇らせてはならない。
そして、力ある者にその力を誇らせてはならない。
そして、富める者にその富を誇らせてはならない。
誇る者にはこのことを誇らせるがよい、
(すなわち)主を理解し知ることを、
そして、大地の中で裁きと正義を行うことを。
主は天に上り、そして雷鳴を轟かされた。
(主は)義なるお方なので、地の果て(まで)を裁き、
われわれの王たちに力を与え、
そしてご自分の油注がれた者の角を高くあげられる。」
(一一)彼女は彼を主の前に、(すなわち)その場所に残し、主を拝すると、ハルマタイムの自分たちの家へ戻って行った。そして少年サムーエールは祭司エーリの前で、主に仕えた」。

それでは二つのテクストの比較から離れて、ヨセフスの再話に入って行きます。

エリの二人のダメ息子の非道と不正

ヨセフスによるサムエル物語の再話の前半部分は『古代誌』第五巻の三三八節からはじまります。彼は物語の冒頭を「さて、ヘブル人は次のことが原因で、再びパライスティノイ（ペリシテびと）と戦争をはじめ、国の勢力をいっそう傾けた」ではじめます。わたしはすでに前章で、ギリシア語訳ではペリシテびとが一貫して「異種族の者（たち）」で表記されていることを指摘しましたが、もしヨセフスがこの言葉を使用すれば、彼の再話を聞くローマ人たちには何のことを言っているのか分からなかったでしょう。彼はそれをパライスティノイに置き換えております。

サムエル記上二・一二以下によれば、年老いた祭司エリには二人の息子ホフニとピネハスがおります。

ある日のことです。神の人が祭司エリのもとを訪ねてきて、エリの家に災禍が見舞い、新しい祭司が立てられると告げます。

ヨセフスはここでの祭司を大祭司とし、神の御使いを神としてサムエル物語を次のように語りはじめます。

「大祭司エーレイス（エリ）にはホフニエース（ホフニ）とフィネエセース（ピネハス）という二人の息子がいた。二人はともに人びとには傲岸不遜《ごうがんふそん》、神には不敬虔な態度で接し、悪事という悪事にはすべて手を出した。彼らは奉納物のあるものを役得として持ち帰ったりしたが、中には強奪に近いものもあった。また、礼拝にやって来る女をときには暴力で犯し、ときには贈り物で誘惑した。要するに、二人の生活態度たるや、世の暴君と全く変わらなかったのである。

二人の素行に心を痛めた父親は、神が彼らの悪行を処罰されるのを心待ちにしていた。……苛立った思いは人びとも同じであった。神がエーレイスと（まだ）そのとき子供にすぎなかったサムーエーロス（サムエル）に、二人の息子たちへの災禍を告げると、エーレイスは公然と息子たちの喪に服した。」（五・三三八―三四〇）

サムエル記上二・二二以下によれば、神の人がエリの二人の息子に見舞う災禍について告げた相手は父親のエリ本人ですが、ヨセフスでは、神が災禍を告げた相手はこれから語る物語の主人公になるサムエルです。ここには、実は、訳文をつくる上での問題があるのです。ここでのギリシア文中にある代名詞アウトスの属格形がエリではなくて神を指すものと理解することも可能で、その場合、訳文は「神はご自分の（二人の）しもべ、すなわちエーレイスとそのときは（まだ）子供にすぎなかった預言者のサムエーロスにきたるべき災禍を告げた」となります。後者の訳文ですと、サムエル記の物語の展開に沿ったものとなりますが、前者ではそうではないのです。サムエル記上二・三四によれば、神の人がエリに告げた災禍の具体的な内容は、二人の息子が同じ日に死ぬということですから、ヨセフスが「エーレイス（エリ）は公然と息子たちの喪に服した」（五・三四〇）と語るのは間違いではないのです。

エリ、ハンナに男子の誕生を告げる

ヨセフスはここで「しかし、エーレイス（エリ）の息子たちとヘブル人のすべてを見舞った災禍を語る前に、まず預言者サムーエーロス（サムエル）の物語を述べておきたい」（五・三四一）と断りを入れた上で、サムエル記上一・一以下で語られる物語に戻ります。そこでのラールフス編のテクストとルキアノス版のテクストはすでに示しておりますので、ここから先では、その二つのテクストに戻りながら、ヨセフスを楽しもうではありませんか。

ヨセフスは次のように申します。

「エフラメース（エフライム）部族の土地の、アルマタ（ラマタイム・ツォフィム）の町に住む中流のレウィテース（レビびと）であったアルカネース（エルカナ）には、ハンナ（アンナ）とフェナンナ（ペニナ）という二人の妻がいた。二人の妻のうち、フェナンナには子供があったが、夫の愛情は変わらなかったものの、ハンナには子供ができなかった。

（あるとき）アルカネースは二人の妻を連れて、供犠のためにシロー（シロ）の町——すでに述べたように、神の幕屋がそこに置かれていた——にやって来た（図75）。そして供犠が終わって祝宴にうつり、彼が妻や子供たちに肉を分け与えていたとき、母親を取り囲んで座っている子供たちを見たハンナは、突然涙を流し、自分の不妊と子のない寂しさを嘆き悲しんだ（図76）。彼女の悲痛な心は、夫が慰めてもとうてい癒し得ぬものであった。彼女はついに幕屋に赴き、どうか子を授け、自分を母親にして下さるようにと神に嘆願した。そのとき彼女は、最初に生まれた子は常人とは全く異なる生活を送らせ、神への奉仕のために捧げることを誓約した。

いつまでも祈り続ける彼女を、幕屋の入り口に座して（見て）いた大祭司エーレイス（エリ）は、彼女が酔っていると思い込み、退出するよう命じた（図77）。すると彼女は自分は水しか飲んでいないと答え、神に祈願しているのは子供がないのを悲しんでいるからだと説明した。大祭司は彼女に元気を出すようにと励まし、神は子を授けて下さるだろうと告げた。」（五・三四二—三四五）

ヨセフスはこの一文で、エルカナを「中流のレビびと」であるとします。エルカナがレビびとであるという情報はサムエル記上からではありません。それは歴代誌上六・一九から推理したもので、ヨ

図74●シロに出かけるエルカナの一行
図75●エルカナに不妊の苦しみを訴えるハンナ
図76●聖所で祈るハンナ（上段）

セフスはそこをも参照しながら物語を再話しているのです。すなわち彼は歴代誌が、ソロモンがエルサレムに主の神殿を築くまで、幕屋……の前で詠唱者として仕えた人物にケハトの子孫ヘマンの名を挙げ、「その父はヨエル、祖父はサムエル、さらにエルカナ……とさかのぼる」と書いていることに注目し、神殿に奉仕する詠唱者の先祖ということでエルカナがレビびとであると想像し、さらにエルカナに二人の妻がいることや、彼がその二人の妻を連れてシロの聖所に出かけることができたことから想像して、エルカナを「中流の者」としたようです。ヨセフスの時代にも神殿で奉仕するレビびとがおりましたが、彼らの社会的地位は決して高いものではなく、彼自身、『古代誌』二〇・二一六の中で、神殿における彼らの待遇改善運動に言及しているくらいですから、ヨセフスは自分の時代のレビびとを見てエルカナの社会的地位を云々しているわけではないようです。

ヨセフスはエルカナと二人の妻が供犠が終わって祝宴に移ると、エルカナが「妻や子供たちに肉を分け与えた」とか、ハンナが突然涙を流し、自分の不妊と子のない淋しさを夫に訴えたと語ります。エルカナが妻や子供たちに肉を分け与えている光景は、サムエル記上一・九に、彼がシロで生け贄の食事に与ったと書かれているからです。普段は口にできない、しかし特別の機会には口にできる肉を家族の者に分け与えるのは妻ではなくて、一家の主人なのです。ここでの肉は彼らが携えた雄牛か何かでしょう。もちろん、牛の上等の部位は聖所の祭司たちの口に入るものだったでしょう。

ヨセフスはここで、神に嘆願したハンナがもし自分に子が授かれば、「最初に生まれた子は常人とは異なる生活を送らせ、神への奉仕のために捧げることを誓約した」と書きます。サムエル記上一・一一によれば、ハンナは男の子が与えられるならば、「その子の頭には決して剃刀《かみそり》をあてないこと」、すなわちナジルびととして育て上げることを誓っておりますが、ヨセフスがここでギリシア人やローマ人の耳には馴染まない「ナジルびと」の生活慣習を説明してもはじまりません。そのため彼はハンナに「常人とは異なる生活」をさせて神に奉仕させると言わせているのです。

サムエル記上一・一七によれば、ハンナの祈る姿を見た祭司のエリは彼女に向かって「安心して帰りなさい。イスラエルの神が、あなたの乞い願うことをかなえてくださるように」と申しますが、ヨセフスは祭司の祈願の言葉を子の誕生の預言の言葉に変えております。なお、言い忘れるところでしたが、ヨセフスは「祭司エリ」を一貫して「大祭司エリ」と呼んでおります。彼は明らかにギリシア人やローマ人に山の中につくられた小さな聖所ではなく、祭司のヒエラルキーのある神殿をイメージさせようと努力していると見ることも可能です。

サムエルの誕生と神への奉仕

エルカナの一行は故郷のラマに戻ります。

サムエル記上一・一九は、故郷に戻った「エルカナは妻ハンナを知った」と記します（図78）。へブライ語の「知った」（ヤダー）は、エルカナがハンナと「性的交渉をもった」ことを意味します。その結果、エルカナとハンナの間に男子が生まれます。

不妊の女が産む子は、どういうわけかつねに男子です。女子ではありません。不思議ですが、その背後に男性優位の社会があることを知れば、不思議は不思議ではなくなります。

エルカナとハンナは生まれてきた男子をサムエルと名付けます。サムエル記上一・二〇のヘブライ語テクストは、サムエルの名前に語源的説明を施し、「その名は神」と述べておりますが、ギリシア語訳のルキアノス版では「彼女は、『わたしは万軍の神サバオートなる神にこの子を切に求めたので』と言って、彼の名をサムーエールと呼んだ」と述べており、ラールフス編では「彼女は彼の名前をサ

図77●ハンナ（右）懐妊する

ムーエールと呼び、そして言った。『なぜならわたしは万軍の神・主に彼をお願いしたからです』と」。ヨセフスは「彼らはその子をサムーエーロス（サムエル）と呼んだ。『神に願い求めた者』という意味と考えればよい」（五・三四六）と申しますが、彼がここでギリシア語訳テクストを使用しているのは明らかです。

男子の誕生を感謝してエルカナとハンナはシロの聖所に上り、男子が乳離れすると二人は男子を連れて今一度シロの聖所に上ります。サムエル記上一・二四によれば、そのときハンナは雄牛をはじめとする感謝の捧げ物を携えます。ヨセフスは、二度のシロの聖所行きを一度にまとめ、男子が生まれた後、二人は「子の誕生を感謝する犠牲を捧げ、十分の一税を納めるために、（再びシローへ）やって来た」とします。十分の一税への言及はヘブライ語テクストに見られるものではありませんが、最初のエルカナのシロの聖所行きを記述するギリシア語訳に見られるものです。ルキアノス版は「自分の土地のすべての産物の十分の一」であり、ラールフス編は「自分の土地の十分の一の産物」とします。ここでもヨセフスがギリシア語訳をチラチラと見ながら再話していることが分かります。

エルカナとハンナは、サムエルをシロの聖所の司祭エリに預けます（図79、80）。その後二人は故郷に戻ります。一度ハンナの胎が開かれると、彼女は次ぎつぎと子を授かります。サムエル記上二・二一のヘブライ語テクストとギリシア語訳（ルキアノス版とラールフス編）によれば、二人はさらに男子を三人、女子を二人授かることになります。ヨセフスによれば、「アルカネース（エルカナ）とア

図78●サムエル、祭司エリに預けられる
図79●サムエル、祭司エリに預けられる

ンナ（ハンナ）はさらに（サムーエーロス）以外の男子と三人の娘が生まれた」（五・三四七）と述べて、サムエル記上との食い違いを見せておりますが、ここはサムエル記上の本来のテクストがどうであったかを想像させ、その修正を提案してみせることができる箇所となっているからです。

サムエル記上の第二章の冒頭の一節から一〇節までは、ルカ福音書の第一章の四六節から五五節に挿入されている「マリア讃歌」でパクられた箇所として知られておりますので、是非サムエル記上とルカ福音書を一読し比較されることをお勧めいたします。

サムエル記上二・五に「なぜなら、石女は七人（の子）を産み、子だくさんの女が衰えたからだ」とあります。岩波版は「石女は七人の子を産み」の「七」に註を付して「『七』は完全を示す数。ここでは多数を意味する」と述べております。七が完全数を表すことはだれでもが承知していることだと思われますが、同書三・二一の「ハンナは身籠もって息子を三人と娘を二人産んだ」に引かれたためでしょうか、岩波版の訳者がここで「七」が多数を意味するとこじつけ的な説明を施したのは、エルカナとハンナが最初の子サムエルを入れて全部で六人の子（サムエル＋三人の男子＋二人の女子）にしかならず、「七」の完全数にならないことに当惑を覚えたからだと思われますが、ヨセフスを参照しなかったのはザンネンです。旧約学者としてヨセフスなど参照できるかという思いがあるのかもしれませんが、ヨセフスはここで「三人の娘が生まれた」と言っているのです。なおわたしはヨセフスの本来のテクストは、男子の数を三人とするテクストに依拠して「……三人の男子と三人の娘が生まれた」と書かれていた、しかし転写の過程で三を表すトレイスが脱落したと想像します。こう想像してはじめて、「ハンナ讃歌」に見られる「石女は七人の子を産み……」の七が「一（サムエル）＋三（男子の数）＋三（女子の数）」の完全数として生きてくるからです。ヨセフスがサムエル記を再話するにあたって使用したギリシア語訳は、その全体像が明確なものでなくとも、より古い時代に出回っていたヘブライ語のサムエル記上のテクストやギリシア語訳テクストを復元するのに役立つものであることは常識として知っておきたいと思います。死海文書の研究者として知られるノートルダム大学のユージン・ウーリック教授のハーバード大学での学位論文がヨセフスとサムエル記の比較研究でしたが、彼はすでにそのときから、双方の比較研究がサムエル記の復元作業に不可欠のものであることを正しく認識していたのです。

サムエルへの神の啓示

ヨセフスは、「ハンナの祈り」につづく物語を語るにあたり、「サムーエーロス（サムエル）が預言者として活動しはじめたのは満一二歳のときである」（五・三四八）と述べます（図82）。

サムエル記上は「満一二歳」という年齢を挙げておりませんが、そこには「少年（パイダリオン）サムエルは主のもとで成長した」（二・二一）とか「少年（パイダリオン）サムエルはすくすくと育ち、

図80●エリのダメ息子（上段）
図81●サムエルと祭司エリ、ゲリット・ダウ

主にも人びとにも喜ばれる者となった」（二・二六）とありますから、ヨセフスは、このあたりの記述から、サムエルの奉仕活動開始年齢を「満一二歳」としたのではないでしょうか？　なおわたしたちはここで、ヨセフスが『自伝』九で、自分の早熟ぶりを自慢して「まだ少年（＝アンティパイス）だった一四歳のころ、わたしの学問にたいする情熱はすでにだれ一人知らないものはないぐらいに有名となり……」と書いていることを想起したいものです。ギリシア語訳でのパイダリオンはパイスの指小辞ですが、それはヨセフスが使用するアンティパイスに等しいものと理解することが可能です。日本語でいう「ガキ」の年頃でしょうが、ヨセフスがサムエルを「満一二歳」としたのは、もちろん、「一二」が聖数だからでしょう。聖数という観点からすれば、神殿でのサムエルの奉仕活動開始年齢を同じ聖数の「七」歳としてもよかったかもしれません。

サムエルに主の言葉が臨みます。

ある夜のことです。

サムエルは神の箱が安置されている「主の神殿」で寝ていると、主が彼に呼びかけます。少年は祭司のエリに呼ばれたものと思って、寝ぼけまなこでエリのもとへすっ飛んで行き、「何かご用ですか？」と尋ねます。エリの応答はもちろん、「わたしはおまえを呼んでいない」でしたが、これが三度も繰り返されます。祭司はそのたびごとに起こされるので、たまったものではありません。エリは神がサムエルを呼んだのだと気づくと、次に呼ばれたらどう応答すべきかを彼に教えてやります。神はもう一度サムエルに呼びかけます。神はエリが自分の息子たちが行っている瀆神行為を知りながら彼らをとがめないことに立腹しているのです。そのため神はエリの家を未来永劫に裁くと告げます。ここで挙げた立腹の原因はギリシア語訳（ルキアノスとラールフス）によるものですが、ヘブライ語テクストは「自分の息子たちが自分たちの上に呪いをもたらしているのを知りながら」とします。その告発内容は随分と異なるものとなります。

ヨセフスによれば、神に呼ばれたサムエルは、自分は神の意志にしたがって何でもするつもりですから、神の言葉を賜るようにと願いでます。そこで神は次のように申します。

「では、そこにいるおまえに教えておく。これから大きな災禍がイスラエール（イスラエル）人を見舞う。その災禍はここにいる者たちがこれまで口にしたことも想像したこともないほど苛酷なものである。その日にはエーレイス（エリ）の息子たちも命を落とし、（大）祭司職は以後エレアザロス（エルアザル）の家に移るであろう。エーレイスは、わたしへの奉仕よりも息子たちへの愛情を大切にしたからだ。しかも、彼らのためにならないような仕方によってである。」（五・三五〇）

これは大祭司職の名誉を与えられていたエリ家の没落と大祭司職移行についての預言です。サムエル記上二・二七―三六は、エリ家の没落についてエリのもとを訪ねてきた「神の人」に預言させておりますが、ヨセフスはどういうわけかこの「神の人」の預言を省略しております。彼の省略の理由はいろいろと考えられるでしょうが、そのひとつは、多分、この預言に言及するヘブライ語テクストとギリシア語訳の間に明らかな混乱が認められるからでしょうか？　たとえば、ヘブライ語サムエル記上二・三一の前半部分（「見よ、わたしがおまえの腕とおまえの父の家の腕を切り落とす日が来る」）はギリシア語訳（ルキアノス版とラールフス編では「見よ、わたしがおまえの子孫とおまえの父祖の家の子孫を滅ぼす日が来る」）とは異なり、ヘブライ語テクストの第三一節の後半部分（「こうして、おまえの家には長老がいなくなる」）はギリシア語訳には見られないものであり、ヘブライ語テクストの第三二節の前半部分（「わたしがイスラエルに幸いをもたらすとき、おまえはいつもわたしの住まいに敵の姿を見るであろう」）はギリシア語訳（ルキアノス訳は「マオーン［ここでのマオーンはライヴァルを意味するヘブライ語マオンをそのまま音記している」は、イスラエールを栄えあるものとするすべての者たちの中の力（ある者）に目をやる」と読むが、ラールフス編では、これに相当する部分は欠落している）とは大きく異なるからです。

ヨセフスはすでに述べたように、大祭司職はエリの家からエルアザルの家に移ると申し立てますが、これはサムエル記上には見られない情報です。彼は何を根拠にそう言うのでしょうか？

列王記上二・二七に「ソロモンはアビアタルが主の祭司であることをやめさせた。こうして主がシロでエリの家についてお告げになったことが実現した」（新共同訳）とあります。また同書二・三五に「王（ソロモン）は彼（ヨアブ）の代わりにヨヤダの子ベナヤを軍の司令官とし、アビアタルの代わりに祭司ツァドクを立てた」（新共同訳）とあります。歴代誌上二四・三によれば、ツァドクはエルアザルの息子たちのひとりですから、大祭司職はエリの家からエルアザルの家に移ると言った神の言葉はソロモン時代に成就したことになりますが、ヨセフスはここで歴代誌上の記事を根拠に大祭司職の移行について語っているのです。

ある物語を語るとき、それに関連する記事を探し、それとの整合性を考えて物語を再話して見せることは、古代世界においては大変な作業であったことを知っておく必要があります。現在のわれわれは書物の巻末に付される索引からいろいろな関連事項を一瞬にして調べ上げることができますが、古代世界においてはそれはできなかったのです。ヨセフスはサムエル記上を再話しながら、歴代誌上のどこかにそれと関連する事項が書かれてあったことを思い起こし、その箇所のヘブライ語テクストとギリシア訳を照合しているのです。

サムエル記上三・一六以下によれば、エリはサムエルを呼び出すと、神が彼に語ったことを隠してはならぬと言って、サムエルに包み隠さずに語らせます。ヨセフスはエリが「預言者（サムーエーロス）に誓約を行って」すべてを打ち明けさせたとします。ここにはサムエル記上には認められない「誓約」という要素が入り込んでおります。

サムエル記上の終わり部分、すなわち三・一九から二一までは、サムエルが預言者として全イスラエルで認められたことを記しており、ヨセフスは、五・三五一の末尾で、サムエル記上の終わり部分を意識して「いっぽう、サムエーロス（サムエル）の声望はしだいに高まっていった。彼の預言がことごとく的中したからである」と述べております。「彼の預言がことごとく的中したからである」という理由付けの一文はいかにもヨセフス的で、彼はダニエル書のダニエルを紀元後七〇年のエルサレム陥落と神殿荒廃を預言した人物として引き合いに出すときも（『古代誌』一〇・二七七）、そこでの心情はここでのそれと同じです。預言しても的中しない預言者たちは掃いて捨てるほどいたのであり、ヨセフスの目から見れば、彼らは「偽預言者」だったのです。サムエルはそうではなかったのです。

なお、サムエル記上の第三章の終わりの一行「サムエルの言葉は、全イスラエルに及んだ」（新共同訳）は、そこまでの文章を締めくくるものなので、最後部に置かれて当然ですが、それは神の箱が奪われたことが語られる第四章の冒頭に置かれることがあります。岩波版はそれを第三章の末尾の言葉としているようですが、新共同訳は第四章の冒頭の一文としております。

当該テクストを読みやすいものにしたり、検索しやすいものにするためには章分けばかりか、節分けまでが必要です。ヨセフスの著作であれば、それは確か一九世紀になってはじめてなされたものですが、聖書のテクストの場合はいつごろなのでしょうか？　わたしは聖書のテクストに関するこういう基礎的な知識を恥ずかしながら持ち合わせていないので、いつか聖書学者に教えを請うつもりですが、章番号や節番号の振り間違いは聖書全体では結構な数あるという認識はもっております。まあ、それはともかく、ここでの第三章の終わりか第四章のはじめに置かれる一文「サムエルの言葉は全イスラエルに及んだ」に岩波版は註を付けて、次のように申します。「七十人訳は、『ところで、エリは非常に年をとり、その息子たちは依然、ヤハウェに対する暴虐行為を続けていた』ことを記す」と。岩波版の訳者がギリシア語に非常に弱く、註でのその訳文は非常に問題のあるものであることはすでに見てまいりましたが、ここではどうなのでしょうか？　岩波版の訳者が使用したと思われるラールフス編のテクストでは「エーリ（エリ）は非常に年老いて（いた）。彼の息子たちは（悪事に）ますます耽り、彼らの（歩む）道は主の前に悪（であった）」であり、ルキアノス版のテクストもまったく同じ読みですが、岩波版の訳者が提供する七十人訳の訳文とは随分と違います。わたしなどはこのような訳文を提供されると、飛び上がって驚き、「この訳者はギリシア語訳が正確に読めないんだ」と失礼な感想を口にしてしまいます。寂しい感想です。

サムエル記上の第四章のはじめから第七章のはじめまで語られるのは神の箱、すなわち契約の巻物が入った神の箱の転々物語りで、サムエルは登場いたしません。

ペリシテびとの勝利

サムエル記上四・一以下は、ペリシテびとがイスラエルのもとに遠征してきて、アフェクの町で彼らを襲撃し、四〇〇〇のイスラエルの民を殺して勝利したことや、神の箱をシロからアフェクに持ち込んでも神の助けはなく惨敗を重ね、それが奪われてしまったことを語ります。

ここでペリシテびとの登場です。

ペリシテびとは、すでに士師記のところで説明したように、地中海方面から渡って来てパレスチナの海岸沿いの平地の中部と南部に定住した民族を指します。彼らはサムソンの時代からイスラエルを苦しめております。このペリシテびとはヘブライ語テクストではペリシティームと呼ばれますが、ギリシア語訳では一貫して、ぶれることなどなく「他種族の者たち」（アロフロイ）と呼ばれており、ギリシア語訳を読む者を面食らわせますが、ヨセフスも面食らわされた者の一人であったと思われます。彼はアロフロイなどという曖昧な言葉を使用いたしません。パライスティノイ（単数形はパライスティノス）を使用しますが、彼はすでにその単語を『古代誌』一・一三六以下でも使用し、サムエル記上を扱った本書の五・六三以下でも使用しておりますので、その言葉の使用には問題がないはずです。

ヨセフスは第四章の冒頭で次のように語ります。

「パライスティノイ（ペリシテびと）がイスラエール（イスラエル）人に遠征の軍を進め、アムフェカ（アフェク）の町に対峙して幕舎を設営したのは、ちょうどそのときであった。イスラエール人は急遽、迎撃に出動し、翌日戦いが行われた。しかし、勝利を得たのはパライスティノイであり、彼らは約四〇〇〇のヘブル人を殺し、残りの敵を幕舎に追いつめた。」（五・三五二）

ヨセフスはここでペリシテびととイスラエルの子らがアフェクの町で対峙して幕舎を設営したとしておりますが、サムエル記上によれば、イスラエルが幕舎を設営したのはエベン・エゼル（ギリシア語訳ではアベン・エゼル）で、ペリシテびとが幕舎を設営したのがアフェクの町です。エベン・エゼルの位置は不明とされておりますが、もしかしてヨセフスはその場所がアフェクに近接していることを承知していて、両者は対峙して幕舎を設営したと言っているのかもしれません。もしそうだとすると、サムエル記上が会戦が行われた日を特定していなくても、イスラエル人がペリシテびとを相手に「翌日」戦ったとヨセフスが述べてもおかしくはありません。

サムエル記上四・三―一一によれば、ペリシテびととの戦いで敗北を喫したのは自分たちのもとに神がいなかったからだと考えた「イスラエルの長老」は、シロにある主の契約の箱を自分たちのもとへ運び込むことを提案、シロに人をやって「万軍の主の契約の箱」を担いでこさせます。エリの二人のダメ息子も同道いたします。主の契約の箱がイスラエルの陣営に到着すると、イスラエルは「ケルビムの上に座す万軍の主」がやって来たと思って「大歓声を上げ、そのため地はどよめいた」そうです。地がどよめくほどの歓声が上がれば、ペリシテびとが恐怖にとりつかれますが、指導者たちは彼らを励まします。彼らはイスラエルと戦って三万の歩兵を倒し、神の箱を奪います。この会戦でエリのダメ息子であるホフニとピネハスも死にます。

ヨセフスは四〇〇〇の同胞を失い完敗を恐れたヘブル人がゲルーシア（の長老たち）と大祭司に使

いを出して、神の箱を持ってこさせたとします。そして彼は神の箱が担ぎこまれても結局はさらなる敗北をイスラエルが喫したことから、次のようなコメントをそこに入れるのです。「自分たちがうける災禍を決定した神がそんな箱よりも（はるかに）大きな力をもっていることや、その箱がそこにあるのも、実は、神があってのことであることには（全く）無知であった」（五・三五三）と。ここでのヨセフスのコメントは興味深いものです。彼は神の箱に契約の石板が入っていても、それは神自身でないことを承知しているのです。ご神体であるが神ではないのです。

ヨセフスは契約の箱の運搬の場面にエリのダメ息子を登場させ、そのとき二人の息子のひとりが父親に代わって大祭司になっていたと述べます。

「契約の箱が到着した。それには父の大祭司から、もしそれを奪われても生き残ろうなどと考えれば、自分は二度とおまえたちに会わない、と厳命をうけた息子たち（が従っていた）。そのときすでに、フィネエセース（ピネハス）が父の高齢のために（大祭司職を）譲り受け、事実上その職務を行っていたのである。」（五・三五四）

ヨセフスはなぜエリの息子のひとりピネハスが大祭司になったと書いたのでしょうか？

レビ記二一・一八に、大祭司は「障害のある者、すなわち目や足の不自由な者であってはならない、鼻に欠陥のある者、手足の不釣り合いの者、手足の折れた者……であってはならない」とありますが、ヨセフスはサムエル記上三・三で、サムエルへの主の呼びかけの場面で「ある日、エリは自分の部屋で床に就いていた。彼は目がかすんで、見えなくなっていた」と書き記されているところから、この時点ですでに、ダメ息子ピネハスが父親の大祭司職を代行していたと想像してみせたのかもしれません。もっとも先に進んでのサムエル記上四・一五にも「エリは九八歳で、目は動かず、何も見えなくなっていた」とあります。

ヨセフスはこの後、サムエル記上の記述に忠実に、イスラエルが惨敗を重ね、約三万の兵を失い、その中には大祭司エリの息子たちも入っていたことや、契約の箱がペリシテびとに持ち去られたことなどを述べます。

大祭司エリの死

サムエル記上四・一二―一八によれば、契約の箱が奪われた悲報が、ベニヤミン族に属するひとりの男によってシロの町にもたらされます。町中の者が嘆きの声を上げます。目の見えなくなっていたエリはその騒々しい声を聞くと、戦場から抜け出してきた男に息子たちの様子を聞きだします。彼はイスラエルがペリシテびとの前から敗走し、二人の息子も死に、さらには神の箱も奪われたことを聞くと、城門の近くで座っていた椅子から仰向けに落ちて、首を折って死にます。

ヨセフスは椅子から仰向けに落ちて死んだとする記述の不自然さに気づいたのでしょうか、ベニヤミン部族の男がシロの町に入ってきたとき、エリがシロの町の城門の所で「高い椅子に腰を降ろしていた」（五・三五八）といたします。高い椅子と低い椅子では危険度が異なります。サムエル記上のヘブライ語テクストとギリシア語訳は、シロの町にやって来た人物を「男」としますが、ヨセフスはその人物を「若者・青年（ネアニアス）」といたします。その男が一刻も早くその悲報を伝えようと懸命に走って来たことは、シロに到着したときの男の「衣服は裂け、頭に土をかぶっていた」（四・一二）から暗示され、「走って来た」こと自体、その男が「若者」であったことを示唆するので、ヨセフスが「男」を「若者」と書き替えるのは自然です。

ヨセフスはエリがその若者を呼び出して戦闘の結末を知り、「息子たちの死と軍隊の敗北を冷静に受け止めた」（五・三五八）とし、次のように申します。

「事実、彼はあらかじめ（このような）事態を神から知らされており――（神がそうされたのは）人間というものは予期しない出来事に（とかく）大きな衝撃を受けるからである――、またこの災禍について（人びとに）警告していたからである。」（五・三五八）

しかしエリは「契約の箱が敵に奪われたという思いもよらぬことを知らされると、深い悲しみのあまり、椅子から崩れ落ちて息絶えた」とされます。ヨセフスは、すでに述べたように、エリが座っていた椅子を「高い椅子」としておりますから、そこから崩れ落ちれば、しかも九八歳の高齢ですから、息絶えることは確実です。ギリシア語訳のルキアノス版は「エーリ（エリ）は門の側の彼の椅子から後方へ倒れ、背中を打って亡くなった」（四・一八）と読み、ラールフス編は「エーリ（エリ）は椅子から後方に門の方へ卒倒し、背中を打って亡くなった」（四・一八）と読んでおります。

エリの最後は、ヘブライ語テクストもギリシア語訳も「彼は四〇年間、イスラエルを裁いた」で結ばれ、エリが士師として生涯を全うしたとしますが、ヨセフスは「彼は九八年の生涯を送り、そのうちの四〇年間は、（大祭司の？）権限を行使した」（四・三五九）とします。なお、ここでの「四〇年間」の「四〇」という数は聖数であり、実際の数を表すものではありません。この数は士師記三・一一、五・三一、八・二八、一三・一ほかでも見られるものです。

ピネハスの妻の死

サムエル記上四・一九―二二によれば、出産間近かのピネハスの妻は、神の箱が奪われ、夫も舅も死んだと聞くと、ショックのあまり産気づき「陣痛に襲われてかがみ込み、子を産み」落とします。そして彼女は、生まれてきた子に「栄光はイスラエルを去った。神の箱が奪われた」と嘆くと、イカボド（「栄光は失われた」の意）と名付けて亡くなります。

ヨセフスはピネハスの妻が亡くなった日を舅が亡くなった日と「同じその日」とします。これはサムエル記上には見られない詳細ですが、日時は再話を具体的なものにします。彼はさらに、夫の死を知らされたとき彼女が出産間近かではなく七か月目であったとします。これも具体的なものですが、七か月目の出産は彼女が受けたショックがいかに大きなものだったかを示唆するものになります。

ヨセフスはサムエル記上にしたがって、ピネハスの妻がその産み落とした子をイカボド（ヨセフスの読みではヨーカベース）と呼んだと告げると同時に、イカボドには「不名誉（アドクシア）」の意味があり、「そのときの軍隊の屈辱（的敗北）に因んだ名であった」（五・三六〇）とします。ちなみにギリシア語訳のルキアノス版は「彼女はこの名をウーアイ・バルと呼んだ。神の箱のために、自分の舅のために、そして自分の夫のために。（そのいずれもが）死んだからである」と読み、ラールフス編は「彼女は子をウーアイバルカボートと名付けた。神の箱の（喪失の）ために、自分の舅の（死亡の）ために、そして自分の夫の（死亡の）ために」と読んでおります。

大祭司の後継者

ヨセフスは『古代誌』の第五巻を大祭司の継承を語って締めくくり、次のように申します。

「エーレイス（エリ）は、アアローン（アロン）の二番目の子イタロス（イタマル）の家を（大祭司になって）治めた最初の者である。大祭司職は本来エレアザロス（エルアザル）家に帰属し、その名誉は父から子へと継承されていた。すなわち、エレアザロスは（大祭司職を）息子のフィネエセース（ピネハス）に引き継がせた。そしてその後継者はその子アビエゼレース（アビシュア）で、それを継いだのはその子ボッキ（ブッキ）、ついでそれを継承したのがその子オズィス（ウジ）である。そして、その後継者として、今ここで語っているエーレイスが（大）祭司職についたのであるが、以後ソロモーン（ソロモン）の治世にいたるまで彼の子孫（が大祭司職を独占した。そしてそのあと、エルアザロスの子孫たち）が再びそれを手にしたのである。」（五・三六一）

歴代誌上五・二七―四一は、レビの子からはじめてバビロン捕囚のときに連れ去られたヨツァダクまでの大祭司の名前を挙げております。ここで大祭司の系譜の挿入について述べる前に、この一文に少しばかり説明をほどこします。

「アアローンの二番目の子」とあります。テクストでは「アアローンの子らの（二人のうちの）ひとり」あるいは「アアローンの（二人の）子らのうちのひとり」です。出エジプト記六・二三および歴代誌上五・二九（同書二四・一）によれば、アロンには四人の息子、すなわちナダブ、アビフ、エルアザル、イタマルがおりましたが、歴代誌上二四・二に「ナダブとアビフは父に先立って死に」とあるところから、ヨセフスはここでエルアザルとイタマルの二人だけをアロンの子とし、イタマルを「二番目の子」としているようです。

ヨセフスはなぜここで大祭司の系譜を入れたのでしょうか？

それを知るには『古代誌』の他の箇所や『アピオーンへの反論』に目をやる必要があります。

ヨセフスは『古代誌』一・一六で、モーセが生まれたときを「二〇〇〇年前の昔である」とし、同書二〇・二二七において、モーセの兄弟アロンが大祭司職に就任して以来（出エジプト記二八・一、およびレビ記八・一以下参照）、ユダヤ戦争中にゼーロータイ（熱心党）によって選出されたファナサス（『戦記』四・一五五参照）に至るまでの期間、八三名の大祭司が選出されたと述べておりますが、そこでの前提は、『アピオーンへの反論』三六が述べているように、「（ユダヤ民族の歴史の正確さを何よりもよく納得させてくれる）最大の証拠は、父から子へとこの二〇〇〇年間にわたって継承されてきた大祭司の名を、わたしたちの記録は備えているということである」の一文に見られる大祭司のラインの継続性なのです。ヨセフスは大祭司のラインがモーセのときから途切れることなく連綿と継続してきたことに、ローマ世界にディアスポラの民族として放り出されたユダヤ民族の存在と存続の正統性を見ているのです。そのことを確認するためには、『古代誌』の最終巻である第二〇巻の二二四節から二五一節に目をやる必要があります。そこではユダヤ民族の歴史の上で「大祭司制」が連綿としてつづいてきたことが、あたかもそこにユダヤ民族の存在の正統性があるかのようにして長々と書かれているからです。すなわち彼はそこで、大祭司制がどのようにしてはじまったのか、誰がこの職務につけるのかの詳しい説明を行ってさえいるのです。ですから彼は、『古代誌』五・三六一―六二で、大祭司の継承について歴代誌五・二七―四一を典拠にして唐突な仕方で言及したのではなく、『古代誌』の中では、これから先、大祭司の交替があれば――その交替がいかなる理由からのものであれ――、その都度それに言及し、大祭司の継承のラインに途切れがなかったことを、大祭司についた者たちの系譜を示すことなどで強調するのです。たとえば彼は、『古代誌』八・一二ではソロモン王の時代にアビヤタルが大祭司職から追放され、大祭司職がイタマルの一族から奪われてピネハスの一族ザドクのものとなったことに触れ、歴代誌上六・五―八を典拠に次のように述べるのです。

「大祭司職はピネハスの一族ザドクのものになった。ピネハスの一族は、大祭司職がイタマル一族のものになって以来――この一族で最初にその地位についたのはエリである――、平民として暮らしていた。一族の系譜は、次のとおりである。すなわち、大祭司イエースース（アビシュア）の子はボッキアス（ボッキ）、ボッキアスの子はヨータモス（ウジ）、ヨータモスの子はマライオートス（メラヨテ）、マライオーテースの子はアロファイオス（アマリヤ）、アロファイオスの子はアキトーボス（アヒトブ）、アキトーボスの子はサドーコス（ザドク）で、この人物がダウィデース（ダビデ）の治世中（フィネエソス［ピネハス］一族の中で）最初の大祭司になった。」（八・一二）

ヨセフスの語る『ユダヤ古代誌』の第五巻は、以上をもって終わります。

第5章……サムエル物語（2）

契約の箱のたらい回し

サムエル記上の再話がつづきます。

『ユダヤ古代誌』の第六巻の冒頭ではじまる物語は、契約の箱が奪われたことを語る同書五・三五三―五六に接続するものです。サムエル記上のテクストでは第五章の冒頭からはじまります。

サムエル記上五・一によれば、神の箱を奪ったペリシテびとはそれをエベン・エゼルの町から自分たちの町アシュドド（図82）に運び込むと、彼らの神ダゴンを祭った神殿の中に運び入れ、ダゴンの傍らに置きます。ダゴンはペリシテびとの神ですが、その神像は後のローマのネプチューンのような海神であったのか、それとも農耕神であったのか、そのあたりのことは不明です。いずれにしてもここから先では、ダゴンはイスラエルの子らの神よりも一段も二段も格下の神とされ、さらに後には邪悪な悪神とされますが、ユダヤ民族が周辺民族の神ないし神々をつねに貶めることは問題です。ただしヨセフスが『古代誌』において周辺民族の神々に露骨に悪態をつくことはありません。これは異民族の神々の世界であるローマで生き延びるためには他の神々の悪口など言えないはずですが、ヨセフスはこのころまでにはすでにローマで暮らして三〇年になろうとしております。当然ことながら彼は、異教の神々にもそれなりの敬意を払っている、と議論することも可能です。

さて、サムエル記上はなぜ彼らが神の箱をダゴンの神像の傍らに置いたかを説明いたしませんが、ヨセフスは神の箱を「戦勝記念碑か何かとして」「略奪物か何かのようなもの」としてダゴンの傍らに置いたとします。彼は過日のユダヤ戦争で、ローマ軍が略奪物の中のめぼしいものをウェスパシアヌスやティトスの天幕の前で、戦勝記念碑として、立て掛けたり、吊したりしたのを知っているのです。

サムエル記上によれば、翌日アシュドドの住民が神殿に行ってみると、「あーら大変」の事態が起きております。何とダゴンの神像が主の箱の前の地面にうつ伏せ姿で倒れているのです。人びとはダゴンを持ち上げて、元の場所に戻してやります。ヨセフスはダゴンのうつ伏せ姿を跪拝礼の姿と解釈して次のように申します。「ところが、翌朝、(町の住民の) すべてが神に跪拝するために神殿に入ると、ダゴーン（ダゴン）の神が、同じように契約の箱に（跪拝）していた。すなわち、ダゴーンの神は平常安置されている台座から落ちて、うつ伏せになっていたのである」（六・二）と。写本によっては、引用した一文の最後部は「台座（の上）から落ちて、契約の箱の上にうつ伏せになっていたのである」ですが、どちらにしても、ダゴンの神が契約の箱に跪拝礼をしていたというのです。ここでの跪拝礼はヨセフスの再話を聞く者たちに、周辺民族の神々にたいするイスラエルの神の優越性を印象付ける結果となりますが、このうつ伏せの姿勢はわたしたちに創世記で語られていたヨセフ物語の中のひと齣《こま》を思い起こさせるはずです。創世記三七・六―七は、兄たちが畠でたばねた束がヨセフがたばねた束の周囲にやって来るとそれにひれ伏したというのです。その夢をヨセフから聞いた兄たちは自分たちが将来弟のヨセフに跪拝することになると想像して怒り狂ったからですが、この物語やここでの物語に見られる跪拝は、跪拝礼がペルシア時代の慣習であったとすると、そしてもしそれがそれ以前にオリエントにない慣習であったとすると、創世記のヨセフ物語やここでの物語の成立年代を議論するときに、おもしろい問題を提起するものとなります。ここではこれ以上立ち入ることはいたしません。

サムエル記上によれば、アシュドドの人びとは次の日にもダゴンが主の箱の前の地面にうつ伏せに倒れていたばかりか、「その頭と両手は切りとられて敷居のところにあり、胴体だけが残されていた」というのですが、ヨセフスはここではその詳細には触れず、「（そしてその後）人びとが何度そこに行っても、ダゴーン（ダゴン）の神はいつも同じ姿勢で契約の箱の前に伏していたのである」（六・二）と述べ、イスラエルの神へのダゴンの跪拝がその後も長くつづいたことにしております。ダゴンの神像の頭や両手が切断されては跪拝礼などはできません。ペルシアの跪拝礼から知られるように、跪拝礼では両手を頭の上に伸ばして背を丸め相手を拝するからです。

ヘブライ語サムエル記上五・六以下によれば、「主の手」がアシュドドの人びとの上に重くのしかかり、彼らを撃って「腫れ物」を生じさせます。ギリシア語訳は随分と異なります。ルキアノス版では「それは彼らにねずみをもたらした。ねずみたちは（彼らを）船の中へと追いやった。ねずみたちは彼らの土地の至る所で発生し、町では死の大混乱が起こった」であり、ラールフス編では「それ（主の手、あるいは主）は彼らに（ねずみを）もたらし、彼らのもとに発生させて船の中にまで（及ばせた）。ねずみがその土地の至る所に発生し、町では死の大きな混乱が起こった」です。

二つのギリシア語訳はどちらもねずみの大量発生を語りますが、ルキアノス版では、アシュドドの人びとは逃げ場を失って船の中へ逃げ込み、アシュドドの海岸から沖へと離れていく光景を描きだしますが、ラールフス編では大量発生したねずみがアシュドドの港に係留されていた船の中にまで入り込み、船倉の中で走り回っている光景を描きだしております。ここでの光景を理解する上で大切なのはアシュドドが港町であり（図83）、そこに船が係留されていたことですが、岩波版の註は「七十人訳も『彼らの地にねずみが発生し、死と破壊が町中を襲った』ことを書き加えていること」を指摘し、

図82●アシュドドの古代遺跡
図83●アシュドドの町

さらにヨセフスの『古代誌』V3「赤痢」参照」としますが（『古代誌』は第五巻ではなくて第六巻です）、この註は船への言及を怠ったために、読者にアシュドドの町が港町であるという光景を思い起こさせるものにはなっておりません。

では、ヨセフスはどうなのでしょうか？

「しかも、神が、最後にアゾーティオイ（アシュドドびと）の町や土地にされたことは、死と、悪疫の投入であった。（多くの）人びとが赤痢にかかって死んだ。この病気は悪質で死の訪れも早く、病人の（体内の）いたる所から腐った内臓がしみ出し、普通の病気ならまだまだと思っているうちにころりと死んでいくのであった。また彼らの土地からは、はつかねずみの大群が土中から発生し、植えてあるものや（取り入れた）穀物を見境なく食い散らして荒らしまわった。」（六・三）

ここでのヨセフスの再話を説明する前に、わたしの翻訳について少しばかり説明しておきます。この一文の中に「普通の病気ならまだまだと思っているうち」とありますが、実はこの部分は相当思い切って意訳したもので、ヨセフスのテクストの直訳は「（通常の）祝福された死の場合のように魂が肉体から切り離される前に」であろうかと思います。今わたしの翻訳と直訳を比較しますと、ここは直訳でいくべきであったかと思います。死を「魂の肉体からの分離」だとする理解は、『戦記』七・三四四でも認められるからです。

ヨセフスはここで、それでもってアシュドドびとを撃ったのは「腫れ物」ではなくて「赤痢」としております。しかし彼は菌の中間宿主であるはつかねずみに言及しておりますから——くまねずみの方がよかったかもしれません。もっともわたしはギリシア語でくまねずみを何というのか知りません——、彼はギリシア語訳にもとづいてこの部分を語り直しているとしなければなりません（図84）。彼の赤痢についての知識は、多分、対ローマのユダヤ戦争の最後の局面でユダヤ人たちがエルサレムの城内に閉じ込められたときに目撃した惨状からではないでしょうか？　そこでは赤痢その他の伝染病が蔓延し、城内に閉じ込められた市民たちは脱水症その他でばたばたと倒れていったはずです。ここでの光景はヨセフスの時代の光景でもあったのです。

サムエル記上五・八以下によると、契約の箱はアシュドドからガドに運び込まれますが、それはガドびとにも災禍をもたらします。そこで今度は、エクロンに移されます。「たらい回し」というやつですが、エクロンびとはカンカンです。彼らはペリシテびとの領主を集めると、神の箱をイスラエルびとのもとへ送り返すよう提案いたします。

ヨセフスの再話では、契約の箱のガドの町への運び込みは省略されますが、それがエクロンびとの町からさらに他の町を転々としたとします。ペリシテびとの町は「五都市」の名で知られておりますから（図85）、サムエル記上五・一以下では、アシュドド、ガド、エクロンでまだ二つの町が残っていることになります。ヨセフスはサムエル記上が言及しない残りの二つをも想像してみせたのです。

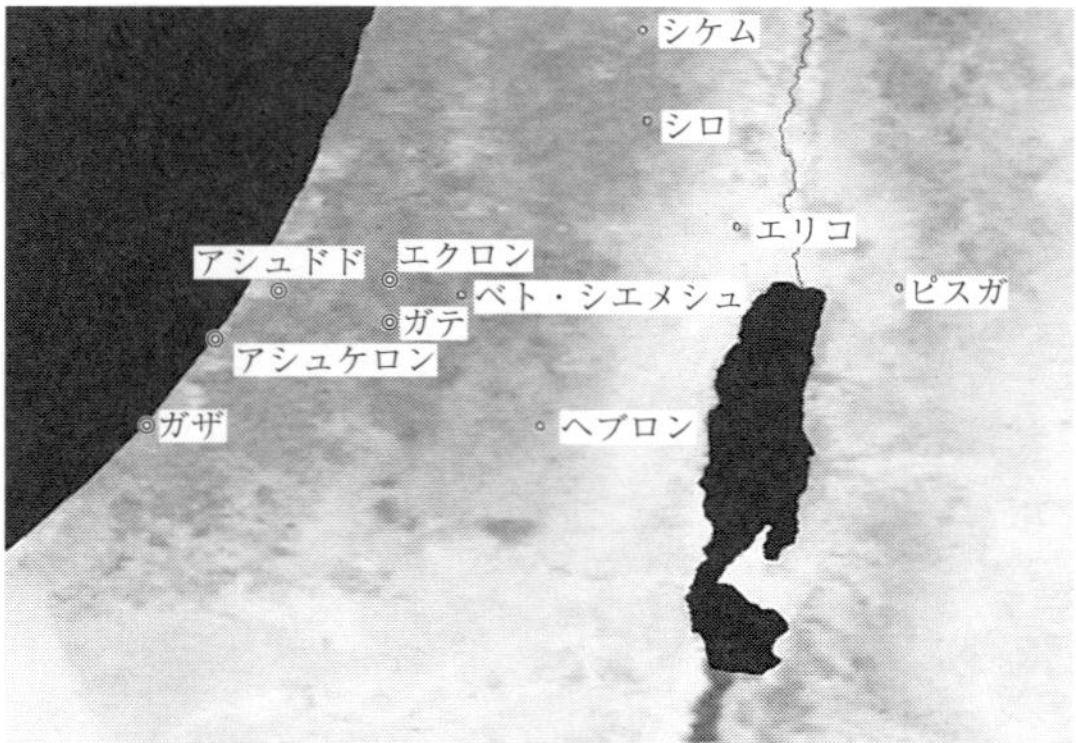

図84●アシュドドの悪疫、ニコラ・プーサン（1630）、ルーブル美術館
図85●ペリシテびとの五都市、◎の付いたもの

彼は次のように書きます。

「すると今度は、アスカローニタイ（エクロンびと）がその契約の箱を他の（町の）人びとに押しつけ、自分たちの所からそれを追い出してしまった。しかし、契約の箱を受け入れた町は（どこも）同じような災禍に見舞われた。しかもそれに耐え抜いた町はひとつもなく、必ず近隣の町に押しつけるのであった。このようにして契約の箱は、パライスティノイ（ペリシテびと）の五つの町をたらい回しにされたが、そのつどそれは、そこを訪れた代償であるかのように疫病をもたらし、人びとを苦しめた。」（六・五―六）

ペリシテびとの協議とその結果

サムエル記上六・一以下によれば、ペリシテびとは主の箱の扱いについて協議いたします。彼らは祭司たちや占い師（ギリシア語訳では、それに呪術師たち）を呼び寄せて「お知恵拝借」といきます。ここでの占い師や呪術師たちはともかくも、「祭司たち」はイスラエルの子らの祭司たちのようです。なぜならば、サムエル記上六・二や六・五によれば、彼らは神を「イスラエルの神」として言及し、出エジプトの経緯を知っているからです。

さて、呼び寄せられたイスラエルの子らの祭司たちは、主の箱を元の所有者に返還するにあたり償いの供犠を添えることを提案いたします。具体的には金でつくった腫れ物五つと同じく金でつくったねずみ五つです。ここでの「五」という数は、既述のように、ペリシテびとが主要な町を五つもっているからで、それに合わせているのです。

文脈から明白なためでしょうか、サムエル記上は、主の箱の扱いについて協議した者たちをペリシテびとの指導者たちであったとは明記しませんが、ヨセフスはそのとき「五都市――ギッタ（ガテ）、アッカローン（エクロン）、アスカローン（アシュケロン）、それにガザ（ガザ）とアゾートス（アシュドド）――の指導者たちが集まった」とし、さらにはその場面での議論を想像し、契約の箱を本来の所有者に戻すことに反対する立場の者をも想像して次のように申します。

「それには反対である。われわれの災禍の原因が契約の箱にあると考えるのは、われわれ自身を欺くことであり、それにそんな力や能力があるはずがない。その箱が本当に神の守護下にあるならば、われわれがそれを奪えるはずがない。このさいは、何もせず、起こってしまった災禍に冷静に耐え抜くことが肝心だと思う。本来、自然は、（人間の）体でも、大地でも、食物でも、また地の産物でも（つねに）周期的な変化にしたがうもので、今度の災禍もそのような自然現象に起因すると考えるべきである。」（六・九）

いろいろな意見が出ます。侃々諤々《かんかんがくがく》です。ヨセフスは、「理解力と聡明さの点で抜きんでいて」、人びとの信頼をかち得ていた者たちが次のように言ったとします。

「契約の箱を送り返すのも、手元に置くのもよくないことである。そこで、われわれは、各都市のために（一体ずつ、計）五体の金の像を神に捧げることにする。それはわれわれの救いを配慮してくださり、一連の災禍によってわれわれがこの大地から追われそうになったとき、そこにとどまることを許してくださった神への感謝の捧げ物である。

また、われわれの土地を荒らしまわったはつかねずみを同じように金で五つつくり、それを箱に納めて契約の箱の上に置く。次に、契約の箱を運ぶ新しい荷車をつくり、それを仔牛を産んだばかりの雌牛どもを軛にかけて引かせる。そのとき、仔牛は閉じ込めておかねばならない。さもないと、仔牛が雌牛につきまとってじゃまをしたり、雌牛が仔牛を追いかけて速度をはやめたりするからである。

こうして契約の箱を引かせた雌牛どもを三叉路まで駆っていき、そこで雌牛どもを自由にし、その先の道を勝手に行かせる。そして、もし雌牛どもがヘブル人の住む土地に至る道を選んでそちらに進めば、今までの（すべての）災禍の原因は契約の箱にあったと見なさねばならぬ。しかし、雌牛どもが他の（道）を進めば、われわれは契約の箱を追いかける。箱には何も恐ろしい力がないと分かるからである。」（六・一〇―一二）

ヨセフスのギリシア語の文体が、ここから先、ここまでのそれとは非常に異なるものになります。彼のギリシア語をチェックする「助手」（スネルゴス）の交代があったからです。

ヨセフスは『古代誌』六・九で、契約の箱に「そんな力や能力があるはずがない」と申し立てる者がいたとしておりますが、ここでは「力」（デュナミス）と「能力」（イスクス）という二つの同義語が並置されて文意が強調されております。ヨセフスは六・一〇で、「しかし、理解力と聡明さの点で抜きんでていて……」と述べて、「理解力」（シュネシス）と「聡明さ」（フロネーシス）を並置します。ここから先では、同義語または類義語の並置による強調が頻繁に見られ、それは明らかにヨセフスの助手が代わったというサインを読む者に発します。この助手は、ギリシア語訳サムエル記上のギリシア語をそのまま引くのを好まないようです。たとえばサムエル記上六・八の「箱」を意味するギリシア語はセマですが、『古代誌』六・一一ではグローッソコモンです。サムエル記上六・七の「仔牛を生んだばかりの雌牛ども」のギリシア語は『古代誌』六・一一では同じ意味内容ですが、異なるギリシア語表現に改められております。助手の「徹底的に添削してやるぞ」の気迫が読む者に伝わってきます。もしかして朱筆が入り真っ赤になっていたかもしれません。まあ、こういうことも想像しながら古典や聖書のギリシア語訳などは読み進めましょう。テクストそのものを絶対化しないためにも。

さて、サムエル記上五・三のヘブライ語テクストによれば、「金の腫れ物五つと金のねずみ五つ」は、神の箱に添えて送り返す「償いの供犠」のためのものであり、またギリシア語訳のルキアノス版では「厄除けの贈り物」、ラールフス編では「罪の償いの捧げ物」ですが、ヨセフスはそれを「感謝の捧げ物」とします。

ヨセフスは、すでに見てきたように、「契約の箱を引かせた雌牛どもを三叉路まで駆っていき」としておりましたが、この詳細はサムエル記上に見られるものではありません。彼の想像の中での光景がここに貼り付けられているのです。

契約の箱、ベト・シェメシュの村へ帰る

サムエル記上六・一〇―一二によれば、荷鞍には主の箱や金の像や腫れ物の像が入れられ――確か、創世記のヤコブ物語でも、ラケルは父の家の守り神の像を（駱駝の？）荷鞍に隠し入れて、父のもとを離れました――、それを乗せた雌牛がベト・シェメシュに向かう道を真っ直ぐに進みます。ペリシテびとの領主たちはベト・シェメシュの国境まで雌牛の後について行きます。

ヨセフスは想像力を働かせて、もう少し丁寧に描写して次のように申します。彼らペリシテびとは

「……荷車を三叉路まで引いていき、自分たちはそこで引き下がった。すると、雌牛どもがだれかに引かれでもしているかのように直進して行ったので、パライスティノイ（ペリシテびと）の指導者たちは、それがどこで止まり、だれのところに行くかと、その後にしたがった」（六・一三）と。ここでもう一度サムエル記上にはない「三叉路」が登場します。雌牛には三つの道のひとつを行く自由と選択の権利が与えられたことが強調されているのです。ペリシテびとの指導者たちは、その三叉路で雌牛を引いてきた手綱を離して引き下がり、雌牛の選択を見守っているのです。そしてその後、「どこで止まり、だれの所へ行く」かと好奇心から雌牛の後について行くのです。

サムエル記上六・一三以下によれば、雌牛はベト・シェメシュの村のヨシュアの畠に来ると、そこで立ち止まります。谷間で小麦の刈り入れをしていた村人たちは大喜びし、荷車に使われていた木材を割り、雌牛を全焼の供犠として神に捧げ、レビびとたちは主の箱と鞍袋を荷車から降ろすと大きな石の上に置いたそうです。

ヨセフスもサムエル記上にしたがいますが、ここでも少しばかり情景描写を行います。彼はサムエル記上の「谷間」を「平野」に改めて、雌牛はベト・シェメシュの村に入って来たとき（図86）、「前方に広々とした美しい平原が広がっているにもかかわらず、それ以上は進もうとはせず、そこに荷車を止めた」（六・一四）とします。サムエル記上によれば、人びとは小麦の刈り入れをしておりますが、パレスチナでの小麦の刈り入れは五月か六月でしょう。熱い夏のさかりです。それを承知のヨセ

図86●エクロンの近郊の光景

フスは「そのときは夏のさなかで」（六・一四）と切り出して、次の情景描写につなげるのです。その光景はルツ記のルツが入ってきてもおかしくないものですが、そこには村人たちが興じた麦畑での「にぎやかな祝宴」の光景も入ってきます。これはルツ記にもサムエル記上にも見られない詳細ですが、ヨセフスは「にぎやかな祝宴をもった後」、村人たちが荷車と雌牛たちを全焼の供犠として焼き尽くしたといたします。

サムエル記上六・一六によれば、ペリシテびとの指導者たちはこれを見届けるとエクロンの町へ戻って行きます。

契約の箱に触れた村民たちの死／契約の箱、アミナダボスの家に移される

主の箱はベト・シェメシュの村にすんなりと迎え入れられ、それでもって一件落着と相成ったのではありません。

ここから先ではテクスト上の困難に遭遇するのですが、サムエル記上六・一九を新共同訳は「主はベト・シェメシュの人々を打たれた。主の箱をのぞいたからである。主は五万のうち七十人の民を打たれた」と訳しますが、岩波訳はその註で「ヘブライ語本文の状態はよくない」と断った上で、七十人訳にもとづいて「ただ、ベト・シェメシュの人々のうち、エコニヤの子らだけは、ヤハウェの箱を

見たとき、喜ばなかった。ヤハウェは民のうちの七十人を撃った」と訳します。

ラールフス編のギリシア語訳では次のようになっております。

「イェコニアス（エコニヤ）の子らは、バイトサムス（ベト・シェメシュ）の男たちを喜ばなかった。彼らが主の箱を見たからである。そのため主は、彼らの中の七〇人の男と、男たちの中の五万を撃った。……」

ルキアノス版のギリシア語訳では次のようになっております。

「イェコニアス（エコニヤ）の子らは、バイトサムス（ベト・シェメシュ）の男たちを歓迎しなかった。彼らが主の箱を覗いたからである。そのため主は、彼らの中で七〇人の男と、民の中の男たち五万を撃った。……」

お見せした訳文は、ラールフス編とルキアノス版の間の違いを可能なかぎり正確に示した翻訳ですので、日本語訳としてはこなれておりませんが、それはご勘弁ねがいます。

ここでまた岩波訳とその註を問題にしましょう。

岩波版の訳者は「エコニヤの子ら」をギリシア語訳から引き出しておりますが、七十人訳に見られる「なぜエコニヤの子らが喜ばなかった（歓迎しなかった）のか」、その理由には触れておりません。

ここでは「エコニヤの子ら」とともに彼らが喜ばなかった理由をもへブライ語テクストにあったであろうと想像してそれを採用すべきであったと思います。

岩波版の訳者は「ヤハウェは民のうちの七十人を撃った」の一文の中の「七十人」に註を付して「原文はこの後に『五万の人々』を付け加えるが、不自然である。『五万の人々』を記していないヘブライ語写本もある。ヨセフス『古代誌』（VI 16）にも、七十人とあるだけである」と説明しておりますが、ギリシア語訳ではラールフス編ばかりかルキアノス版にも「五万」という数は認められるのです。ただし「彼らの中で七〇人の男と、民の中の男たち五万」（ルキアノス）と「彼らの中の七〇人の男と、男たちの中の五万」（ラールフス）はどちらもこなれていないギリシア語ですが、テクストの訳者であれば、このギリシア文のぎこちなさを説明した上で、この語句を採用しない理由説明をしなければならないと思いますが、岩波版の訳者はその手続きを省略しております。省エネ手法の註ですが、ヤレヤレとため息のひとつでもつきたくなります。

ヨセフスは次のように再話いたします。

「しかし、きわめてはげしい神の怒りが、ベーテース（ベト・シェメシュ）村の七〇人に臨んだ。神は祭司でもない彼らが、特権もないのに契約の箱に近づき、それに触れたことを責めて、その命を奪われたのである。村民は、これら犠牲者たちのために嘆き悲しんだ。神によってもたらされた

不幸だけに、彼らの嘆きも大きく、各自が自分を（見舞う運命を考えて）悲しんだ。」（六・一六）

ここで「きわめてはげしい神の怒り」の訳語を与えたギリシア語の語句ですが、テクストでは「怒りと激怒」です。このあたりから同義語を重ねての強調が顕著になることについては、すでに指摘しました。ヨセフスがここで挙げる神がベト・シェメシュの村民を撃った理由はサムエル記上が挙げる理由とは少しばかり違うものですが、いずれにしてもここでの神は偏執狂以外の何ものでもありません。まあ、ここばかりでなく、神は他の個所においても偏執狂的に振る舞うことがしばしばですが、そうしたことを指摘したりする旧約学者が少ないのはザンネンです。

主の箱は他の場所に移動させねばなりません。

たらい回しはつづきます。

サムエル記上六・二〇―七・二によれば、主の箱はベト・シェメシュからキリヤト・イェアリムに移動し、ついでアビナダブの家に運び込まれ、彼の息子エルアザルがそれを聖別した後、それを二〇年間にわたって守ります。読者はここで、主の箱を自宅に留め置いてそれを管理することができるアビナダブがどんな人物かと想像するはずです。それまでに主の箱を目にしたというだけで命を奪われた者がいたからです。そのためでしょう、ヨセフスはアビナダブ（彼の読みではアミナダボス）を「清廉と（神への）奉仕で評判の高いレウィテース（レビ）族のアミナダボス」とします。

これならば安心です。

サムエル記上によれば、主の箱を守護することになったのは「彼の息子のエルアザル」ただひとりですが、ヨセフスでは「息子たち」とされます。複数の守護者の方が安心です。サムエル記上六・一によれば、こうして主の箱は「七か月の間」ペリシテびとのもとに留め置かれた後に、キリヤト・イェアリムに置かれることになるのですが、ヨセフスはペリシテびとの間での留め置き期間を「七か月」ではなくて「四か月」(六・一八)とします。ギリシア語訳のルキアノス版もラールフス編もともに「四か月」ですから、彼が使用したギリシア語訳には「四か月」とあったのかもしれません。

サムエル、イスラエルびとを励ます

さてここから先では、ここまでで姿を隠していたように見えるサムエルが登場いたします。

サムエル記上七・二は、主の箱がキルヤト・イェアリムに安置されてから「二〇年」もの歳月が経過し、人びとが主を慕い求めるころにサムエルを登場させますから、物語の展開の上でのサムエルはもうすでに二五、六歳になる立派な青年です。彼は民に向かって、「主に心から立ち帰ろうとするならば、おまえたちの中から異教の神々やアシュタロトを取り除くのだ」と訴えます。ここでのアシュタロトは複数形で、その単数形はアシュトレトです。ここで複数形が使用される理由は明白ではありませんが、いずれにしてもイスラエルの子らは、二〇年の長きにわたって、主を拝すると同時に異教の神々を拝していたようです。器用なものです。

サムエルは、異教の神々のバアルやアシュタロトが取り除かれると、民をミツパに集めます。ここでのミツパはベニヤミンのミツパで、岩波版の註によれば、そこはエルサレムの北約一三キロメートルの地点にあるテル・エン・ナスベだそうですが、エルサレムの西北約七キロメートルの地点に位置するネビ・サムウィルだとする学者もおります。

ヨセフスは対ローマのユダヤ戦争のときの光景か何かを思い浮かべながらサムエルを登場させ、彼に語らせます。彼はイスラエルの民が二〇年間にわたって主と異教の神々を同時に拝してきたことには触れず、この間の「すべての民は、祈願と供犠を続け、神への奉仕にきわめて熱意のあることを示した」（六・一九）と述べた後で、サムエルを登場させるのです。ここでのサムエルはヨセフス自身かもしれません。彼が語りかける相手はディアスポラのユダヤ人であるかもしれません。ここでのペリシテびとはローマ人であるかもしれません。いや、もしかしてエルサレムの市内を暴君的に支配していたとヨセフスが告発するゼーロータイであるかもしれません。ゼーロータイとはヨセフスの『戦記』二・四四四ほかに登場する「律法の遵守に熱心な人たち」を指します。熱心であるがゆえに、その政治的行動は過激です。いろいろと想像してみてください。

「預言者のサムーエーロス（サムエル）は、彼らの真摯《しんし》な態度を見て、そうした状態にあるときが、彼らの自由と解放を説き、それのもたらす幸福について語る機会であると判断した。彼は彼らの心をつかみ、彼らを得心させるにはいかに話せばよいかをよく考え、もっとも適切と思われる言葉を慎重に選んで次のように語りかけた。

『（イスラエール）人よ。あのパライスティノイ（ペリシテびと）は、おまえたちにとっては今なお許し難い不倶戴天《ふぐたいてん》の敵である。

神はようやくおまえたちに恵みを垂れ、友好的になりはじめておられる。しかし、おまえたちはただ自由や解放（という言葉）に憧れるだけで満足し、現実にそれをおまえたちのものにする適切な手段をとろうとはしない。おまえたちは支配者の追い出しを夢想するだけで、相変わらず隷属行為を続け、彼らをいつまでもその地位にのさばらせている。

（もっと）公正になるのだ。おまえたちの心中から（すべての）不正な思いを取り去り、すべての（よき）思いをもって神に立ち帰り、いつまでも（神を）敬い続けるのだ。

もしおまえたちがそのような生活を送れば、おまえたちに繁栄がもたらされ、今の奴隷状態を脱して敵に勝利を収めるだろう。おまえたちが手にしようとしているこうした幸福は、武器や、個人の武勲、多数の援兵によるのではない。神が与えると約束されているのは、それらで得られる幸福ではなく、徳と公正な生活によって得られる幸福なのだ。わたしは神のそうした約束の保証人にな

ろう。』」(六・一九―二一)

この一文は、ヨセフスがローマの聴衆やディアスポラの土地の読者の中に、ギリシア語を解する同胞ユダヤ人たちがいることを想定していると指摘できる、『古代誌』の中のいくつかの箇所の一つです。彼はここで、真の自由や解放は、暴君を追い出すことで得られるのではなくて、徳と公正な生活を実践することで得られるものだと言っているのです。本書の「はしがき」に見られるヨセフスの強調(『異教徒ローマ人に語る聖書――創世記を読む』三七頁以下参照)を背景にして、この一文を読めば、神が「完全完璧な徳の保持者」(はしがき)であるとする申し立てが想起されるかもしれません。

サムエル記上は、サムエルの言葉を聞いた人びとの反応について記しておりませんが、ヨセフスは「サムーエーロス(サムエル)の言葉は人びとに大きな感銘を与え、歓呼をもって迎えられた」と書き記します。現代であれば、この後につづく光景は、大統領のスピーチが終わった後のスタンディング・オベーションかそれに近いものとなります。

サムエル記上七・四によれば、その後、イスラエルの子らは「バアルとアシュタロテを取り除き、ただヤハウェにのみ仕えた」そうですが、ヨセフスはここでバアルやアシュタロテのような異教の神々の名を挙げて本書の読者や聴衆を混乱させることはせず、「彼らは(今後)神の意に適うような生活を送ると誓った」と記します。

サムエル記上七・五―六によれば、イスラエルの民は、サムエルの指示にしたがってミツパに集まり、水を汲んでヤハウェの前に注ぎ、その日は断食をしますが、ヨセフスは「終日食を断って祈りに専念した」とします。ヤハウェの前に水を注ぐとは、祭壇に水を振りかけることを意味するのでしょうが、サムエル記上にしてもヨセフスにしても、この灌水《かんすい》の意味についてひとこと説明があってもよかったと思われます。

イスラエルの子ら、ペリシテびとに勝利する

サムエル記七・七以下によると、イスラエルの子らがミツパに集結しているのを聞くと、ペリシテびとは行動を開始いたします。そうとは書かれておりませんが、ペリシテびとはイスラエルの子らが軍事的目的のためにミツパに集結したと考えたのでしょう。彼らはイスラエルに攻め上ります。彼らの来襲を恐れたイスラエルの子らはサムエルに祈るように求めます。サムエルはまだ乳離れしていない当歳の仔羊を焼き尽くす献げ物としてヤハウェに捧げます。ちょうどその供犠の最中に、主は、ペリシテびとの上に激しい雷鳴を轟かせて彼らを混乱に陥れ、イスラエルの子らの前から敗走させるのです。

雷鳴を轟かせて敵対する者たちを蹴散らす。これは神の得意技ないしは裏技のひとつかもしれませ

んが、ヨセフスは神がイスラエルの子らにたいして「恩寵と同盟者の精神で」彼らの犠牲を受け取り、なにひとつ武器をもたないイスラエルの子らにたいして行動を起こしたとします。祈りのために彼らがミツパに集結していたとすれば、彼らが武器を何ひとつ携行していなかったとするヨセフスの想像力は確かなものかもしれません。彼は武器の不携行を『古代誌』六・二四で「何ひとつ武器をもたない無防備の状態で」とした後で、さらに六・二六で「武器をもっていない……」と再度述べ、彼らが「絶望的な状況に置かれた」ことを強調しますが、ヨセフスの聴衆や読者はここで、エジプト脱出後、ファラオとその軍勢の追撃に遭遇したモーセが率いる一行を思い起こすかもしれません。彼らも、ここでのイスラエルの子らと同様に無防備だったのです、少なくとも物語の上では。しかし、神は彼らのエリュトラ海（紅海）徒渉で、その水を二つに割って、イスラエルの子らだけを渡らせ、追っ手であるファラオとその軍勢を溺死させるという奇蹟を演じてみせましたが（図87）、ヨセフスは神の奇跡を強調するために、神が雷鳴を轟かせたばかりか、地震をも起こしたといたします。彼は実に想像力豊かな再話者なのですが、古代パレスチナが地震地帯であったことや、ヘロデ大王自身がそれを経験していることを（『戦記』一・三七〇以下）、そしてクムランの遺構に地震のときにできたひび割れが認められるミクベー（沐浴槽）があることなどを想起したいものです。

ヨセフスは次のように申します。

図87●紅海徒渉、ドウラ・エウロポスの壁画

「しかし、パライスティノイ（ペリシテびと）はここで、あらかじめ教えられていても容易に信じられないような事件に遭遇した。神はまず、地震によって彼らを大混乱におとし入れた。すなわち、神が彼らの足下の大地を割れるような震動で激しくゆさぶると、彼らは足下がぐらついてよろめき、（大地の）大きな割れ目に呑み込まれてしまったのである。次に神は（すさまじい）雷鳴で彼らをつんぼにし、目を焼き尽くすような稲妻で彼らを包み、彼らの武器を叩き落とし、逃げる彼らを全く素手にされた。（すると今度は）サムーエーロス（サムエル）が大ぜいの者を従えて彼らに襲いかかって多数の者を殺戮し、コルライア（ベト・カル）という地点まで追撃し続けた。」（六・二六－二八）

ヨセフスがここで大きな地震に触れるとき、彼のイメージの中には、パレスチナの地震ばかりか、神の怒りを買って大地に呑まれたコラとその一族郎党の姿があったはずですが（『書き替えられた聖書――新しいモーセ像を求めて』二四四頁以下参照）、その他の描写では、先に述べたようにモーセのエリュトラ海徒渉です。

サムエル、被征服地を回復する

サムエル記上七・一三以下は、こののちペリシテびとがイスラエルの子らの土地を荒らすことは二度となく、彼らがイスラエルの子らから奪った土地は返還されたとします。もちろん、岩波版の訳者がその註で正しくも指摘するように、パレスチナにおけるペリシテびとのプレゼンスは圧倒的なものであったと思われますが、ヨセフスはサムエル記上の記事からは引き出せないペリシテびとへのサムエルの遠征話を創作し、次のように申します。

「敵は、この敗北後は二度とイスラエール（イスラエル）人に軍隊を差し向けなかった。恐怖とこうむった災禍の記憶が消えないためおとなしくしていたからである。また、パライスティノイ（ペリシテびと）がヘブル人にたいしてもっていた自信も、この敗北によって相手に引き渡してしまった。そこでサムーエーロス（サムエル）は彼らの土地に向けて遠征の軍を起こし、多数の者を殺戮して彼らのおごった誇りをみじんに砕くとともに、彼らがかつて戦いに勝ってユダヤ人から奪い取ったギッタ（ガド）からアッカローン（エクロン）の町にいたる土地を回復した。」（六・二九－三〇）

物語の中への遠征話の挿入は、モーセ物語の中のエチオピア遠征がそうでした（『書き替えられた聖書――新しいモーセ像を求めて』六九頁以下参照）。

士師としてのサムエル

サムエル記上七・六は、サムエルがイスラエルの子らをミツパに呼び集めた記事の中で、やや唐突な仕方で、彼がその地で「イスラエルの子らを裁いた」、すなわち彼がその地で士師として治めるようになったと述べ、また同書七・一五―一六もサムエルが「一生の間、イスラエルを裁いた」と述べ、ベテルや、ギルガル、ミツパの地で「イスラエルを裁き」、自分が住んでいたラマでも「イスラエルを裁いた」と述べて、サムエルの士師としての側面を強調します。

ヨセフスもこのあたりのことを再話しますので、それに少しばかり注目したいものです。彼は次のように述べるからです。

「さて、預言者サムーエーロス（サムエル）は民を再分割してそれぞれにひとつの町を割り当て、彼らの間の係争はそこ（の町の法廷）に訴えさせることにした。そして彼は、それらの町を毎年巡回して人びとのために裁きを行い、長期間にわたり、士師として完全な秩序を保った。」（六・三

（二）

ここでは民の間の係争事項をもっぱら扱う機関が設置されたことが示唆されます。ヨセフスは、士師の職務のひとつは民の間の係争事項に決着を付けることにあったと理解しているようですが、彼はここでモーセが義父の助言で設けた係争事項の処理機関を思い起こしているはずで（『書き替えられた聖書――新しいモーセ像を求めて』一八八―一九一頁参照）、また彼自身が対ローマのユダヤ戦争でエルサレムの臨時政府からガリラヤに派遣されたときにその地で設置した係争事項の処理機関を思い起こしているはずです（『戦記』二・五六九―五七一、『自伝』七九参照）。

サムエルの息子たちの堕落

サムエル記上八・一―三によれば、老齢となったサムエルは二人の息子ヨエルとアビヤを後継の裁き司とします。長男ヨエルの名には「ヤハウェは神」の意が込められており、次男のアビヤのそれには「わが父はヤハウェ」の意が込められておりますから、この名前をもつ二人はさぞかし立派な裁き司になったかと想像されますが、「さにあらず」だったのです。

アビヤはベエルシェバで裁きを行いますが、彼らは「父の道を歩まず、利得を求め、賄賂をとって裁きを曲げた」（岩波版）というのですから、とんでもない息子だったわけです。サムエル記上二・一二―一七、二二―二五、二九にもシロの祭司エリのダメ息子の記述がありましたが、それをここで思い起こしたいものです。

ヨセフスは二人の息子が同じ場所で裁くのはおかしいと考えたのでしょうか、ひとりをベテル（彼の読みではベーテーラ）の裁き司にし、もうひとりをベエルシェバ（彼の読みではベルスーベイ）の裁き司にし、「それぞれの管轄下におく民を二つに分割した」とします。「分割して統治せよ」はローマの読者には分かり易いものであるかもしれません。ヨセフスはここでサムエルの二人のダメ息子について次のようにコメントいたします。

「この二人の若者は、息子というものは親の性格に似ないという好個の例であった。いやむしろ、正直で穏健な人間が賤しい両親から生まれ、有徳な両親の子が堕落するといったほうが適切かもしれない。彼らは父の進んだ（公正な）道とは逆の方向に歩みはじめたのである。すなわち、裁判の公正さを、賄賂とたちの悪い金銭の授受で曲げ、真実を無視して自分たちの利得にもとづいた判決を下した。彼らはもっぱら暖衣飽食《だんいほうしょく》の生活にうつつを抜かしていた。これはもちろん、第一には神の、そして第二には彼らの父親（である）預言者（サムーエーロス）の意志を全く無視した行動であった。彼らの父親は全情熱を傾け、大衆の心の中にさえ公正（という理想）を浸透させようと腐心

してきたのであったが……」（六・三二―三四）

それなりに説得力のある観察です。

イスラエルの子ら、王を要求する

サムエル記上八・四以下によれば、イスラエルの長老たちはラマにいるサムエルのもとに出かけると、彼はもう老齢だし、二人の息子はダメ息子であるから、他のすべての民族のように「われわれを裁く王を立ててください」と直談判いたします。

イスラエル民族の歴史の中で「さあ、大変」の事態です。

とんでもない事態が発生いたします。

彼らイスラエルの長老たちはここでサムエルに向かって「ネポティズム（身内びいき）をやめて、あなたの親族の者たちとは無縁の者たちの中のしっかりした者を、一刻も早く次の裁き司に選んでください」とか「わたしたちの長老の中にもそれなりの者がおりますから、その中から次の裁き司を選んでください」と嘆願しているのではありません。彼らは周囲の民族を見て、異民族の者たちには王がいるのを知ったのです。周辺民族の王が「裁き司」を兼任していたとは思えませんから、長老たちはここで「われわれを裁く王」を立ててくださいと嘆願したのかもしれません。

サムエル記上八・六によれば、サムエルはこの「われわれを裁く王を与えよ」の要求にカチンときます。そこでサムエルは主に向かって民の要求を取り次ぐのですが、何とそのときの神は「とんでもないことだ」と言って烈火のごとく怒ったのではなく、彼ら長老たちの要求を受け入れよと言うのです。突如として物わかりのいい、いや物わかりのよすぎる神に変身するのです。

サムエル記上八・七―九によれば、神は次のように言います。

「民がおまえに要求するとおり、彼らの声を聞き入れるがよい。彼らはおまえを退けたのではない。わたしが彼らの上に王として君臨することを退けているのだ。彼らをエジプトから導き上った日から今日に至るまで、彼らのしたことといえば、わたしを捨てて他の神々に仕えることだった。おまえにたいしても同じようなことをしているのだ。しかし、今は彼らの要求にしたがうがよい。ただし、彼らにははっきり警告し、彼らの上に君臨することになる王の権能を教えてやるがよい。」

ここまでのわたしたちの神理解によれば、この神の言葉の中には、神がイスラエルの子らに激しい怒りをぶつけて当然とされる、それ相応の理由があったはずです。それは出エジプトのときから続いているイスラエルの子らの背信行為です。彼らは神に背を向けて他の神々に奉仕してきたというのです。わたしたちには神がここでイスラエルの民の大半を火か何かで焼き尽くしてもよかったのではないかと思われるのですが、神はそうはしなかったのです。

ヨセフスはサムエルに直訴した者をイスラエルの長老とするのではなくて、「民」とします。その理由を彼らが「それまでの統治制度（カタスタシス）や統治原理（ポリテイア）が預言者の息子たちの不法行為によって阻害されていく」（六・三五）のに我慢できなくなったからだとします。彼は彼らが要求する王を「われわれを裁く王」から「民族を統治し……パライスティノイ（ペリシテびと）から過去に受けた不正きわまる扱いに復讐する……」王に変えます。そして民のこの要求にたいして、彼は次のようにコメントするのです。

「人びとのこうした言葉は、生来廉直で、王というものを毛嫌いしていたサムーエーロス（サムエル）を非常に悲しませた。彼は心底から貴族政治を愛し、その統治原理を受け入れた人びとにこそ真の幸福が与えられると思っていたからである。彼はこの人びとの発言によって不安と苦悩に陥り、食事や睡眠をとることも忘れ、この問題については終夜思い悩んだ。」（六・三六―三七）

この一文にはヨセフス自身の政治理念が投影されております。

彼はすでに、『古代誌』四・二二三で、モーセの口に託して「貴族政治とその下で送る生活こそ最上のものである。おまえたちは他の統治原理の政治を望んだりせずに、律法を指導者とし、すべての行動を律法で律しながら、この統治原理に満足しなければならない」と言っているからです。

ここで「貴族政治」の訳語を与えたギリシア語はアリストクラティアですが、ヨセフスの他の用例に照らせば、それに「寡頭政治」の訳語を与えることも可能です。彼は寡頭政治を示すギリシア語オリガルキアをアリストクラティアと同義語として使用することがあるのですが、彼が理想とする統治形態は王などの専制君主ではなくて、律法を指導原理とする指導者を中心とする少数の者たち、すなわち長老たちの政治なのです。ここでのヨセフスの念頭には、王としてのローマ皇帝があり、少数の者たちによる統治形態として元老院があるかもしれません。王はギリシア語ではバシレウスですが、すでに述べたように、それは皇帝の意味でも使用されることがあります。彼が王（＝皇帝）を排除するのは、王制のもとでは理想的な王がつねに輩出されるのではなくて、たとえばネロ（在位五四―六八）やドミティアヌス（在位八一―九六）のような暴君が出現するからなのです。彼は青年時代の六四年にローマに出かけておりますが、そのときすでに「暴君」ネロについて知見をもつにいたっているのであり、また対ローマのユダヤ戦争では、エルサレムの「暴君」であるゼーロータイたちが「王のように」振る舞っているのを目の当たりにして、いつも苦々しい思いを抱いていたのです。彼はここまででイスラエルの長老会をしばしば「元老院」を意味するゲルーシアという言葉で表現してきましたが、そのことからも分かります。

ヨセフスもまた途方に暮れるサムエルに「神が姿をあらわし」、次のように言ったと述べます。ここでの彼はサムエル記上とは異なり、神が直接サムエルに顕現したとしていることに注意を払いたいものです。彼はサムエルをモーセに並ぶ、あるいはモーセにつぐ特別な指導者にしていることは明らかです。

「人びとのこうした要求に気を悪くしてはならぬ。彼らが侮っているのはおまえではなく、わたしひとりが支配者にならないよう、このわたしを侮っているのだ。彼らは、わたしがエジプトから彼らを連れ出したときから、このことを企んでいた。しかし、彼らはやがて激しい後悔にさいなまされるだろう。だが、そのときはもうあとの祭である。彼らは、おまえの預言者としての権威やわたしを侮辱して恩を忘れたことを恥じ入るだろう。

そこでおまえに命じる。おまえは彼らに、王の支配下ではどのような不幸をなめねばならぬかをあらかじめ教え、また彼らが、今どのように大きな事態の変革に向かって急ぎつつあるかを厳粛に証言してやった後、今わたしが王として名前を挙げる者を彼らのために選び出してやるがよい。」

（六・三八―三九）

王政（王制）になったならば

サムエル記上八・一〇以下では、主によってサムエルに告げられた王に付与されることになる権能が、「主はこう言った」という形式でサムエルによって語られます。そこでの王の権能とは、王に付与される権力のことですが、王がそれを乱用すればどのような事態を招来させるかが説明されます。たとえば、王は民の息子を取り、自分の戦車の前を走らせたりする。王は彼らに自分の耕地を耕させたり、彼らを刈り入れの労働に使用したりする。王は娘を取れば、彼女たちを香料づくりや料理女としてこき使う、民の畑や家畜を取り上げたりする……。そしてその結果、民は王を選んだことを悔いて、泣き叫ぶことになるというのです。

主はサムエルの口を介して「あとの祭り」となる事態をそれが起こる前に語るわけですが、民はそれを聞き入れようとせず、自分たちを裁く王、戦闘では自分たちの先頭を進み一緒になって戦ってくれる王が必要だと声高に求めるわけです。

主はサムエルから民の要求を今一度聞くと、彼に「彼らの言うことを聞き、彼らのために王を立てるがよい」と申します。サムエルは神の言葉を民に取り次ぐと、彼らを解散させます。

神の大幅な譲歩です。

神がなした仰天ものの譲歩です。

いや、神の大敗北です。

神は自分の民に屈したのです。

別の言い方をすれば、天地を創造した神はこの程度の神だったのです。

イスラエルの民は、以後、「神政」(テオクラティア)を捨てて「王政」をしくことになります。この世での統治者は神ではなくて王になるのです。

ヨセフスはサムエル記上八・一〇以下を再話いたします。

彼はサムエルが民の要求に「終夜思い悩んだ」(六・三七)とし、「夜が明けると(さっそく)ユダヤ人たちを集め、彼らのために王を選ぶことに同意した。しかしその前に……」(六・四〇)と述べて、サムエルに王政が彼らにとって不利なものになることを、主の言葉としてではなく、彼自身の「預言」(プロルレーシス)として語らせます。

「おまえたちは承知しておかねばならぬ。王はまずおまえたちの子らを奪い去るだろう。そして、ある者は戦車兵や騎兵に、また走る者、千人隊長、あるいは百人隊長に任命されるだろう。そして息子たちは武器や戦車や装置などをつくらされるだろう。なかには、農夫の仕事をさせられたり、王の領地内の耕作や、ぶどう園の開墾までやらされる者もあろう。

結局、おまえたちの息子は王の命令しだいで、金で買われた奴隷のようにさまざまなことをやらされるわけだ。また、おまえたちの娘たちは、香料をつくる者、料理をする者、パンを焼く者にされる。侍女が鞭打ちや拷問に怯えながら奉仕するすべての卑しい仕事を強制的にさせられるのだ。王はまた、おまえたちの財産を取り上げて宦官や衛兵どもに与えたり、家畜の群れを彼らの従者に分配したりするだろう。

要するに、おまえたちとおまえたちに属するものは、おまえたちの家僕まで含め、すべて王の奴隷になるということだ。おまえたちは、そうした苦しい状態におちいったときにはじめて、今わたしが言っている言葉を思い出すだろう。そして、その苦しさのために前非を悔いて神に憐れみを乞い、王からすみやかに解放されることを願うだろう。しかし、神はおまえたちの願いを聞きとどけられぬ。神はそれを無視し、おまえたちのつむじ曲がりの性格に報復し、おまえたちを苦しめられるだろう。」（六・四〇―四二）

ヨセフスはなぜここで神の言葉をサムエルの「預言」（六・四三）に改めたのでしょうか？　いろいろなことが想像されるでしょうが、わたしは彼がここでの神の言葉がサムエルの口をついて出るにふさわしいものであると判断したからだと想像いたします。

サムエル記上が書くように、神政（神制）から王政（王制）への移行がこうもあっさりとなされるのでは、ヨセフスの再話を聞かされる方は首をかしげるにちがいありません。ここまでの神はイスラエルの子らを導く神であったはずですし、出エジプト以来彼らが犯した背信行為を厳しく糾弾する神であったはずです。したがって本来ならば、ここでも神はあらためてイスラエルの子らを告発・糾弾しなければならないはずですが、そうはしないのです。ヨセフスは神の側に大幅な、自分の存在自体を否定するような譲歩があったなどとは語れないのです。そして多分そのため、彼は神の言葉をサムエルの預言として彼に語らせるのです。

そしてヨセフスは次のように続けます。

「人びとは将来の事態についてこうした預言にはまったく耳を傾けようとはせず、今や自分たちの思惑だけによる判断に固執して、それを頑なに主張した。ともかく彼らは、自分たちの意見を変えるどころか、サムーエーロス（サムエル）の言葉を全く意に介そうとはせず、彼に執拗に迫り、将来の事態など懸念せずに（自分たちのために）即刻王を選んでくれと要求した。自分たちが敵に復讐するためには一緒に戦ってくれる王が必要であり、また、近隣の土地の者も王に支配されているのだから、自分たちが同じ統治原理にしたがっても別におかしくはない（というものである）。

サムーエーロスはこれにたいし、彼らが自分の言葉でも翻意せず、（相変わらず自分たちの主張に）固執しているのを見るとこう言った。『今日は各自、家に帰りなさい。神がだれを王としておまえたちに与えられるか、その意向を伺うことにする。必要があればまた集まってもらいたい』と。」

（六・四三―四四）

ヨセフスはサムエルにこう語らせると、物語を次に来るサウロがイスラエルの初代の王になったことを告げる「サウロ物語」につなげるのです。

ダビデやソロモンが登場するのは次巻です。
「乞うご期待」です。

あとがきに代えて

創世記からはじまったヨセフスの再話は、出エジプト記、ヨシュア記、ルツ記などを経て、本書でサムエル記上に達した。

ここまでで本書の読者は、ヨセフスの再話を堪能されると同時に、今から二〇〇〇年前に、異教徒たちに向かってこんなに自由闊達《かったつ》な精神で聖書を再話したユダヤ人がいたことに驚かれたのではないかと思われる。もちろん、ヘレニズム・ローマ時代に書かれたが、後の正典文書に組み込まれることのなかった外典文書や偽典文書にある程度精通しておられる読者であれば、当時の一部のユダヤ人たちは、わたしたちが想像するよりもはるかに創造的な仕方で聖書を読んでいたことを承知しているであろうが、それでもわたしたちが読んできたヨセフスの読み方と彼らの読み方の間に大きな違いがあることに気づかれるのではなかろうか？

どちらも自由自在に想像力を働かせて聖書を読んだ。

これは間違いのないところであるが、外典文書や偽典文書の名で括られる文書を残したユダヤ人たちは「ユダヤ教の枠」の中で後になって正典文書とされるものを取り上げて、それを再話したが、ヨセフスはその枠の外に飛び出して聖書の諸文書を再話して見せるのである。前者の著者たちが異教徒の存在を意識していたとは思われない。したがって彼らがユダヤ教の枠の中で語るのは当然であろうが、ヨセフスは彼らとは根本的に異なる。

ヨセフスは六六年から七〇年までつづいた対ローマのユダヤ戦争に関わった人間である。彼は戦争が終わるとローマに連れて行かれ、そこで後半の人生を送ることになる。これは異教徒の世界に投げ込まれ、そこで最終的にはズブズブにされたことを意味する。彼はローマの都でフラウィウス一族の庇護の下に入った早い時期に、過日のユダヤ戦争の経緯をローマ人らに向かって書かねばならないと考えた。そして実際、七巻の書物をギリシア語で著した。七〇年代の後半のことである。そして彼はその著作を書き終えると、ユダヤ人の歴史を彼ら異教徒に向かって語らねばならないと考えた。彼らによりユダヤ民族の歴史がひどく歪められていたからである。それればかりではなくひどく貶められていたからでもある。ここに異教徒に向けての「……ねばならない」の使命が生まれてくるが、前者の者たちがユダヤ教の枠にとどまるかぎり、そこには「……ねばならない」の使命は生まれてはこない。「……ねばならない」の使命には勢いがある。主張がある。相手に理解させるための文学上の創意工夫が至る所にある。前者の著作（その大半は『聖書外典偽典』［教文館］所収）を読んで退屈なのは、そこに勢いがなく、主張がなく、創意工夫がないからである。「一度読んだら、それで十分」となる。

るが。

もっともわたしはそれを読むのも仕事のうちと心得て、鼻毛を抜きながら、何度も繰り返し読んでいるが。

もっともそうは言っても、前者もまた重要である。それは、ヨセフスと同様に、その著作家たちが正典とされたか、正典とされつつあった聖書の諸書から自由になっていることをわたしたちに教えてくれるからである。とはいえ、わたしたちがここで覚えておきたいのは、聖書の正典文書についてなにがしかのことを教えてくれるのはヨセフスであることである。彼は『アピオーンへの反論』の中でギリシア人とユダヤ人のうちどちらの民族が歴史研究の適格者であるかを興味深い仕方で論じているが、彼はそこで次のように述べるのである。

「わたしたちが正しくも信仰するわたしたちの本はわずか二二冊、しかもそれでわたしたちの全時代の記録がそこに含まれているのである。

これらの本のうち、五冊はモーセに関するもので、律法と、人類誕生から彼の死に至るまでの伝承から成っている。取り扱われている時期は三〇〇〇年弱である。

モーセの死から、ペルシア王クセルクセースを継いだアルタクセルクセース王に至る時期は、モーセにつづく預言者たちがそれぞれの時代における出来事を書きとどめ、一三巻の書に収まっている。

残る四巻は、神への賛歌、および人間生活における行動の規範に関するものである。ところで、アルタクセルクセース王から現代に至る期間の歴史については、各時代の出来事が書かれているわけであるが、実際のところ、それ以前の記録ほどには信頼されてはいない。理由は、その間、預言者の継承が必ずしも連続的ではなく、ときに断絶があったからである。」（一・三八一四二）

今から二〇〇〇年前の聖書（旧約聖書）の正典化のプロセスを知る上で、ヨセフスのこの一文は破格の価値を有するものであるが、わたしたちはこの一文から、ユダヤ教の枠の中で聖書の諸書を語り直した者や、その外で再話したヨセフスのような者たちが、目の前に置いた文書の権威から自由であり得たことを読みとることができる。それは聖書の諸文書の正典化についての合意がはなはだ緩やかなものであったことでもある。エルサレムのパリサイ派のユダヤ人であろうが、神殿の寄生虫と酷評したくなるサドカイ派のユダヤ人であろうが、エルサレムの外のパレスチナのユダヤ人であろうが、さらにそれよりも広いその外のディアスポラのユダヤ人であろうが、彼らが一様に権威あるユダヤ教の文書として認めるのは聖書の最初の五つの書、すなわちトーラー（モーセ五書）であるが、この一文でのヨセフスはそれすらも、後のキリスト教徒のように「神から命の息吹を与えられた書」などと荒唐無稽な申し立てはしないで、「伝承から成っている」とクールに述べて、それらの権威の絶対化を回避しているのである。ヨセフスはまた、「アルタクセルクセース王から現代に至る期間」の歴史、すなわちペルシア時代以降の歴史はあてにならないものであることもあっさりと認めているのである。実際、ペルシア時代のユダヤ側の資料らしき資料などは皆無に近い状態なのである。

ヨセフスには彼なりの正典理解があった。

それはユダヤ教側の正典理解が「緩やかな合意」にもとづくものであり、「それ以上の何ものでもない」とする理解である。もちろん彼はその合意がだれとだれの間のものであるかを示してはいない。そのためそれは、エルサレムのパリサイ派の者たちの間の合意なのか、それともサドカイ派の者たちの間の合意なのか、それともパリサイ派とサドカイ派の者たちの間での合意なのか、それとも……となるが、たとえ曖昧な言説であったとしても、この「緩やかな合意」という理解ゆえに、彼は五書をも含む聖書の諸書の再話を自由自在にできたのである。そしてこの理解のゆえに、彼は自民族の三〇〇〇年の歴史を語るにあたっては、正典文書ばかりか、後になって「外典文書」とか「偽典文書」と括られる文書や、異教徒たちの残した文書を資料として使用することができたのである。そしてまたここで使用される多種多様の資料ゆえに、ヨセフスの『ユダヤ古代誌』がめっぽう滅茶苦茶面白いものなっているのである。

わたしは本書の読者に、今から二〇〇〇年前に、その身をローマに置き、その知的精神をユダヤ教の枠の外に置きながら、異教徒ローマ人たちに向かって、ユダヤ戦争で敗北の民と化した自民族の歴史を臆することなく自在に語った「希有のユダヤ人」がいたことを知ってほしいし、また同時に、彼の再話からこうした聖書の読み方があることをも知ってほしいと願っている。われわれ日本人もまた異教徒であり、ユダヤ教やキリスト教の埒外外《らちがい》に置かれた永遠の（多分）異教徒であるならば、ヨセフスの『古代誌』は聖書以上にすんなりと受け入れられるものとなり、わたしには、「聖書を読む前にヨセフスを」と臆することなく異教徒である同胞たちに勧めることができるものになるかもしれない。もしそうだとすると、わたしはますますもってヨセフスの再話を語りつづけねばならなくなるのである。本書につづくのはサウロにはじまる王国時代であり、そこではダビデが登場し、ソロモンが登場する。ヨセフスはどのようにしてこの王政時代を語るのであろうか？　そこには彼のいかなる主張や申し立てがあるのであろうか？

最後ではあるが、ヨセフスとその著作に大きな関心を示しつづけてくださる京都大学学術出版会の國方栄二氏をはじめ、本書の出版に直接・間接に携わってくださっている多くの人に謝意を表したいと思う。わたしはこの人たちの励ましに見合う仕事をしたいとつねづね願っているが、これまでそれができたかどうかの判断は、もちろん、本書を手にされる読者にゆだねるしかない。

二〇一一年一〇月

秋の伊豆にて

秦　剛平

【図版一覧】

（略語表）

Ser.　　: Istanbul, Topkapi Sarayi Library, cod. G.. I. 8, Octateuch
Vat. 746 : Rome, Biblioteca Apostolica Vaticana, cod. Vat. gr. 746, Octateuch
Vat. 747 : Rome, Biblioteca Apostolica Vaticana, cod. Vat. gr. 747, Octateuch
Sm.　　: Smyrna, Evangelical School Library, cod. A. I, Octateuch
Vtp　　: Athos, Vatopedi Monastery, cod. 602, Octateuch

＊以下の表記で見られる public domain は、その使用が一般に「公共財」として認められているものを指す。

カバー　Nicolas Poussin : The Victory of Joshua over the Amalekites. Oil on canvas. 97.5x134 cm. The State Hermitage Museum, St Petersburg : © The State Hermitage Museum

口絵 1　（第 1 章）エリコの陥落、ジャン・フーケ『古代誌』の挿絵、1452 年作、パリ国立図書館

口絵 2　（第 1 章）エリコの陥落、ジェイムズ・ティソ、1896 年ころ作、ユダヤ美術館、ニューヨーク

口絵 3　（第 2 章）ヤエル、デボラ、バラク、サロモン・デ・ブレイ、1635 年作、Museum Catharijneconvent, ユトレヒト（オランダ）

口絵 4　（第 2 章）水辺でのギデオンの兵士たち、制作年不明、(web, public domain)

口絵 5　（第 3 章）、御使い、サムソンの誕生をマノアとその妻に告げる、ペトルス・コメストル『聖書物語』(1372 年版）の挿絵、作者不詳、(web, public domain)

口絵 6　（第 3 章）サムソンとデリラ、パウル・ルーベンス、1609 年ころ作、ナショナル・ギャラリー、ロンドン

口絵 7　（第 3 章）夏（ルツとボアズ）、ニコラ・プーサン、1660–64 年作、ルーブル美術館、パリ

口絵 8　（第 4 章）サムエルに語りかける祭司エリ、コプリー・ジョン・シングルトン、1780 年作、ワッヅワース・アテーネウム、ハートフォード（アメリカ）

図 1　ナブルス（web, public domain）

図 2　ヨシュア記の最古のギリシア語写本、2 世紀後半（web, public domain）

図 3　「ヨシュア、斥候を送り出す」Vat. 746, fol. 441r

図 4　「ラハブ、斥候に挨拶する」Vat. 747, fol. 216v
図 5　現代のヨルダン川（web, public domain）
図 6　「ヨルダン川を渡る契約の箱」Ser., fol. 477r
図 7　「12 の石を積み上げるヨシュア」Ser., fol. 478v
図 8　「ヨシュアの命令で割礼を受けるイスラエルの子ら」Ser., fol. 480r
図 9　エリコの空中写真
図 10　「主の箱を担いでエリコの周辺を経巡るイスラエルの子ら」
図 11　「エリコ陥落」（web, public domain）
図 12　「エルサレムの破壊」フランチェスコ・ハイエッツ、1867 年
図 13　「ヨシュア、ラハブとその一族の者の救出を命じる」Vat. 747., fol. 221r
図 14　「アイでの敗北」Ser., fol. 483r
図 15　「アカン、軍団から追放される」Sm., fol. 226r
図 16　「主なる神、アイの町への攻撃を許す」Ser., fol. 485r
図 17　「火をかけられるアイの町」Ser., fol. 486v
図 18　「アイの王の処刑」Vat. 746, fol. 451r
図 19　「ヨシュア、エバル山で献げ物をする」Vat. 746, fol. 451r
図 20　「ヨシュアのもとへ向かうギブオンの使いたち」Ser., fol. 488r
図 21　「助けをもとめてヨシュアに嘆願するギブオンびと」Vat. 746, fol. 452v
図 22　「アモリびとの敗北」Vat. 746, fol. 453r
図 23　「五人の王の処刑」Vat. 746, fol. 454r
図 24　ガムラ（web, public domain）
図 25　ヨタパタ（web, public domain）
図 26　「未征服の土地と町」、岩波から借用（ただし、部分的に簡素化してある）
図 27　「土地の測量」Vat. 747, fol. 231r
図 28　「逃れの町での裁き」Vat. 746, fol. 463r
図 29　「ヨシュア、告別演説を行う」Vat. 746, fol. 467v
図 30　「ヨシュアの死」Vat. 746, fol. 471v
図 31　「エルアザルの埋葬」Vat. 746, fol. 468r
図 32　「ユダの子らによるエルサレム攻撃」Sm., fol. 239v
図 33　「キルヤト・セフェルの町の攻撃」Vtp., Fol. 376v
図 34　「飢えのためわが子をローストにする母親」15 世紀の写本の挿絵
図 35　「イスラエルの子らのもとへ来た主の御使い」Vat. 747, fol. 237v
図 36　「ヨシュアの埋葬」Vat. 747, fol. 237v
図 37　「妻の遺体を持ち帰るレビ人の夫」Sm., fol. 255r
図 38　「ギブアの町に火をかけるイスラエルの子ら」（上段）、「ベニヤミン部族の敗北」（下段）Sm., fol. 257r
図 39　「ミカの家に入るダン族の者たち」Vat. 747, fol. 252v
図 40　「エフド、エクロンを殺害する」Vat. 746, fol. 473v

図 41　「デボラ、バラクを呼び寄せる」Vtp., fol. 410v
図 42　「シセラ、ヤエルの天幕に逃げ込み、殺害される」
図 43　「ミディアンびととアマレクびと、イスラエルの子らの収穫物を奪う」Sm., fol. 244r
図 44　「ギデオンの献げ物」Vat. 747. fol. 241v
図 45　「耳輪を供出するギデオン」Vat. 746, fol. 481v
図 46　「ギデオンの埋葬」Vat. 746, fol. 482r
図 47　「アビメレク、石臼の石を投げられる」Vat. 746, fol. 484v
図 48　「エフタの誓い」Vat. 747, fol. 246v
図 49　「エフタ、アンモンびとを打ち破る」Vat. 746, fol. 487r
図 50　「エフタ、タンバリンを手にした娘の出迎えを受ける」Vtp., fol. 434v
図 51　「エフタ、エフライムびとに勝利する」Vat. 747, fol. 247v
図 52　「エフタの埋葬」Vat. 746. fol. 488v
図 53　「主の御使い、マノアの妻に現れる」Vat. 747, fol. 247v
図 54　「マノアの妻、主の御使いのお告げを夫に語る」Vat. 746, fol. 489r
図 55　「主の御使い、マノアとその妻に現れる」Vat. 746, fol. 489r
図 56　「マノア、主に献げ物を捧げる」Vat. 747, fol. 248r
図 57　「サムソンの誕生」Vat. 746, fol. 490r
図 58　「若者となったサムソン」Vat. 747, fol. 248r
図 59　「サムソン、ペリシテびとの女を見初める（左）、サムソン、両親から結婚の許可を取り付けようとする」Vtp., fol. 437r
図 60　「サムソン、両親をティムナの町に連れて行く（左）、サムソン、ライオンを裂く（右）」Vat. 746, fol. 490v
図 61　「蜜を両親に与えるサムソン」Vat. 747, fol. 248v
図 62　「サムソン、祝宴を催す」Vat. 747, fol. 249r
図 63　「サムソン、謎かけの答えを妻に教える（左）、妻、その答えをペリシテびとに教える（右）」Vtp., fol. 439r
図 64　「サムソンと狐」Vat. 747, fol. 249v
図 65　「綱で縛られるサムソン」Vtp., fol. 440r
図 66　「サムソン、ロバの顎骨でペリシテびとを撃つ」Vat. 747. Fol. 250r
図 67　「娼婦の家に入るサムソン」Vtp., fol. 441v
図 68　「サムソン、髪の毛を剃り落とされる」Vat. 747, fol. 250v
図 69　「サムソン、捕らえられて石臼を引かされる」Vat. 747, fol. 251r
図 70　「建物を倒壊させるサムソン」Vat. 747, fol. 251r
図 71　「ミカの家」Vat. 747, fol. 252v
図 72　「ボアズの畠で落ち穂拾いするルツ」Vat. 746, fol. 504v
図 73　「ボアズの足もとで寝るルツ」Vat. 747, fol. 258r
図 74　「シロに出かけるエルカナの一行」モーガン旧約聖書画集、ピアモント・モーガン図書館（ニューヨーク）

図 75　「エルカナに不妊の苦しみを訴えるハンナ」モーガン旧約聖書画集、ピアモント・モーガン図書館（ニューヨーク）
図 76　「聖所で祈るハンナ（上段）」
図 77　「ハンナ（右）懐妊する」モーガン旧約聖書画集、ピアモント・モーガン図書館（ニューヨーク）
図 78　「サムエル、祭司エリに預けられる」
図 79　「サムエル、祭司エリに預けられる」ヤン・ヴィクトルス（1645）
図 80　「エリのダメ息子（上段）」
図 81　「サムエルと祭司エリ」ゲリット・ダウ
図 82　アシュドドの古代遺跡（web, public domain）
図 83　アシュドドの町
図 84　「アシュドドの悪疫」ニコラ・プーサン（1630）、ルーブル美術館
図 85　ペリシテびとの五都市
図 86　エクロンの近郊の光景（web, public domain）
図 87　「紅海徒渉」ドウラ・エウロポスの壁画、ダマスコ博物館

索　　引

［あ］
アイ　41, 42, 45, 47, 49, 50
アカン　41, 43, 45
アキュラ訳　253
アクサ　110
アシェル　121
アシュケロン　115, 116, 308
アシュタロテ　321
アシュドド　299–305, 308
アシュレ　99
アゾトス　115
アダム　4, 198, 201
アドニ・ベゼク　103–106
アナク　110, 111
アビアタル　284
アビトス　159, 160
アビナダブ　317
アビフ　295
アビメレク　147, 175, 177–183, 236, 245
アビヤ　328
アビヤタル　297
アフェク　287, 289
アブドン　192
アブラハム（アブラム）　3, 4, 11, 17, 81, 88, 90, 140, 197, 248
アフェク　287
アベル　39, 198
アミナダボス　314
アモリびと　53, 74
アルカネース　272
アルタクセルクセース　342, 344
アレクサンドリア写本　108, 114, 131, 136, 151, 165
アレクサンドロス　65, 66
アロン　13, 15, 41, 93, 101, 167, 174, 249, 295, 296
アンティオコス四世　82
アンティリバノス　15, 17, 18
アンティレバノン　17, 18
アンマン　13
アンモンびと　185–187, 190
イエス　3, 55, 162, 180, 206
イサク　197
イタマル　295, 296
イブツァン　192, 193
ヴァティカン写本　108, 114, 131, 136, 151, 165
ウェスパシアヌス　18, 38, 83, 92, 300
ウーリック（ユージン・）　280
エウセビオス　58
『教会史』　58
エウフラテース川　15, 17, 18
エクロン　115, 116, 305, 307, 308, 314, 326
エグロン　95, 152–154, 157, 158
エコニヤ　315
エッサイ　249
エバ　4, 198, 201
エバル　50, 62, 63
エフタ　186, 187, 190, 192
エフド　147, 151–155, 157–159
エフライム　3, 66, 74, 92, 117, 119, 121, 126–128, 144, 157, 173, 190, 245, 254, 261, 271
エベン・エゼル　289, 299
エリ　269, 270–272, 275, 282, 283, 285, 289–293, 295, 297, 329
エーリ　255–258, 261–264
エリコ　3, 11, 13, 20, 25, 28, 33, 35, 36, 39, 41, 47, 93, 152, 153, 157
エリメレク　235, 236, 239, 245–247
エリヤ　203

エリュトラ海　26, 163, 323, 325
エルアザル　13, 25, 84, 90–93, 95, 101, 283–285, 295, 296, 317, 318
エルカナ　144, 255, 258, 261, 262, 265, 274–277, 279
エルサレム　15, 23, 38, 39, 50, 53, 65–67, 83, 87, 89, 96, 106, 108, 117–119, 128, 135, 155, 161, 166, 179, 206, 249, 274, 286, 305, 319, 328, 333, 343, 344
エロン　192, 193
オトニエル　108, 147, 149–151
オベド　248, 249
オルパ　236, 237
オロンテス河　17

［か］
カイン　39, 198
ガザ　58, 115, 116, 224, 226, 228, 308
ガテ　308
ガド　72, 78, 84, 85, 305, 326
カナン（カナナイア）　3–6, 9–11, 13, 17, 36, 41, 50, 58, 59, 61, 62, 67, 68, 74, 76, 77, 86, 87, 90, 97, 99, 101–104, 108, 110, 111, 117, 118, 121, 123–125, 146, 159–161, 165, 166, 185
ガムラ　67, 68
ガリラヤ　11, 15, 24, 38, 67, 68, 74, 87, 105, 162, 328
カレブ　108, 110, 149
ギデオン　147, 167, 168, 170–175, 177, 181
ギブア　95, 128–130, 136–138, 231
ギブオン　50, 53, 58
ギベア　135
キュロス　234
ギリシア語訳　6, 13, 15, 20, 22, 24, 26, 28, 43, 47, 49, 50, 57, 78, 91, 93, 95, 98, 104–106, 110–116, 126, 131, 133, 136, 137, 140, 143, 149–151, 153–155, 157–160, 163, 165, 167, 174, 177, 178, 185, 186, 190, 192, 194, 195, 203, 204, 208, 210, 213, 217, 220, 223, 226, 236, 238, 240, 245, 246, 252–254, 269, 276, 277, 280, 282–284, 287–289, 292–294, 302, 305, 307, 310, 311, 315, 316, 318
キリヤト・イェアリム　318
ギルアド　183, 185, 186, 190
ギルガル　28, 32, 50, 63, 121, 327
キルヨン　236
クシャン・リシュアタイム　147, 149
クセルクセース　342
ケナズ　149
ゲリジム山　66, 179
ゲリロト　84
ゲルーシア　25, 64, 89, 124, 125, 133, 142, 143, 247, 289, 333
ケルビム　289
ゴシェン　58

［さ］
サウロ　100, 101, 338, 345
サドカイ派　343, 344
サマリア人　65–67
『サマリア年代記』93
サムエル　98, 235, 251, 253, 269–271, 274–277, 279, 280, 282, 283, 285–287, 291, 299, 318–322, 325–338
サムソン　147, 193, 194, 196, 201, 204, 206, 208–210, 212, 213, 215, 217, 218, 220–224, 226–228, 230, 231, 235, 251, 288
サラ（サライ）　197
サンヘドリン　67, 118
シェケム　11, 50, 62, 63, 66, 74, 89, 91, 96, 177, 179, 182, 183
シケム　145, 208
士師　10, 97, 98, 100, 101, 123, 147, 149, 175, 193, 231, 233–235, 249, 251, 293, 327, 328
シドン　146
シナイ　10, 174
シメオン　102–104, 116
シャッダイ　238

シャムガル　159
シャリット　160
出エジプト　42, 100, 307, 331, 337
シロ　63, 67, 91, 96, 140, 142–144, 235, 272, 274, 277, 284, 287, 289, 291, 292, 329
スュムマコス訳　253
セデル・オラム・ラッバ　93
ゼブルン　121
ソアイモス王　82
ソドム　129, 140
ソロモン　99–101, 274, 284, 285, 295, 297, 339, 345

［た］
ダゴン　299–302
ダニエル　234
ダビデ　101, 249, 250, 297, 339, 345
ダンびと　146, 201, 202
ツァドク　285
ディオン・カッシオス　195
ティトス　18, 38, 39, 61, 82, 83, 92, 300
ディナ　145
ティムナ　206, 208, 210, 212, 220
ティムナびと　215
テオドティオン訳　253
デボラ　147, 162, 163, 165–167, 245
デリラ　226–228
テル・エン・ナス　319
ドミティアヌス　83, 182, 333
トムソン（チャールス・）　6
トラ　147

［な］
ナオミ　235–242, 244–246, 248
ナジルびと　196, 227, 228, 275
ナダブ　295
ナフタリ　3, 74, 121, 162
ナブルス　11
ニムロデ　178
ネビ・サムウィル　319
ネボ山　3, 13
ネロ帝　82, 83, 125, 182, 333

［は］
バアル　99, 121, 147, 167, 170, 178, 185, 319, 321
バアル・ベリト　178
『バビロニア・タルムード』　204
ハモル　145
バラク　147, 162, 163, 166, 167
ハラン　28
パリサイ派　343, 344
ハルマタイム　261, 264, 268
ハンナ　254–258, 261–265, 271, 272, 274–277, 279
ピネハス　41, 84–87, 89, 92, 95, 101, 103, 269, 270, 289–291, 293–295, 297
ファラオ　26, 323
フェナンナ　254, 255, 272
フィロン（アレクサンドリアの）　112
偽フィロン　151
　『聖書古代誌』　151
プーサン（ニコラ・）　241
フラウィウス家　58
ベエルシェバ　328, 329
ベゼク　103, 104
ベツレヘム　126, 127, 231, 234–239
ベテル　119, 245, 327, 329
ベト・カル　325
ベト・シェメシュ　311, 312, 314–317
ベナヤ　284
ベニヤミン　117, 118, 128, 135–138, 140–146, 152, 153, 209, 231, 291, 292, 319
ヘブロン　74, 108, 110, 224
ヘーリオポリス　61
ペリシテびと　68, 159, 185, 186, 193–196, 202, 206, 208, 209, 210, 213, 215, 218, 220, 221, 224, 226, 228, 230, 269, 287–289, 291, 299, 305, 307, 308, 311, 312, 314, 318–320, 322, 325, 326, 332
ヘロデ王　13

ボアズ　239–242, 244–249
ポティファル　209
ホフニ　269, 270, 289

［ま］
マカイロス　13
マタイ　55
マナセ　3, 66, 72, 78, 84, 85, 121, 183
マノア　196–198, 201–204, 231
マフロン　236
マラ　238, 239
マルコス王　82
マロン　247
ミカ　231
ミツパ　133, 142, 319, 322, 323, 327
ミディアンびと　113, 114, 167, 170, 173
ミリアム　167
メイソン（スティーブ・）　182
モアブ　95, 151, 152, 157, 158, 160, 234, 236–238, 245, 248
モーセ（モーセース）　3, 5, 7, 9–11, 13, 15–18, 26, 32, 36, 42, 45, 49, 50, 57, 62–64, 74, 78, 80, 81, 83, 92, 93, 98, 101, 103, 110, 111, 113, 114, 134, 163, 167, 168, 170, 174, 175, 198, 201, 204, 296, 323, 325, 327, 328, 332, 334, 342, 343

［や］
ヤイル　183, 185
ヤコブ　11, 28, 121, 145, 197, 208, 218, 311
ヤビン　159–163
ユダヤ戦争　18, 36, 82, 118, 155, 161, 166, 195, 249, 296, 300, 305, 319, 328, 333, 341, 344
ユディト　158
ヨアブ　284
ヨエル　274, 328
ヨシュア（イェースース）　5–7, 10, 11, 13, 15–18, 20, 22, 26, 28, 30, 32, 33, 35, 39, 41, 42, 45, 47, 49, 50, 53, 55, 57–63, 67, 68, 71, 76–78, 82–84, 89–93, 95, 97–103, 121, 123, 161, 312
ヨセフ　208, 301
ヨセフス
『アピオーンへの反論』　296, 342
『ユダヤ古代誌』　9, 13, 23, 25, 28, 45, 57, 65, 72, 74, 83, 97, 104, 110–112, 134, 150, 157, 160, 161, 177, 178, 180, 182, 195, 249, 253, 269, 274, 286, 288, 294, 296–300, 304, 310, 316, 321, 323, 332, 344, 345
『ユダヤ戦記』　9, 13, 24, 38, 61, 82, 92, 104, 108, 112, 118, 119, 146, 157, 161, 172, 179, 249, 296, 304, 319, 323, 328
『自伝』　15, 23, 24, 39, 105, 135, 136, 172, 282, 328
ヨタパタ　15, 67, 68
ヨタム　177, 179–181, 183
ヨルダン川　10, 13, 15, 18, 20, 22, 25, 26, 28, 30, 41, 42, 50, 72, 78, 83, 84, 89, 100, 146
ヨルダン川徒渉　11, 25

［ら］
ラールフス　115, 253, 254, 271, 276, 277, 283, 284, 287, 293, 294, 302, 311, 315, 316, 318
ラケル　121, 197, 218, 311
ラハブ（ラアベー）　20, 22, 24, 25, 35, 39
ラフィディン　57
ラマ　275
リベカ　197
ルキアノス版　253, 254, 261, 271, 276, 277, 283, 284, 287, 293, 294, 302, 311, 315, 316, 318
ルツ　233, 236, 237, 239–242, 244–248, 250, 251, 314
ルベン　72, 78, 84, 85
レア　145, 218

レオントーンポリス　89
レバノン山　17, 18
レビ　295
レビびと　63, 74, 111, 112, 126, 127, 129, 130, 133, 231, 271, 272, 274, 312
ロト　129, 140

＊

『旧約聖書』
（モーセ五書）
「創世記」　3, 4, 11, 17, 28, 39, 60, 121, 129, 140, 145, 197, 198, 208, 218, 249, 301, 311, 340
「出エジプト記」　32, 49, 57, 64, 78, 114, 197, 295, 296, 340
「レビ記」　45, 290, 296
「民数記」　13, 18, 74, 110, 112, 114
「申命記」　3, 17, 36, 64, 74, 134, 245–248
（預言者）
「ヨシュア記」　4, 6, 7, 11, 13, 15, 18, 20, 22, 24, 26, 28, 30, 32, 33, 39, 41–43, 45, 47, 49, 50, 53, 57, 59–64, 66–68, 71, 72, 74, 76–78, 83–85, 87–91, 93, 95, 98, 103, 121, 123, 149, 180, 340
「士師記」　97, 98, 100–106, 108, 110, 111, 113–119, 121, 123, 125–131, 133, 135–138, 140, 142–147, 149–160, 162, 163, 165–168, 170, 172–175, 177–183, 185–187, 190, 192, 194–197, 203, 206, 208, 210, 212, 213, 215, 217, 218, 220, 223, 224, 226, 227, 231, 234, 235, 245, 288, 293
「歴代誌」　295
「列王記上」　99, 100, 101, 284
「列王記下」　203
「サムエル記」　252, 253, 270, 280, 322
「サムエル記上」　144, 235, 251, 253, 269–272, 274, 275–277, 279, 280, 283–289, 291–294, 299–302, 305, 307, 308, 310–314, 317, 318, 321, 322, 326–331, 333, 334, 336, 337, 340
「サムエル記下」　101, 251
「ダニエル書」　234, 286
（諸書）
「ルツ記」　233–242, 244–249, 314, 340
「詩篇」　204
『旧約外典（旧約聖書続編）』
「ユディト記」　158
『新約聖書』
「ルカ福音書」　66
「使徒言行録」　100

参考文献

1次資料

(1) 聖書関係
秦剛平訳『七十人訳ギリシア語聖書Ⅰ　創世記』(河出書房新社、2002)
秦剛平訳『七十人訳ギリシア語聖書Ⅱ　出エジプト記』(河出書房新社、2003)
秦剛平訳『七十人訳ギリシア語聖書Ⅲ　レビ記』(河出書房新社、2003)
秦剛平訳『七十人訳ギリシア語聖書Ⅳ　民数記』(河出書房新社、2003)
秦剛平訳『七十人訳ギリシア語聖書Ⅴ　申命記』(河出書房新社、2003)
月本昭男訳『創世記』(岩波書店、1997)
木幡藤子・山我哲雄訳『出エジプト記・レビ記』(岩波書店、2000)
山我哲雄・鈴木佳秀訳『民数記・申命記』(岩波書店、2001)
鈴木佳秀訳『ヨシュア記　士師記』(岩波書店、1998)
月本昭男ほか訳『ルツ記ほか』(岩波書店、1998)
池田裕訳『サムエル記』(岩波書店、1998)
『新共同訳聖書』(聖書協会)

(2) ヨセフス
秦剛平訳、ヨセフス『ユダヤ戦記』3分冊(ちくま学芸文庫、2002)
秦剛平訳、ヨセフス『ユダヤ古代誌』6分冊(ちくま学芸文庫、1999-2000)
秦剛平訳、ヨセフス『アピオーンへの反論』(山本書店、1977)
秦剛平訳、ヨセフス『自伝』(山本書店、1978)

(3) ユダヤ関係
フィロン『モーセの生涯』
偽フィロン『聖書古代誌』

(4) その他キリスト教関係
前田敬作・今村孝ほか訳、ヤコブス・デ・ウォラギネ『黄金伝説』4分冊(平凡社ライブラリー、2006)

2次資料

(1) ヨセフス関係
秦剛平『書き替えられた聖書――新しいモーセ像を求めて』(京都大学学術出版会、2010)
秦剛平『異教徒ローマ人に語る聖書――創世記を読む』(京都大学学術出版会、

2009）
浅野淳博訳、スティーブ・メイソン『ヨセフスと新約聖書』（リトン、2007）
秦剛平『ヨセフス――イエス時代の歴史家』（ちくま学芸文庫、2000）
秦剛平・大島春子訳、シャイエ J. D. コーエン『ヨセフス――その人と時代』（山本書店、1991）
東丸恭子訳、ミレーユ・アダス＝ルベル『フラウィウス・ヨセフス伝』（白水社、1993）
秦剛平「ヨセフスの生涯について（その 1）」、『多摩美術大学紀要』第 9 号（1994）所収
秦剛平「ヨセフスの生涯について（その 2）」、『多摩美術大学紀要』第 10 号（1995）所収
秦剛平「18 世紀と 19 世紀の英訳ヨセフス――近代語訳の誕生とその背景その 1」、『多摩美術大学研究紀要』第 16 号（2001 年）所収
秦剛平「18 世紀と 19 世紀の英訳ヨセフス――近代語訳の誕生とその背景その 2」、『多摩美術大学研究紀要』第 17 号（2002 年）所収

(2) 七十人訳ギリシア語聖書関係

秦剛平『乗っ取られた聖書』（京都大学学術出版会、2006）
秦剛平「アリステアスの書簡」（『旧約聖書続編講義』［リトン、1999］所収）
秦剛平・守屋彰夫編『古代世界におけるモーセ五書の伝承』（京都大学学術出版会、2011）

(3) フィロンおよびアレクサンドリア関係

出村みや子『聖書解釈者オリゲネスとアレクサンドリア文献学』（知泉書館、2011）
野町啓ほか訳、アーヴィン・グッドイナフ『アレクサンドリアのフィロン入門』（教文館、1994）
野町啓『学術都市アレクサンドリア』（講談社学術文庫、2009）

(4) 美術関係

秦剛平『名画で読む聖書の女たち』（青土社、2010）
秦剛平『絵解きでわかる聖書の世界』（青土社、2009）
秦剛平『反ユダヤ主義を美術で読む』（青土社、2008）
秦剛平『旧約聖書を美術で読む』（青土社、2007）
秦剛平『あまのじゃく聖書学講義』（青土社、2006）
秦剛平『美術で読み解く　旧約聖書の真実』（ちくま学芸文庫、2009）
秦剛平『美術で読み解く　新約聖書の真実』（ちくま学芸文庫、2009）

(5) その他
秦剛平「聖書が語るイスラエル建国神話について」(『宗教と現代がわかる本 2011』[平凡社、2011] 所収)

辞典・事典

カルル・ハインリッヒ・レングシュトルフ『ヨセフス辞典』
入江和生ほか訳、マイケル・グラント＋ジョン・ヘイゼル『ギリシア・ローマ神話事典』(大修館書店、1988)
松原國師『西洋古典学事典』(京都大学学術出版会、2010)

秦　剛平（はた　ごうへい）

多摩美術大学共通教育教授、同大学図書館長
聖書文学協会所属（ヨセフス・セミナー運営委員、フィロン・セミナー運営委員、ヘレニズム・ユダヤ教専門部会運営委員）オックスフォード大学客員教授（1999―2000年）、同大学客員研究員（2001年以降）

主な著書／『乗っ取られた聖書』『異教徒ローマ人に語る聖書――創世記を読む』『書き替えられた聖書――新しいモーセ像を求めて』（以上京都大学学術出版会）、『旧約聖書続編講義』（リトン）、『ヨセフス――イエス時代の歴史家』『美術で読み解く新約聖書の真実』『美術で読み解く旧約聖書の真実』『美術で読み解く聖母マリアとキリスト教伝説』（以上ちくま学芸文庫）、『反ユダヤ主義を美術で読む』『描かれなかった十字架』『名画でたどる聖人たち』『名画で読む聖書の女たち』『天使と悪魔――美術で読むキリスト教の深層』（以上青土社）ほか

主な訳書／フィロン『フラックスへの反論・ガイウスへの使節』エウセビオス『コンスタンティヌスの生涯』ピロストラトス『テュアナのアポロニオス伝』（以上京都大学学術出版会）、ヨセフス『ユダヤ戦記』全7巻3分冊、同『ユダヤ古代誌』全20巻6分冊（ちくま学芸文庫）、エウセビオス『教会史』全10巻2分冊（講談社学術文庫）『七十人訳ギリシア語聖書』全5分冊（河出書房新社）ほか30冊

主な論集編纂／共編『古代世界におけるモーセ五書の伝承』（京都大学学術出版会）、『ヨセフス論集』全4分冊（山本書店）、『エウセビオス論集』全3分冊（リトン）

学術選書

聖書と殺戮の歴史

―ヨシュアと士師の時代

学術選書 055

2011年12月15日　初版第1刷発行

著　　者…………秦　剛平
発 行 人…………檜山　爲次郎
発 行 所…………京都大学学術出版会
京都市左京区吉田近衛町 69
京都大学吉田南構内（〒 606-8315）
電話（075）761-6182
FAX（075）761-6190
振替 01000-8-64677
URL http://www.kyoto-up.or.jp

印刷・製本…………㈱太洋社

装　　幀…………鷺草デザイン事務所

ISBN 978-4-87698-855-6

定価はカバーに表示してあります

Printed in Japan

学術選書［既刊一覧］

＊サブシリーズ　「心の宇宙」→ 心　「諸文明の起源」→ 諸
「宇宙と物質の神秘に迫る」→ 宇

001　土とは何だろうか？　久馬一剛
002　子どもの脳を育てる栄養学　中川八郎・葛西奈津子
003　前頭葉の謎を解く　船橋新太郎　心 1
004　古代マヤ　石器の都市文明　青山和夫　諸 11
005　コミュニティのグループ・ダイナミックス　杉万俊夫 編著　心 2
006　古代アンデス　権力の考古学　関　雄二　諸 12
007　見えないもので宇宙を観る　小山勝二ほか 編著　宇 1
008　地域研究から自分学へ　高谷好一
009　ヴァイキング時代　角谷英則　諸 9
010　GADV仮説　生命起源を問い直す　池原健二
011　ヒト　家をつくるサル　榎本知郎
012　古代エジプト　文明社会の形成　高宮いづみ　諸 2
013　心理臨床学のコア　山中康裕　心 3
014　古代中国　天命と青銅器　小南一郎　諸 5
015　恋愛の誕生　12世紀フランス文学散歩　水野　尚
016　古代ギリシア　地中海への展開　周藤芳幸　諸 7
018　紙とパルプの科学　山内龍男
019　量子の世界　川合・佐々木・前野ほか編著　宇 2
020　乗っ取られた聖書　秦　剛平
021　熱帯林の恵み　渡辺弘之
022　動物たちのゆたかな心　藤田和生　心 4
023　シーア派イスラーム　神話と歴史　嶋本隆光
024　旅の地中海　古典文学周航　丹下和彦
025　古代日本　国家形成の考古学　菱田哲郎　諸 14
026　人間性はどこから来たか　サル学からのアプローチ　西田利貞
027　生物の多様性ってなんだろう？　生命のジグソーパズル　京都大学総合博物館・京都大学生態学研究センター 編
028　心を発見する心の発達　板倉昭二　心 5
029　光と色の宇宙　福江　純
030　脳の情報表現を見る　櫻井芳雄　心 6
031　アメリカ南部小説を旅する　ユードラ・ウェルティを訪ねて　中村紘一
032　究極の森林　梶原幹弘
033　大気と微粒子の話　エアロゾルと地球環境　笠原三紀夫・東野　達 監修
034　脳科学のテーブル　日本神経回路学会監修／外山敬介・甘利俊一・篠本滋 編
035　ヒトゲノムマップ　加納　圭

036 中国文明 農業と礼制の考古学 岡村秀典 諸 6
037 新・動物の「食」に学ぶ 西田利貞
038 イネの歴史 佐藤洋一郎
039 新編 素粒子の世界を拓く 湯川・朝永から南部・小林・益川へ 佐藤文隆 監修
040 文化の誕生 ヒトが人になる前 杉山幸丸
041 アインシュタインの反乱と量子コンピュータ 佐藤文隆
042 災害社会 川崎一朗
043 ビザンツ 文明の継承と変容 井上浩一 諸 8
044 江戸の庭園 将軍から庶民まで 飛田範夫
045 カメムシはなぜ群れる？ 離合集散の生態学 藤崎憲治
046 異教徒ローマ人に語る聖書 創世記を読む 秦 剛平
047 古代朝鮮 墳墓にみる国家形成 吉井秀夫 諸 13
048 王国の鉄路 タイ鉄道の歴史 柿崎一郎
049 世界単位論 高谷好一
050 書き替えられた聖書 新しいモーセ像を求めて 秦 剛平
051 オアシス農業起源論 古川久雄
052 イスラーム革命の精神 嶋本隆光
053 心理療法論 伊藤良子 心 7
054 イスラーム 文明と国家の形成 小杉 泰 諸 4

055 聖書と殺戮の歴史 ヨシュアと士師の時代 秦 剛平